W0034023

ECON Praxis

Fritz Stemme/
Karl-Walter Reinhardt

SUPERTRAINING

Mit mentalen Techniken zur Spitzenleistung

ECON Taschenbuch Verlag

Die Deutsche Bibliothek – CIP-Einheitsaufnahme

Stemme, Fritz:
Supertraining : Mit mentalen Techniken zur Spitzenleistung /
Fritz Stemme ; Karl-Walter Reinhardt. – Düsseldorf; Wien:
ECON-Taschenbuch-Verl., 1992
(ETB ; 21162: ECON-Praxis)
ISBN 3-612-21162-5
NE: Reinhardt, Karl-Walter:; GT

Lizenzausgabe
ECON Taschenbuch Verlag GmbH, Düsseldorf und Wien
August 1992

© 1988 by ECON Verlag GmbH, Düsseldorf, Wien und New York
Umschlaggestaltung: Molesch/Niedertubbesing
Satz: Computersatz Bonn GmbH, Bonn
Druck- und Bindearbeiten: Ebner Ulm
Printed in Germany
ISBN 3-612-21162-5

Inhaltsverzeichnis

ZWEITER TEIL

ANHANG

Zur Sache

Supertraining ist ein Begriff, der im Lexikon zwischen Superstrat (Einwanderersprache) und Supervielle (frz. Lyriker) stehen würde, wenn er schon mit einer allgemeinverbindlichen Definition bekannt wäre. Wir verstehen unter Supertraining Techniken und Übungen, die den gesamten Organismus mit seinen körperlichen, seelischen und geistigen Kräften auf das Ziel einer Spitzenleistung einschwören – gleich, auf welchem Gebiet.

Erkenntnisse aus dem Kosmonauten- und Astronautentraining sowie der modernen Gehirnforschung haben gezeigt, daß der Mensch ein enorm großes, ungenutztes Potential an geistigen Möglichkeiten besitzt, das mit Hilfe psychologischer Trainingsformen wenigstens teilweise aktiviert werden kann. Supertraining verfolgt den Zweck, das für jede Leistung erforderliche Gleichgewicht des Nervensystems zu finden. Inzwischen hat die physiologische und psychologische Forschung so viele Techniken entwickelt, daß es dem Laien sicherlich schwerfällt, die für ihn geeignete Methode oder Kombination verschiedener

Methoden zu bestimmen. Aber auch mit Unterstützung eines fähigen Diplompsychologen würde man
dieses Problem nicht in jedem Fall lösen – unterschiedliche Richtungen gehen von zum Teil grund-
verschiedenen Erkenntnissen aus.

Es war deshalb unsere Aufgabe, möglichst umfassend die vielfältigen Ansätze der Forschung mit den
praktischen Erfordernissen in Einklang zu bringen,
wie sie sich für ein solches Training in Beruf, Sport
und Freizeit, aber auch bei privaten Problemen ergeben.

Beim Supertraining liegt das Schwergewicht weniger
im therapeutischen Bereich; niemand soll therapiert
werden. Es geht uns in erster Linie um die Ausschöpfung aller Möglichkeiten der gesunden Persönlichkeit, um die bessere Nutzung der in uns angelegten
geistigen Fähigkeiten und Energiereserven. Das Buch
ist für alle diejenigen geschrieben, die mit dem, was
sie bisher erreicht haben, nicht zufrieden sind, weil
sie spüren, daß sie noch mehr leisten könnten.

Dies wird gewöhnlich nur erreicht über eine Stabi-
lisierung des vegetativen und zentralen Nervensystems. Das vegegative Nervensystem (Steuerung und
Koordination aller inneren Organe), das in seinen
Funktionsweisen bisher als autonom galt, ist nach
neuen Erkenntnissen offenbar doch beeinflußbar:
Über zahlreiche psychologische und mentale Prozesse können Herztätigkeit, Blutdruck, Atmung und
Gehirnaktivitäten trainiert werden.

Das zentrale Nervensystem lenkt die Aktivitäten des gesamten Organismus in seinem Verhältnis zur Umwelt durch Gehirn und Rückenmark. Mit den Techniken des Supertrainings gelingt es nun, über die vom zentralen Nervensystem gesteuerten Willensentscheidungen, Verhaltensweisen, Reflexe und Reaktionen den vegetativen Bereich im gewünschten Sinne zu ändern.

Umgekehrt gilt das gleiche: Unter kontrollierten Bedingungen des vegetativen Nervensystems können auch die vom zentralen Nervensystem ausgehenden Vorgänge vollkommener gestaltet werden, zum Beispiel Bewegungsabläufe.

Allzulange hat man geglaubt, dies alles könne kein Training bewältigen. Die Forschung lieferte indes den Gegenbeweis: Supertraining bedeutet also ein wissenschaftlich fundiertes Konzept.

Wenn es nicht immer leicht zu realisieren ist, so hängt das in der Regel damit zusammen, daß die meisten beim Betreten von Neuland rasch erlahmen, sobald sich nicht sofortige Erfolgserlebnisse einstellen. Deshalb setzt die Durchführung eines Supertrainings die Motivation voraus, erhebliche Energien zu mobilisieren, um danach noch mehr Kräfte für hohe Leistungen zur Verfügung zu haben.

Wirtschaftsmanager und Spitzensportler dürften damit weniger Schwierigkeiten haben. Ihnen ist das Anpeilen von Zielen über wiederholte Übungen vertraut. Ihr Problem ist es eher, die neuen Möglichkeiten des Gedankentrainings an sich unvoreingenommen einzuschätzen. Positive Erfahrungen kann nur sammeln, wer sich mit den Techniken vertraut macht. In den Vereinigten Staaten haben die Möglichkeiten dieses intelligenten Trainings bereits das Bewußtsein der Führungsetagen durchdrungen. Hierzulande herrscht vielfach noch Skepsis, selbst im Spitzensport. Dabei steht längst fest, daß bei Athleten mit gleichen physischen Voraussetzungen der psychisch besser Ausgebildete siegt.

Obwohl sich also im Sport am besten die Wirkungen eines Supertrainings ablesen lassen, scheint es, als würden sich noch eher bundesdeutsche Firmen als Vereine, wenn auch sehr langsam, dem Thema zuwenden und ihre Mitarbeiter schulen. Die Zielsetzungen für Spitzenleistungen müssen dabei möglichst konkret nach Beruf und Aufgabe verstanden und so gewählt werden, daß sie die im Verlauf des Buches noch eingehend beschriebenen Trainingsschritte in einem Konzentrationskegel bündeln.

Um zu erfahren, wo, wie und von wem die unterschiedlichen, aber doch meist zusammenhängenden Techniken des Supertrainings schon angewendet wurden und werden, führten wir Gespräche mit vielen verschiedenen Persönlichkeiten: mit führenden Psychologen wie Albert Ellis (USA), NASA-Experten, Astronauten, Chefmanagern amerikanischer Unternehmen, Stressärzten der Wall Street und Herzchirurgen, mit Jet-Piloten von Bundeswehr und Lufthansa, Nobelpreisträgern, Werftdirektoren,

Sportgrößen wie Franz Beckenbauer, international anerkannten Trainern, mit einem deutsche Topmanager ausbildenden Benediktinerpater ebenso wie mit einem brasilianischen Kultchef der Macumba-Religion; und wir recherchierten in Forschungsinstituten, Universitäten, Facharchiven (NASA) und Bibliotheken bei uns wie in Übersee.

Eine große Hilfe bei unseren Recherchen war die Zeitschrift *Psychologie heute*. Sie wurde zum Wegweiser im Dschungel der vielen neuen Forschungstrends. Die von der NASA herausgegebenen Publikationen über die Forschungsergebnisse der Weltluftfahrt machten uns auch mit der sowjetischen Fachliteratur bekannt.

Ihnen allen sei an dieser Stelle gedankt.

Im ersten Teil des Buches sind die Zusammenhänge aufgezeigt, im zweiten Teil werden die einzelnen Trainingsmethoden beschrieben. Die verschiedenen psychologischen Techniken werden hier zum ersten Male zusammengeführt und umfassend für moderne Berufe nutzbar gemacht. Mit etwas Optimismus könnten wir uns vorstellen, daß der Begriff Supertraining eines Tages im Lexikon zwischen Superstrat und Supervielle zu finden sein wird.

ERSTER TEIL

Die mentalen Sperren

Wassili Alexejew, der berühmte russische Gewichtheber, 1972 und 1976 Olympiasieger im Super-
schwergewicht, war lange Zeit an dem Versuch gescheitert, mehr als 500 Pfund zu heben. Fünf Zentner
– für die starken Männer der siebziger Jahre schienen
sie eine unüberwindliche, fast magische Grenze.

Doch eines Tages war es dann soweit. Die Bestleistung kam dabei eher versehentlich zustande. Alexejew hatte geglaubt, 499 Pfund nach oben zu bringen,
kein allzu großes Problem, denn dieses Gewicht hatte
er schon mehrmals gestemmt. Auch die Jury war von
dieser Marke ausgegangen. Beim Nachwiegen indes
stellte sich heraus, daß der Russe die Fünf-Zentner-
Grenze überwunden und in Wahrheit 501 Pfund ge-
meistert hatte. Bald darauf hoben auch andere Athleten mehr als fünf Zentner, Alexejew gar steigerte sich
schnell, von Weltrekord zu Weltrekord, um weitere
60 Pfund. Die Marke 500 hatte ihre Magie verloren.

Am 6. Mai 1954 lief der Brite Roger Bannister als
erster die Meile (1609,30 Meter) unter vier Minuten
(3:59,4). Jahrelang hatten Mittelstreckenläufer ver-

geblich versucht, dieses Zeitlimit zu durchbrechen. Bannister war Arzt. Er wußte, daß man die Meile unter vier Minuten würde laufen können. Wenn aber, davon war der flinke Mediziner überzeugt, dann nur mit dem Totalausverkauf der gesamten Sauerstoffreserve. Bei einem Rekordlauf, davon ging Bannister aus, wäre er bereits vor dem Ziel so erschöpft, daß er nur noch mit halbem Bewußtsein die Ankunft erleben würde. Es kam, wie es der Brite erwartet hatte. Am 6. Mai 1954 brach er im Ziel zusammen.

Nur drei Monate später verbesserte er die Rekordmarke auf 3:58,8 Minuten. Diesmal aber wirkte Bannister im Ziel noch so frisch, als hätte er im selben Tempo noch etliche Meter mehr laufen können. Bald nach diesem Ergebnis überwanden auch andere Athleten in rascher Folge die Vier-Minuten-Grenze beim Meilenlauf. Es war, als hätten sie von Bannister das Know-how übernommen.

Ob Alexejews 500-Pfund-Ding oder Bannisters Vier-Minuten-Coup – hier wie da handelte es sich um Leistungsgrenzen, die der Geist errichtet hatte. Das System einer Strukturierung nach Minuten oder Gewichten ist ein geistiges Einteilungs- oder Ordnungsprinzip. Wenn jemand der Überzeugung ist, er könne die Grenze eines solchen Ordnungsprinzips kaum oder gar nie überwinden, so wird sein Geist auch keine Anstrengungen auf sich nehmen, diese Barriere zu bezwingen. Der Körper allein ist machtlos. Seine Aktivitäten müssen auf ein Ziel hin koordiniert werden. Einen Teil dieser Koordinierungsarbeit aber schafft nur der Geist. Es ist also wichtig, daß der Verstand diese Arbeit nicht an künstlichen, nach pedantischen Ordnungsmarken errichteten Hindernissen scheitern läßt und etwas von vornherein für undurchführbar erklärt, nur weil noch keiner das Problem bis dahin bewältigt hat.

Das gilt nicht nur im Sport. In unserem täglichen Leben werden wir von mentalen Sperren geradezu verfolgt. Diese Tatsache machen sich ganze Industriezweige zunutze. Ähnlich wie es Alexejew bei der Konfrontation mit der sportlichen Ordnungsmarke 500 erging, verhalten sich andere beim Einkaufen: Kunden bleiben gerne knapp unter der nächst größeren runden Summe. Und darauf haben sich die Preisgestalter längst eingestellt. Die meisten Waren werden heutzutage mit mindestens einer Neun im Endpreis angeboten – das Automobil zu DM 29 950,– ebenso wie die Kernseife zu DM 1,99. Fast jeder kalkuliert seine Preise dicht unter einer Barriere. Und viele Hersteller verkleinern lieber die Verpackung, als die Preisschranke zu überspringen.

Was aber schlimmer ist: Geistige Barrieren hemmen den Fortschritt. Leistungsgrenzen liegen nicht in der Natur der Sache, sondern lediglich in der Natur des Geistes. Der wiederum übernimmt sie von der Erziehung ebenso wie von der sozialen Gemeinschaft, von der Religion und sogar von der Wissenschaft:

Der italienische Mathematiker und Philosoph Galileo Galilei war bei der Erfindung des Fernrohres zunächst gescheitert. Daß die entscheidende Idee das Zusammenspiel einer konkaven mit einer konvexen Linse sein würde, hatte der Wissenschaftler nicht in Erwägung gezogen, weil die eine Linse Gegenstände vergrößert, die andere sie aber verkleinert. Erst als Galilei hörte, ein Holländer habe das Fernrohr erfunden, gelang ihm auf eigenem Weg im Jahre 1609 die Entdeckung. Wenn der das kann, dachte Galilei wohl, kann ich das auch.

Die geistige, die mentale Sperre war gefallen, die Grenze überschritten. Plötzlich paßten bei Galilei konkav und konvex zusammen. Der Clou aber war: Nach der Galileischen Erfindung stellte sich heraus, daß gar kein holländischer Konkurrent existierte. Galilei allein war der Erfinder des Fernrohres.

Ihm war es ergangen wie Jahrhunderte später dem Gewichtheber Alexejew. Beide hatten etwas Erstmaliges bewerkstelligt, nachdem sie der Verstand von der Annahme befreit hatte, die bevorstehende Aufgabe sei praktisch nicht lösbar.

Der Kampf um die unlösbaren Aufgaben

Der Mensch hat oft genug bewiesen, daß er auch scheinbar unlösbare Aufgaben bewältigen kann. Die gesamte Entdeckungs- und Entwicklungsgeschichte der Menschheit besteht tatsächlich aus der Bewältigung vermeintlich unlösbarer Probleme. Die großen

Kaliber wurden dabei meist von Individuen erfolgreich angepackt, die ihren Geist nicht den von Menschen selbst erzeugten Ordnungsprinzipien und künstlichen Grenzen unterwarfen.

Obwohl er von anderen Wissenschaftlern seiner Zeit bisweilen verspottet wurde, glaubte der Bakteriologe Robert Koch an Kleinstlebewesen als Verursacher von Infektionskrankheiten. Tierchen von der Größe eines tausendstel Millimeters, behaupteten seine Zeitgenossen, so etwa der berühmte Pathologe Rudolf Virchow, existierten nicht. Doch im letzten Viertel des vorigen Jahrhunderts entdeckte Robert Koch die Erreger von Milzbrand, Tuberkulose und Cholera. Er bekam den Nobelpreis für Medizin.

Wer auch immer als erster etwas Neues entdeckte und nachwies, mußte sich oft genug auf dem Weg dorthin hart mit der Beschränktheit anderer Menschen auseinandersetzen, eben weil er die in geistiger Eigenarbeit errichteten Schranken anderer, die bestehenden Strukturen und Normen also, zu Recht nicht anerkennen mochte.

Albert Einstein hat einmal das Geheimnis großer Entdeckungen in der Naturwissenschaft mit der Mördersuche in einem guten Kriminalroman verglichen. Die auffälligsten Spuren führen meist zu falschen Verdachtsmomenten. Mit anderen Worten: Wer eine bcsondere Leistung vollbringen will, muß seinen Geist dazu bringen, die bekannten Schemata und Ordnungen im eigenen Verstand zu durchbrechen oder gar zu verlassen.

Supertraining – für wen und warum

Das, was in diesem Buch als Supertraining definiert und beschrieben ist, soll helfen, die ungenutzten Potentiale jedes einzelnen zu aktivieren. Supertraining bedeutet eine programmatische Idee, mit der man seine Energiereserven von mentalen Sperren, Hemmungen und Ordnungsprinzipien befreit.

Mit der Intelligenz eines Supertrainings gelingt es, die Irritationen des Verstandes auszuschalten, der sich oft als Störenfried gebärdet und mit Vorurteilen neue Wege verbaut. Wissenschaftler wie Galilei und Einstein, Entdecker wie Columbus und Schliemann, Sportstars wie Pelé und Muhammad Ali hatten für ihren Bereich ein solches Training nie nötig gehabt. Sie waren Naturtalente, die Grenzen durchbrachen und Ordnungswidrigkeiten begingen.

Sie verließen sich nicht auf die bekannten Normen, nicht auf das bis dahin für möglich Gehaltene. Ein gutes Beispiel ist der Mecklenburger Kaufmann Heinrich Schliemann. Als Achtjähriger hatte er Homers sagenhafte Schilderungen über den Kampf um Troja gelesen und seitdem unbeirrt an der Echtheit des Inhalts festgehalten. Die Wissenschaftler seiner Zeit jedoch sahen Homers Erzählungen als reine Dichtung ohne realen Bezug an.

Als er finanziell unabhängig war, verließ Schliemann seinen Wohnort Amsterdam und reiste an die Westküste Kleinasiens, um dort nach dem versunkenen Troja zu suchen. Daß ihn die Kollegen Altertumsforscher nicht ernst nahmen und als spinnerten Millionär bezeichneten, war Schliemann vollkommen gleichgültig. Er nahm seinen Homer wörtlich, und in dem Zeitraum von 1870 bis 1890 fand er tatsächlich Ruinen und Goldschätze des vorhomerischen Troja.

Obwohl Albert Einstein zeit seines Lebens bestehende Geistesgrenzen niederriß und fast grundsätzlich in neuen Dimensionen dachte, vertraute er dem eigenen Verstand nie hundertprozentig, weil er auch in ihm mentale Sperren vermutete. Es ist sicher einer der besten Beweise für Einsteins Intelligenz, daß er sich vom eigenen Geist nie einlullen ließ und stets auf der Hut davor war, in eine selbstgebaute Falle zu treten.

Natürlich werden sich nur wenige von uns mit Menschen dieser Geisteskapazität vergleichen wollen. Doch die moderne Lernforschung zeigt, daß nicht nur Hochbegabte in der Lage sind, anspruchsvolle Potentiale des Verstandes anzuzapfen. Auch normalbegabte Menschen besitzen Fähigkeiten, die zwar meist ungenutzt im Hirn schlummern, mit Hilfe mentaler Übungen jedoch offengelegt und zu Spitzenleistungen ausgenutzt werden könnten.

Supertraining kennt keine beruflichen Abgrenzungen. Und es besteht aus mehreren Disziplinen: vom Stressmanagement über positive Gedankenkontrolle bis hin zu der Möglichkeit, mit Gedanken den eigenen Blutdruck zu regulieren. Zum Supertraining gehört es sogar, bisweilen den Verstand auszuknipsen, eine Technik, die besonders im Spitzensport eine Rolle spielt (siehe Kapitel Fokussierung). Vor allem wo Hektik und Druck regieren, hilft die geistige Gymnastik, ob bei Wirtschaftsmanagern oder Ärzten, bei Piloten, Fluglotsen oder Leistungssportlern.

Wozu unser Gehirn fähig ist

Während viele Menschen hierzulande nahezu alle Formen mentaler Übungen noch immer als Beschäftigungstherapie für leicht verstörte Zeitgenossen oder frustrierte Hausfrauen ansehen, ist Supertraining in den Vereinigten Staaten schon weitaus populärer. In den letzten Jahren verfaßten Wissenschaftler dort Dutzende von Sach- und Fachbüchern, übrigens so verständlich geschrieben, daß sie bei uns schon wieder als unwissenschaftlich in Verdacht gerieten.

Schon 1964 behandelte der US-Meinungsforscher und Wissenschaftler George H. Gallup in seinem Buch *The Miracle Ahead* (zu deutsch: Die Mobilisierung der Intelligenz) das Problem, wie der Mensch seine geistigen Kapazitäten besser nutzen könne. Gallup war zu dem Schluß gekommen, daß wir seit den Anfängen der Menschheit nur wenig Gebrauch von unseren geistigen Anlagen gemacht hätten. Und er warnte, daß es angesichts der stetig größer werdenden Probleme in Technologie, Wirtschaft und der sozialen Entwicklung nicht bei den bisherigen Lehr-, Lern- und Trainingsmethoden bleiben dürfe.

Gallup behauptete, der Mensch könne viel mehr als bisher zuwege bringen, und stützte sich dabei auf die seinerzeit unglaubliche Entdeckung des kanadischen Neurochirurgen Penfield von der McGill-Universität in Montreal. Penfield hatte bei Operationen als erster menschliche Gehirnpartien durch Elektrizität und Stimulation gereizt. Bei offengelegtem Gehirn erzählten Penfields Patienten Dinge aus ihrem Leben, an die sie sich zuvor gar nicht hatten erinnern können. Der Neurochirurg stellte fest, daß jedes Erlebnis, ja sogar jede kleinste Sinneswahrnehmung in den Nervenzellen des Menschen ein Engramm hinterläßt. Nichts geht verloren. Alles wird registriert. Das Problem besteht nur darin, es wiederzufinden und zu reproduzieren.

Die explosive Gehirnforschung

Oben hat links Vorfahrt

Inzwischen ist die Gehirnforschung das wohl spannendste und aufregendste Geheimnis um den menschlichen Körper. Kein Teil dieses Körpers wurde in den vergangenen 25 Jahren so eingehend unter die Lupe genommen wie das Gehirn. Und dennoch ist es noch immer der am wenigsten erforschte Teil. Bis heute weiß keiner, wie diese Schaltzentrale genau funktioniert. Man könnte sogar vermuten, daß dieses Geheimnis auf immer und ewig unergründet bleibt, denn die Erkenntnis der Gehirnfunktion wäre ja wieder eine Fähigkeit des Gehirns. Sollte es sich aber selbst erkennen können?

»Was die Forschung des menschlichen Körpers so unwiderstehlich macht«, sagte einmal einer der führenden Neurowissenschaftler auf diesem Gebiet, Floyd Bloom aus San Diego, »ist die Tatsache, daß die 50 Milliarden Nervenzellen des Gehirns alle verschieden sind.«

Gegenwärtig erleben wir – dies kann man ohne Übertreibung behaupten – eine revolutionäre Phase in der Gehirnforschung, die uns beinahe täglich neue Erkenntnisse beschert. Und obwohl es noch viele Jahre dauern wird, ehe unser Verstand unseren Verstand halbwegs verstehen kann, reicht das, was bisher herausgefunden wurde, bereits dafür aus, die Konsequenzen für ein entsprechendes Training abzuleiten.

Das beginnt mit der optimalen Nutzung der beiden Hirnhälften. Das menschliche Gehirn hat sich offenbar schon frühzeitig spezialisiert. Die linke Hälfte ist hauptsächlich für Logik, analytisches Denken, Lernen im Sinne von Einpauken zuständig, die rechte für Phantasie, Raumgefühl, Emotionen, Kreativität. Links lernen wir mit großer Anstrengung Fakten wie etwa Geschichtsdaten, Statistiken und Vokabeln auswendig. Rechts lernen wir, intuitiv Entscheidungen zu fällen, Bilder zu fixieren, entspannt alle Arten von Kunst wahrzunehmen. Die linke Hirnhälfte merkt sich den Namen einer Person, die rechte ihr Gesicht. Links werden alle Informationen linear geordnet, rechts dagegen simultan, aber auch diffus.

Die Arbeitsteilung scheint sogar auch für Gefühle und Stimmungen zuzutreffen. Bei positiven Empfindungen, dies ergaben Untersuchungen an der Yale University, zeigte sich die linke Hälfte des Gehirns in den Stirnlappen aktiver. Negative Gefühle wurden besonders in den Stirnlappen rechts beobachtet. Offenbar kontrolliert die eine Seite die Tätigkeit der anderen. Bei Überlastung einer Hälfte kommt es zu Störungen.

Meist, und zwar besonders in unserer westlichen Welt, lassen wir es zu, daß sich die linke Hirnhälfte als Zensor aufspielt und dabei Kapazität und Potenz der rechten unterdrückt. Wer aber aus sich und seinem Gehirn etwas machen möchte, muß lernen, auch die rechte Hälfte zu nutzen. Für Höchstleistungen werden die Leistungen beider Hirnhälften gebraucht. Ohnehin hat es der Mensch in seiner nunmehr schon mehrere Millionen Jahre dauernden Entwicklungsgeschichte bis heute, gegen Ende des zweiten Jahrtausends nach Christus, nur zu relativ bescheidenen Erfolgen gebracht: Wir nutzen höchstens ein Fünftel unserer Gehirnkapazität, und das tun auch nur die tüchtigsten von uns.

Was Fußballprofis im Kopf haben

Es gibt interessante Untersuchungen, die den Wert unserer meist vernachlässigten rechten Gehirnhälfte aufzeigen. Leistungsfähige Profifußballer zum Beispiel haben rechts viel auf dem Kasten. Wir stellten dies fest, als einer der beiden Autoren dieses Buches den Profikader des Bundesligavereins SV Werder Bremen hinsichtlich Persönlichkeitsstruktur, Konzentrationsvermögen, Wahrnehmungsfähigkeit und Raumvorstellungskraft psychologisch testete.

Zwar wurde zwischen Testpersonen und Tester

über die Ergebnisse Stillschweigen vereinbart, doch soviel darf gesagt werden: Je leistungsfähiger ein Spieler, desto räumlicher und bildhafter kann er denken. Das bedeutet, daß er imstande ist, das gesamte Spielfeld mit allen Akteuren auf einen Blick zu erfassen und die nächsten Positionswechsel, je nach Flugbahn des Balles, vorauszusehen. Dies sind exakt die herausragenden Fähigkeiten des sogenannten Spielmachers oder Regisseurs.

Über solche Qualitäten verfügte in außerordentlichem Maße der Fußballer Franz Beckenbauer. In einem Gespräch zu diesem Buch sagte er uns, er habe als ballführender Spieler früher stets sechs bis acht Möglichkeiten vor Augen gehabt, wie er mit welcher Aktion das gesamte Spiel für die folgenden zehn Sekunden beeinflussen könne und sich dann in Sekundenbruchteilen für die beste entschieden. Später, als Betreuer der deutschen Fußball-Nationalmannschaft, stellte Beckenbauer fest, daß dieses Talent der räumlichen Vorstellung für ihn zum Konflikt wurde. Von draußen sah er plötzlich noch erheblich mehr Möglichkeiten von Spielmustern, jetzt allerdings verbunden mit der Frustration, die richtige Entscheidung für den weiteren Verlauf des Spiels nicht mehr direkt in Aktion beeinflussen zu können.

Eine solch hohe Schule antizipatorischer und räumlicher Vorstellungskunst ist eine Gabe der Natur. Doch diese Fähigkeit läßt sich auch trainieren – durch Visualisation, beschrieben im Schlußkapitel.

Je besser der Fußballer, desto mehr Spielzüge kann er speichern. Auch dies war ein Ergebnis der Untersuchungen des Bremer Profikaders. Die Spielzüge bleiben als Bilder im Gedächtnis archiviert. (Die Hirnforscher haben sogar inzwischen unser Bildarchiv lokalisiert.) Während eines Spiels werden die früheren Erfahrungen ständig intuitiv mit der gegenwärtigen Situation abwägend verglichen. Danach wird gehandelt. Franz Beckenbauer etwa hat mehrere tausend solcher Spielzüge gespeichert. Bis heute.

Schachspieler – nur hochbegabte Archivare

Noch voluminöser ist ein solcher Speicher bei großen Schachspielern. Sie sind nämlich nicht nur, wie lange angenommen wurde, hochbegabte Logiker, die nur dank der linken analytischen Hirnhälfte zu ihren Geistessprüngen fähig sind. Der russische Weltmeister Garri Kasparow hortet in seiner rechten Gehirnseite etliche tausend Muster von Partiestellungen, die als Bilder im Kopf archiviert sind, genau wie bei einem Fußball-Regisseur. Beckenbauers früherer Trainer Dettmar Cramer sagte über seinen ehemaligen Schüler: »Er war ein Schachspieler des Fußballs, ausgestattet mit einem hervorragenden Gedächtnis, aus dem er zahllose Spielmuster abrufen konnte.«

Schach-Großmeister denken in der Tat weniger in rationalen Kategorien, sondern in Mustern, die sie optisch registrieren und mit anderen Mustern im Gehirnarchiv vergleichen. Zeigt man einem guten Schachspieler zehn Sekunden lang eine bereits begonnene Partie, so fragt er sich, ob und wann er diese Stellung schon einmal gesehen und was damals zum Erfolg oder Mißerfolg geführt hat. Für ein solch riesiges Musterdepot braucht man ein spezielles Gedächtnis für Räume und Bilder.

Ein interessanter Test des Nachrichtenmagazins *Der Spiegel* mit Weltmeister Garri Kasparow aus dem Jahre 1987 bestätigt die jüngsten Erkenntnisse über die Hirnpotenz von Schachgrößen. So hatte Kasparow beispielsweise keine Mühe, sich in nur fünf Sekunden auf einem Schachdiagramm eine Partiestellung einzuprägen und sie danach in ein leeres Diagramm einzutragen. Das Gehirn des Weltmeisters arbeitete dabei wie ein Photoapparat und knipste 117 der 120 Figuren während der fünf gegebenen Aufgaben ins Gedächtnis.

Fehler machte der Weltmeister beim Test aber, als er mit Partiestellungen konfrontiert wurde, die keinen Sinn ergaben und dementsprechend nicht in seiner rechten Hirnhälfte archiviert waren. Solche Muster von Zufallsdiagrammen, völlig nutzlos für seinen Beruf, konnte Kasparow sich nicht so schnell einprägen.

Fixe Muster, die per Langzeitgedächtnis eingefroren sind, gehören ebenfalls zum Supertraining. Dies ist wichtig bei allen wissenschaftlichen Berufen, für Ingenieure oder Architekten, unverzichtbar sogar für

Piloten oder Chirurgen. Man muß dazu kein Naturtalent sein. Ein umfangreiches Gedächtnisarchiv ist trainierbar (siehe Kapitel Fokussierung).

Wer über einen reichen Schatz an jederzeit abrufbaren berufsspezifischen Mustern verfügt, hat stets bessere Chancen zur Antizipation oder geistigen Vorwegnahme, kommt also anderem und anderen zuvor, kann agieren und muß nicht reagieren.

Der frühere US-Präsident John F. Kennedy erwarb sich seinen vorbildlichen Ruf als schlagfertiger Mann dank seiner Vorliebe für gültige Muster. Er hatte Spezialisten eingestellt, die vor jeder Pressekonferenz erahnen und herausfinden mußten, welche Fragen die Journalisten stellen würden. Auf diese Weise wurde der Präsident praktisch nie überrumpelt und konnte stets eine vorbereitete Antwort geben, die kompetent wirkte und oft mit Charme und Witz garniert war.

Ein gegenteiliges Beispiel: Der Börsenkrach vom 19. Oktober 1987 wäre sicherlich nicht gekommen, hätten sich Moneymanager und Aktionäre das Muster vom Schwarzen Freitag am 29. Oktober 1929 vor Augen gehalten. Damals wie diesmal gingen die Kurse immer steiler nach oben, nahm das Spekulantentum zu und das Risikobewußtsein ab, wurden immer mehr Aktien auf Kredit gekauft (nur um Kursgewinne zu erzielen und nicht mehr zum Zweck einer Daueranlage), suchten die US-Präsidenten Hoover (1929) und Reagan (1987) fast mit gleichlautenden Worten die Bürger zu beschwichtigen. Ablaufprozesse und Verhaltensstrukturen waren beinahe kongruent.

Wer vor dem 19. Oktober 1987 warnend den Finger hob, wurde vor allem von jüngeren Börsianern als wirtschaftlicher Laie verlacht. Das Argument dieser »Experten«: Die gesamtwirtschaftliche Lage 1929 sei eine ganz andere gewesen und die Situation diesmal ungleich besser. Doch wer sagt eigentlich, daß bei einem Crash die wirtschaftliche Ausgangsposition die entscheidende Rolle spielt? Man vergaß die Psychologie der Masse. Da genügte es, daß ein paar clevere Aktionäre das Muster erkannten und auf dem Höhepunkt der Kursentwicklung ausstiegen und verkauften, um dem Millionenheer zuvorzukommen. Einige wenige warfen den Schneeball, und die anderen machten die Lawine daraus. Ein sehr einfaches Verhaltensmuster und durchaus nicht neu, 1929 ebensowenig wie 1987. Ein Musterbeispiel lieferte der Brite Sir James Goldsmith. Er verkaufte im Sommer 1987 seine Aktien in einer Größenordnung von mehreren hundert Millionen Dollar und erklärte: »Ich kenne das Drehbuch von 1929.«

Lernen kommt aus dem Osten

Georgi Losanov war der erste, der in den sechziger Jahren bestimmte Lerntechniken für beide Gehirnhälften kreierte. Der bulgarische Arzt und Psychologe wies nach, daß man in entspannter Atmosphäre, etwa beim Hören von Musik, wesentlich besser Fakten lernen kann (siehe Kapitel Relaxation).

Vor Losanov hatte der russische Psychologe Ouspensky als erster davon gesprochen, daß Lernen in einer Situation der Entspannung viel mehr Erfolg verspricht als unter üblichen Umständen. Das war gegen Ende der vierziger Jahre. Im Gegensatz zu dem Bulgaren wußte der Russe noch nichts von der Theorie mit der unterschiedlichen Funktion der rechten und linken Gehirnhälfte. Es ist sicherlich kein Zufall, daß solche Anregungen von Wissenschaftlern aus dem Osten kamen, wo vielerlei Entspannungsexerzitien, wie Yoga oder Meditation, als religiöse Riten seit Jahrtausenden zum täglichen Leben vieler Menschen gehören.

Ende der siebziger Jahre dann entwickelten die drei Amerikanerinnen Sheila und Nancy Ostrander sowie Lynn Schroeder ein Programm zum Superlearning, wohl das erste in der westlichen Welt. Es gipfelte in der Feststellung, daß Superlearning hinzufügt, indem es wegnimmt. Um zum Beispiel besser Sprachen lernen zu können, müsse man zuerst Angst, Zweifel, Schuldgefühle und mangelndes Selbstvertrauen abbauen. Dies seien mentale Sperren, die eine rasche Lernfähigkeit beeinträchtigten. Erst dann könnten wir die Potentiale nutzen, die uns zwar schon seit Menschengedenken gegeben sind, bei vielen von uns jedoch »eingerostet und verstaubt« im Hirn ruhen.

Sicherlich neigen die Menschen in unserer westlich-zivilisierten Welt ganz allgemein dazu, eher alles mit links zu machen und ihre rechte Hirnhälfte brachliegen zu lassen, doch kommt es innerhalb der einzelnen Berufsgruppen zu krassen Unterschieden. Vor allem analytisch denkende Menschen wie Richter oder Wissenschaftler überhören ihre Rechts-Abteilung ganz gerne, während Künstlern bisweilen ein Links-Ruck guttäte. Supertraining bedeutet die Nutzung beider Hirnhälften, nicht nur der einen auf Kosten der anderen.

Wenn man die rechte Hälfte zu sehr vernachlässigt, macht sie sich offenbar schon mal selbständig. Als Friedrich August Kekulé von Stradonitz, einer der bedeutendsten Förderer der theoretischen Grundlagen der organischen Chemie, die richtige Formel für die Struktur des Benzols suchte, ging er zu analytisch und nicht genügend kreativ-intuitiv vor.

Kekulé arbeitete Tag und Nacht wie besessen, doch die Lösung wollte ihm einfach nicht einfallen. Als er einmal vor Erschöpfung am Schreibtisch einschlief, träumte er von einer Schlange, die sich am Boden wälzte, nach ihrem Schwanz schnappte und plötzlich wie ein Rad durch die Luft wirbelte. Erschrocken und verstört wachte Kekulé auf, starrte auf seine vor ihm liegenden Formeln und *sah* die Lösung. Er verband Atome und Moleküle zu einem Kreis, wie ihn die Schlange gerade beschrieben hatte – das Resultat war die bekannte Ring-Struktur des Benzols, 1865 im Schlaf entdeckt.

Der Chemiker hatte die Lösung zweifellos schon im Kopf gehabt, sie war nur blockiert gewesen. Erst im Traum konnten sich die Bilder der rechten Gehirnhälfte von der linken Umklammerung befreien. Hätte man damals schon mit einem Elektroenzephalogramm (EEG) Kekulés Gehirnstromwellen messen können, wäre wohl sichtbar geworden, wie zum Zeitpunkt des Einschlafens schnelle Betawellen zuerst in langsamere Alphawellen und später in Thetawellen übergingen.

Das Geheimnis der Hirnstromwellen

Die Hirnstromwellen wurden erstmals in den zwanziger Jahren von dem deutschen Psychiater und Neurologen Hans Berger gemessen. Er unterschied die Wellenformen in Alpha, Beta, Theta und Delta. Im entspannten Zustand weist unser Gehirn Alphawellen auf. Sie haben eine Frequenz von 8 bis 13 Hertz, wechseln ihre Polarität (positiv – negativ) also acht- bis dreizehnmal pro Sekunde. Alphawellen fließen regelmäßig, ruhig und besitzen eine mittelhohe Spannung (ca. 100 Mikrovolt).

Sind wir angespannt und aufgeregt, huschen kleine, schnelle Betawellen (13 bis 40 Hertz) durch unseren Kopf, mit weniger als 50 Mikrovolt Spannung. Im Einschlafzustand entstehen die langsamen Thetawellen (3,5 – 7 Hertz, über 100 Mikrovolt), im Tiefschlaf extrem langsame Deltawellen (0,5 – 3,5 Hertz, über 150 Mikrovolt).

Der Tübinger Ernst Kretschmer, einer der großen der Psychiatrie, hat einmal das Entstehen genialer

Entdeckungen und Erfindungen untersucht. Dabei stellte er fest, daß die betreffenden Personen die Lösung des Problems meist während eines Dämmerzustandes (Fachjargon: Sphäre) gefunden hatten, am Rande des Bewußtseins, in einer Situation also, wo der rationale Verstand seiner Sturheit beraubt war und sich Gefühle und bildhafte Vorstellungen ausbreiten konnten.

Wie sich die Gehirnstromwellen bei bestimmten Denkaufgaben entwickeln, zeigen neuere Versuche an kalifornischen Universitäten. Man fand heraus, daß Personen beim Lösen einer verbalen Aufgabe, also eher Sache der linken Hirnhälfte, rechts verstärkt die ruhiger fließenden Alphawellen produzierten. Wurde eine räumliche Aufgabe gestellt, ein Job für die rechte Seite, tauchten Alphawellen vermehrt links auf. Die Seite, die gerade nicht gefordert wird, ruht sich demnach aus.

Diese Erkenntnis könnte erklären, weshalb wir eine körperliche Bewegung (rechte Hälfte), zum Beispiel den Aufschlag beim Tennis, nicht genau mit Worten (linke Hälfte) beschreiben können. Auf der anderen Seite kommt es vor, daß wir einen perfekten Aufschlag in Worte kleiden können, aber nicht fähig sind, ihn auch nur annähernd so perfekt auszuführen.

Gerade im Tennis, so beschreibt es der US-Trainer Timothy Gallwey in seinem Buch »Tennis und Psyche«, dürfe die linke Gehirnhälfte nicht so stark engagiert sein, sonst entstünden leicht Frustration,

Angst und unharmonische Bewegungsabläufe. Höchstleistungen entstehen dann, wenn die Funktionen von rechter und linker Gehirnhälfte entsprechend der Aufgabe sinnvoll eingesetzt werden. Mit intensivem Üben ist es möglich, die Hirnstromwellen zu trainieren. 1976 gelang es dem amerikanischen Psychologen-Ehepaar Elmer und Alyce Green zum ersten Male, Schwankungen im Gehirnstrombild willentlich zu kontrollieren und so zu ändern, daß sich das Verhalten auch danach richtet. Unabhängig davon, aber zur gleichen Zeit, konnten in der Bundesrepublik Niels Birbaumer und Brigitte Rockstroh von der Universität Tübingen langsame Schwankungen des Gehirns unter willentliche Kontrolle bringen und in ein entsprechendes Training umfunktionieren.

Ein Beispiel: Wenn ein Orchestermusiker vor einem Soloeinsatz besonders aufgeregt und nervös ist, durchfließen schnelle Betawellen sein Gehirn. Es ist ein Zustand, den er nicht gebrauchen kann. Um seine volle Leistung zu bringen, müßten sich während der Konzentrationsphase vor dem Einsatz seine Herzschläge verlangsamen und ruhige Alphawellen seinen Kopf durchströmen.

Die elektrischen Reaktionen des Gehirns lassen sich gezielt mit psychologischen Methoden ändern. In der Abteilung für Verhaltenspsychiatrie der Max-Planck-Gesellschaft in München wenden Forscher dabei Biofeedback-Verfahren an. Aber auch mit Lob- und Tadel-Techniken kann erreicht werden, daß im

Kopf eines aufgeregten Solisten die Beta- den Alphawellen weichen. Kein Wunder also, wenn sich Alpha-
wellen-Muster gerade auch bei Entspannungsübungen oder beim Yogatraining einstellen.

Bei Angst verschwinden die Alphawellen. Eine Erkenntnis, die man sich bei Entängstigungstherapien,
von der Flug- bis zur Schmerzangst, zunutze machen
kann, indem man die ruhigen Hirnströme herbeitrai-
niert.

In einem verblüffenden Experiment wies übrigens
die US-Wissenschaftlerin Barbara Brown nach, was
passiert, wenn man Gehirnstromwellen über einen
Verstärker sichtbar macht. Sie verband eine elektrische Eisenbahn mit einem EEG, das einer Versuchsperson angeschlossen war. Diese Person steuerte quasi mit ihrem Hirn die Modellbahn, indem sie Menge
und Höhe ihrer Alphawellen an der Geschwindigkeit
des Zuges ablesen konnte.

Training statt Tabletten

Viele Menschen greifen, wenn sie Aufregungen eindämmen wollen, zu Medikamenten. Tranquilizer,
Antidepressiva und Betablocker beruhigen zwar,
doch sie mindern auch unser Aktivitätspotential. Vor
allem Leistungssportler bekämpfen mit den neuerdings auf der Dopingliste stehenden Betablockern
gerne Muskelzittern, Nervosität und Angst vor dem
Wettkampf. Noch immer glauben viele Athleten, da-

mit auf die Siegesstraße einzuschwenken, geraten dabei aber in eine Sackgasse. Um Spitzenleistungen zu erreichen, gehört bei der Mehrzahl der sportlichen Disziplinen nämlich ein gesundes Maß an Aufgeregtheit dazu (siehe Kapitel Selbstregulation). Der richtige Einsatz von Beruhigung und Aktionsbereitschaft läßt sich mit psychologischen Techniken erlernen – allemal ein besseres Mittel als Medikamente. Auch Hypnose kann die Gehirnwellen in bestimmte Richtungen lenken und Bewußtseinszustände von Entspannung bis zur Aufgeregtheit und Anspannung erzeugen.

Wer immer seinen Weg zur Spitzenleistung mit Tabletten oder Drogen pflastert, macht sich abhängig und kann sich bald nur noch über dieses Pflaster fortbewegen. Das gilt für Betablocker und andere Beruhigungsmittel genauso wie für Stimulantien von Tradon bis Kokain. Ein Supertraining, etwa mit Selbstregulationstechniken oder Relaxation, macht davon unabhängig.

Wozu unser Gehirn letztlich in der Lage ist, läßt sich bei dem Stand gegenwärtiger Forschung nur erahnen. Wenn man mit dem Göttinger Physikochemiker und Nobelpreisträger Manfred Eigen einer Meinung ist, sind wir noch sehr entwicklungsfähig: »Die Schöpfung des Geistes hat eben erst begonnen.« (Eigen hatte vier Milliarden Jahre alte molekulare Vorstufen zu dem, was sich nach der Lebensentwicklung in der Großhirnrinde des Homo sapiens angereichert hat, nachgewiesen und im Labor rekonstruiert.) Man könnte es auch andersherum ausdrücken: Offensichtlich haben wir es noch nicht allzuweit gebracht.

Wie wir Rauschgift selber produzieren

Sensationelle Entdeckungen der letzten Jahre machen die Erforschung des menschlichen Gehirns zu einem Thriller ohne Ende. Neurobiologen und Biopsychologen entdecken mehr und mehr sogenannte Neurotransmitter. Die rund 50 Milliarden Gehirnzellen feuern unabhängig elektrische Impulse ab, die wiederum chemische Stoffe freisetzen, eben Neurotransmitter. Sie sind klein wie Moleküle und an den unterschiedlichsten Stellen im Gehirn deponiert – chemische Boten, die auf unser gesamtes Verhalten inklusive unserer körperlichen Reaktionen Einfluß ausüben. Alle unsere Gefühle, von Freude bis Schmerz, unsere Gedanken und unser Gedächtnis, unsere Emotionen und Tränen ebenso wie Schlaf, Sex und unsere Reaktion auf Stress hängen von einem komplexen Zusammenspiel dieser Neurotransmitter ab. Ob wir uns nun über das Kompliment eines Freundes freuen, unter Nervosität leiden, ob wir uns ängstigen oder mit einem Lernproblem herumschlagen – für all dies existieren physiologische Substrate im Gehirn.

»Alle, die auf diesem Gebiet arbeiten«, faßte einmal der amerikanische Hirnforscher Floyd Bloom zusammen, »gehen davon aus, daß sämtliche Aktivitäten des Verstandes oder Bewußtseins ein Ergebnis chemischer Botschaften sind.« Die Wissenschaftler vermuten, daß es Tausende solcher Neurotransmitter gibt, gefunden haben sie bislang ein paar Dutzend.

Die erstaunlichste Entdeckung aus neuerer Zeit ist die Erkenntnis und der Nachweis dafür, daß unser Gehirn Rauschgifte selbst chemisch herstellt, körpereigene Opiate. Diese Neurotransmitter, Enkephaline und Endorphine genannt, beseitigen Schmerz und schaffen Euphorie. Das Gehirn gibt sie frei und entläßt sie ins Blut, wenn der Körper um Hilfe ruft, zum Beispiel bei Schmerzen.

Die Endorphine verhindern nicht etwa, daß die Nachricht »Schmerz« eine Zelle erreicht, sondern sie sorgen dafür, daß die Zelle die Nachricht einfach ignoriert. Auch bei extremen Erschöpfungszuständen schützt sich der Körper mit den hausgemachten Opiaten. Der Schmerz- und Gehirnforscher Crawford Clark, Physiologe an der New Yorker Columbia-Universität, hat Langstreckenläufer untersucht und uns seine Ergebnisse gezeigt. Wenn Marathonläufer so geschwächt waren, daß sie kurz vor dem Aufgeben standen, aber dennoch weitermachten, fühlten sie sich plötzlich auf den letzten Kilometern voller Kraft und Euphorie. Clark hatte im Blut der Läufer vermehrt Enkephaline und Endorphine gefunden, die opiumgleichen Neurotransmitter. Unzählige Langstreckler kennen den Rauschzustand, das *runner's high*. Sie rennen wie gedopt. Und sie sind es ja auch. (Der Höhepunkt der Schmerzunempfindlichkeit und Euphorie wird sogar erst kurz nach dem Lauf erreicht.)

Die veränderten physiologischen und psychologischen Prozesse und Erlebnisse beim Langstreckenläufer wären auch eine Erklärung für die Laufsucht bei vielen. Sie möchten das rauschhafte Glücksgefühl nicht mehr missen.

Psychiater der Universität Wisconsin behandelten Depressive gar schon mit Dauerlauf-Therapie, zum großen Teil mit Erfolg. Naturvölker besitzen offenbar ein instinktives Wissen über die Geheimnisse von Schmerzen und Euphorie. Noch heute pflegen afrikanische Stämme wie die Kung in Botswana alte Riten, zu denen Ausdauerübungen gehören. Diese Heiltänze befreien von Schmerzen und machen euphorisch. Übrigens hat die Fitness-Welle der westlichen Welt soziologisch keine andere Funktion als der Heiltanz bei vielen Völkern der Dritten Welt.

Die amerikanischen Hirnforscher Soloman Snyder und Candice Pert entdeckten 1973 das körpereigene Opium im Gehirn von Ratten. Beim Menschen fand man die Depots Anfang der achtziger Jahre – bei einem aufsehenerregenden Selbstversuch: Professor Henry Wagner von der John Hopkins University in Baltimore hatte sich ein mit Radioaktivität versehenes Opiat injizieren lassen. Während das Rauschgift zu wirken begann, konnte man auf einem Bildschirm seinen Weg ins Gehirn verfolgen, eine Technik

(PET = Positronen-Emissions-Tomographie), mit der inzwischen auch Durchblutung und Schaltvorgänge im Gehirn erforscht werden.

Gleichzeitig fand man auch eine Erklärung für das Entstehen der Rauschgiftsucht. Wenn jemand Opiate wie Morphium und Heroin oder Stimulanzien wie Amphetamine und Kokain nimmt, unterscheidet sein Gehirn nicht mehr zwischen importierten und hausgemachten Wirkstoffen. Es fällt einer Falschmeldung zum Opfer und entleert die eigenen Depots, um für die hinzukommenden Platz zu machen. So kommt es zur Drogenabhängigkeit. Werden die Importe gestoppt, mangelt es dem Körper an eigenen Opiaten – die Folge sind Entzugserscheinungen.

Wie Wunderpillen wirken

Für jeden der bisher entdeckten Neurotransmitter gibt es in der Natur ein pflanzliches Produkt, das gleichartig wirkt, zum Beispiel das Mohn-Derivat Morphium. Es liegt für Pharmakologen nahe, die einzelnen Transmitter synthetisch nachzuahmen, um ihre natürliche Funktionsweise künstlich zu beeinflussen. So ist es kein Wunder, daß die Pharma-Industrie die neuesten Erkenntnisse der Neurowissenschaftler möglichst schnell in allerlei Medikamente umsetzen möchte. Der mächtige US-Pharmakonzern Bristol-Myers Squibb erbaute zu diesem Zwecke in Connecticut eigens für 100 Millionen Dollar ein neues Spezial-Laboratorium.

An Wunderpillen, die den Menschen schlauer machen sollen, indem sie das Lernen erleichtern, wird gearbeitet. Ein Mittel, das den Neurotransmitter Vasopressin enthält, macht Lernwillige wacher und aufnahmefähiger. Doch viele Hirnforscher empfinden den Erwartungsdruck mancher Pharmakonzerne mit sehr gemischten Gefühlen. Der Neurowissenschaftler Floyd Bloom hat einmal in einem Interview mit der Zeitschrift *Psychologie heute* die gegenwärtigen Nachteile psychoaktiver Medikamente so erklärt: »Wenn wir versuchen, einen natürlichen chemischen Boten durch ein von außen eingeführtes Medikament zu ersetzen, stimmt der natürliche Rhythmus nicht mehr. Das Gehirn richtet sich nach einiger Zeit darauf ein, die verwirrenden neuen Nachrichten, die es als Hindernis wahrnimmt, einfach zu ignorieren und seine eigenen, natürlichen Botschaften wieder durchzubekommen.«

Noch kennt man nicht das ganze System, noch weiß man nicht, wie die Neurotransmitter im Zusammenhang vieler Lebensereignisse genau funktionieren. Schließlich steht die Gehirnforschung erst am Anfang. Ein Beispiel: Als das Lutein freisetzende Hormon LRH entdeckt wurde, war man anfangs ganz begeistert. Man glaubte, mit LRH die Unfruchtbarkeitsprobleme vieler Frauen lösen zu können, indem man beliebig den Eisprung herbeiführte. Es klappte nicht. Wenn das Gehirn diejenige Zellgruppe anspricht, die den Embryo mit dem Embryoträger verbindet (Hypophyse), benutzt es kurze und knappe Botschaften. Das neue Super-LRH aber schrie und schrie, ohne aufzuhören. Und die Zellen reagierten nicht mehr, weil die Nachricht zu lange im Raum stand. Das ist wie mit der Geschichte von dem kleinen Jungen, der so lange rief, »die Wölfe kommen«, bis ihm ausgerechnet im Ernstfall niemand mehr Aufmerksamkeit schenkte.

Ein Gehirnspezialist wie Floyd Bloom, der inzwischen mit Genforschern zusammenarbeitet, weil er mit der von ihnen neu entwickelten Methode des Zell-Klonens weitere Neurotransmitter zu entdecken hofft, ist gegenwärtig jedenfalls noch ausgesprochen skeptisch, was die Wirkungsweise von Wunderpillen angeht. Zwar schließt er nicht aus, daß irgendwann einmal eine neue Generation von Medikamenten die natürlichen Substanzen im Gehirn perfekt imitieren könnte. Doch obwohl – oder gerade weil – er Pharmakologe mit Fronterfahrung ist, gibt er zu, daß er persönlich stets versuchen würde, ohne psychoaktive Medikamente auszukommen.

Noch kann die Superdroge das Supertraining nicht ersetzen.

Die Psychologie
in Weltraum und Stadion

Am Anfang waren die Raumfahrer

Die ersten Menschen, die Supertraining kennenlernten, waren die Kosmo- und Astronauten, die sowjetischen und amerikanischen Raumfahrer. Ihre Ausbilder standen am Anfang vor der Frage: Wie trainiert man Menschen für Leistungen, die ihnen auf der Erde nicht abverlangt werden? Wie, zum Beispiel, muß jemand trainiert sein, der den Mond betreten soll? Ein Ereignis, das man bis dahin nur aus dem prophetischen Werk von Jules Verne kannte. Klar war, daß die Aneignung des notwendigen technologischen Know-hows nur einer der Bestandteile des gesamten Trainingsprogramms sein konnte. Schließlich gab es vor den Raumfahrern keine Berufsgruppe, die auf so vielen unterschiedlichen Gebieten Spitzenleistungen vollbringen mußte. Die Verantwortlichen verlangten gleichzeitig – daran hat sich bis heute nichts geändert und so wird es auch in Zukunft sein – perfektes Technologieverständnis *und* Angstfreiheit, uneingeschränktes Aufgabenbewußtsein wie Stressmanagement, extreme Disziplin *und* hohe Improvisationskunst, kühle Intelligenz ebenso wie harmonisierenden Teamgeist. Allesamt also Fähigkeiten, die nur durch sinnvolle Ausnutzung beider Gehirnhälften ihren Ausdruck finden.

Dieser Job, das wußten Amerikaner wie Russen, würde einem Menschen alles abverlangen, zu zahlreichen Veränderungen im seelischen und körperlichen Haushalt führen, den gesamten Organismus beeinflussen. Das Problem war, ist und wird bleiben: Wie behält man bei diesen Belastungen die physiopsychologischen Prozesse unter Kontrolle?

Bei der *National Aeronautics and Space Administration* (NASA) in Amerika dachte man zuerst daran, diese Probleme mit Drogen und Medikamenten zu lösen. Doch das war und ist noch immer gewagt. Der Plan wurde schnell fallengelassen. Anfang der fünfziger Jahre entwickelten die Russen für ihr Raumfahrtprogramm ein Selbstregulationstraining: Herzschlag, Körpertemperatur und Muskelspannung, aber auch emotionale Reaktionen auf alle möglichen Stress-Situationen sollten willentlich kontrolliert werden. Die bedeutende wissenschaftliche Erkenntnis bestand darin, daß vegetativ-autonome Vorgänge wie der Herzschlag nicht, wie man bisher annahm, der Bewußtseinskontrolle entzogen sind. Das Vegetativum war trainierbar. Es war möglich, scheinbar dem Bewußtsein entzogene Vorgänge unter Kontrolle zu bringen, eine für die Weltraumfahrt unverzichtbare Voraussetzung.

Die Sowjets haben die verborgenen Energien wissenschaftlich einwandfrei nachgewiesen und in die Raumfahrtpraxis umgesetzt. Traditionell waren sie an den physiopsychologischen Prozessen schon immer stärker interessiert als westliche Länder. Es ist sicher kein Zufall, daß mit dem Nobelpreisträger Iwan Pawlow ein Russe den bedingten Reflex entdeckte, den Zusammenhang von physiologischen Reaktionen und psychischen Reizen. Sein Hunde-Experiment ging in die Geschichte ein und steht in jedem Lehrbuch: Pawlow konditionierte das Tier auf einen Gongschlag hin, der die Fütterung ankündigte, Speichel abzusondern.

So war es für die Russen auch naheliegend, als erstes Lebewesen die Hündin Laika ins Weltall zu schießen, um das Zusammenspiel von Physis und Psyche zu beobachten. Die Sowjets waren es auch, die 1984 einen Inder auf die Reise ins All schickten: Mit der Atemtechnik des Yoga zeigte er, wie man körperliche Energieprobleme im Zustand der Schwerelosigkeit bewältigt und Sauerstoff einspart, auch dies ein Zusammenspiel von physiologischen und psychologischen Vorgängen.

Es kam den Russen stets zugute, daß sie die Psychologie nie von anderen Wissenschaftszweigen wie etwa der Medizin abtrennten. Im Westen dagegen war sie lange Zeit ein isolierter Zweig der Forschung, und erst seit ein paar Jahrzehnten setzt sich die Einsicht durch, daß Psychologie im Grunde überall von Bedeutung ist, wo Menschen sind und handeln. Diese Wissenschaft lehrt nun einmal, weshalb jemand in einer bestimmten Situation auf diese oder jene Weise reagiert und wie die Psyche die Physis beeinflußt – wichtig vor allem auch in der Medizin.

Da war es fast logisch, daß die Amerikaner anfangs andere Vorstellungen von den Qualitäten eines Raumfahrers hatten und die ersten US-Astronauten nach einem sehr simplen Selektionsverfahren bestimmten. Gefragt waren Testpiloten, die weder Tod noch Teufel fürchteten, ausgestattet mit der Psyche eines Himalaya-Achttausenders: eisig, standhaft und jedem Sturm trotzend. Als John Glenn im Februar 1962 zum ersten Flug eines Amerikaners ins Weltall startete – er umrundete dreimal die Erde –, hatte er beim Start eine fast normale Pulsfrequenz von 70.

Simulierte Mondlandung

Doch während des Apollo-Mondfahrtprogramms – inzwischen kannte die NASA die Grundlagenforschung der sowjetischen Kollegen – erwärmte man sich für eine subtilere Betrachtungsweise. Man entwickelte ein Trainingsprojekt unter dem Titel: »Neurophysiologische Autoregulation während eines verlängerten Raumfluges«.

Die Amerikaner gingen von dem Gedanken aus, daß das menschliche Gehirn vor einem großen Ereignis nicht nur auf alle möglichen Konsequenzen vorbereitet sein sollte, sondern daß die Bewältigung einer Aufgabe um so leichter sei, je öfter sie vorher mental durchgespielt werde. Und zwar so perfekt und wirklichkeitsnah, daß den Astronauten durch dieses Simulationstraining während des eigentlichen Raumfluges alles bestens vertraut war – bis hin zum ersten Schritt auf dem Mond. Damit bekam der Übungssimulator nicht nur eine Feedback-, sondern auch eine Feedforward-Funktion. Das Erlebnis wurde im Vorausgriff eingeübt.

Die Raumfahrer wurden Meister der mentalen Simulation. Stress war für viele ein Fremdwort. »Eine schöne Sache, genau wie im Training«, lautete denn auch einer der ersten Sätze des ersten Mondfahrers Neil Armstrong auf dem Erdtrabanten. Und Kollege Conrad meinte bei einer späteren Mondlandung: »Es ist wie gewohnte Arbeit. Ich fühle mich so, als wäre ich schon einige Male hier gewesen.« Die Probe war schon zum Auftritt geworden.

Viele stellen sich jede Art von Training so vor, daß man einfach intensiv bestimmte Methoden und Fähigkeiten einübt, die dann im Ernstfall angewandt werden. Doch das Geheimnis liegt woanders. Es kommt darauf an, so zu üben, daß der Geist schon im Training den Ernstfall selbst erlebt. Supertraining duldet keine Trainingsweltmeister mehr, die bei den Proben glänzen und beim Auftritt versagen. Mit Supertraining wird das Training wegtrainiert.

Im olympischen Dorf bei den Sowjets

Es war 1976 in Montreal/Kanada. Ausgerechnet auf dem nordamerikanischen Kontinent, quasi daheim, mußten sich die Amerikaner bei den Olympischen Spielen von den Russen demütigen lassen. Die Sowjet-Athleten errangen 49 Goldmedaillen, die US-Sportler kamen auf 34. Sogar die DDR war am Ende mit 40 Goldmedaillen vor den Vereinigten Staaten gelandet. Im Westen vermutete man hinter den Erfolgen des Ostblocks in erster Linie Dopingmittel, aber man munkelte auch von revolutionären Trainingsmethoden – was sich später, nach dem Fall der Mauer, bestätigte.

Wir waren damals in Montreal, um für eine überregionale Tageszeitung zu berichten. Als wir von den Gerüchten um neuartige Trainingsmethoden erfuhren, gingen wir in die Höhle des Löwen, ins Quartier der Sowjets. Zunächst liefen wir einem Pharma- und Toxikologen in die Arme. Schon seine Anwesenheit sprach Bände, doch sie versprach keine Informationen.

Dann trafen wir russische Psychologen. Sie waren relativ offen und gaben zu, das vegetative Nervensystem ihrer Athleten zu stimulieren und sie psychisch wettkampfstark zu machen. Die Methoden sind von Sportler zu Sportler verschieden. Manche verlangen nach der Suggestiv-Therapie. Hier werden dem entspannten Organismus über eine hypnotische Behandlung individuell formulierte Leitsätze wie etwa »Selbstvertrauen sichert den Sieg« ins Unterbewußtsein transportiert. Hypnose, bei uns durch Sigmund Freud diskriminiert, wurde bei den Russen stetig weiterentwickelt. Die entsprechenden Leitsätze werden rhythmisch-formelhaft gesprochen. Denn Worte können, das hatte um die Jahrhundertwende Iwan Pawlow entdeckt, als Signalsystem funktionieren.

Bei den Athleten kommt es darauf an, ihre Gefühlswelt zu aktivieren. Sie lassen sich durch intensive Affektauslösung sogar zum Weinen bringen. Die russische Turnerin Nelli Kim, die in Montreal Olympiasiegerin im Pferdsprung und Bodenturnen wurde, sagte einmal: »Geräteturnen ist eine sehr emotionale Sportart.« Und Dr. Mereschnikow, einer der psychologischen Betreuer der sowjetischen Athleten in Montreal, erzählte uns damals: »Psychologie ist eine Wissenschaft von Nerven und Gefühlen.«

Natürlich brauchen manche auch ein rationales Training. So führte der russische Sprint-Olympiasieger von 1972, der seinerzeit unschlagbare Valerie Borsow, sich immer wieder die Schwächen seiner Gegner vor Augen. Furcht vor der Konkurrenz kannte Borsow nicht. Auch Visualisierungs- und Selbstregulationstechniken zählten schon damals zum psychologischen Trainingsrepertoire der Russen. Sie hatten die Erfahrungen aus dem Kosmonautentraining in den Sport einfließen lassen. Und zwar in großem Stil. In einem totalitären System ist das kein Problem: So mußte sich in der UdSSR jeder Leistungssportler dreimal im Jahr den Tests der Wissenschaftler vom Forschungslabor der Hochschule für

Sport und Körperkultur in Moskau unterziehen. Dabei wurde das gesamte Nervensystem geprüft. Einer der wissenschaftlichen Leiter der Hochschule rechtfertigte uns gegenüber den Aufwand mit den Worten: »Im Wettkampf entscheiden die Nerven. Und wenn die nicht mitmachen, nützen auch alle körperlichen Fähigkeiten nichts.« Überdies mußten die Top-Athleten in der UdSSR kontrollierte Selbstbeobachtungen durchführen und sie schriftlich festhalten. Diese Daten und die aus Fragebögen und Gesprächen gewonnenen Ergebnisse bildeten die Grundlage persönlich zugeschnittener Mentalprogramme.

Aktivtherapie in der früheren DDR

Noch exakter und ausgeklügelter, typisch deutsch eben, verfuhr man beim kleinen Bruder DDR. »Die Russen«, betrieb der sowjetische Zehnkampftrainer Fred Kudu Selbstkritik, »nehmen es mit dem regelmäßigen Erfassen von Daten nicht so genau wie die Deutschen.« In der DDR wurden viele Athleten kurz vor dem Start mit einer lange und individuell einstudierten sogenannten Aktivtherapie mental total fit in den Wettkampf geschickt. Das funktioniert so: Zunächst wird der ganze Körper entspannt, die Nerven beruhigen sich. Die durch die Entspannung freigesetzte Energie ist die Voraussetzung für die Konzentration auf den unmittelbar bevorstehenden Wettbewerb.

Danach wecken autosuggestive Worte den Willen zur Höchstleistung. Bei dieser Umschaltung vegetativer und zentralnervöser Prozesse von Erregung auf Entspannung und von Entspannung auf Leistungsmotivation spielen bedingte Reflexe als Aktionsauslöser eine große Rolle. Während der Kopf trainiert, stellt sich der Körper bereits auf höchste Wettkampfbereitschaft ein: Auf bestimmte Stichworte hin schalten, wissenschaftlich nachweisbar, Blutdruck, Hauttemperatur, EEG und EKG-Werte, Atemfrequenz und Herzschlag auf Sieg. Bei jedem einzelnen, wie er oder sie es braucht. Der Schütze etwa kann, um eine ruhige Hand zu haben, physiologische Prozesse wie Herzschlag und Atemfrequenz durch reines Gedankentraining verlangsamen (siehe Kapitel Selbstregulation).

In westlichen Ländern, wo Leistungssportler eine weitaus größere Trainingsfreiheit besitzen, wo staatlicherseits keine mentalen Techniken angeordnet sind und darüber hinaus lange Zeit die Auffassung herrschte, Psychoübungen seien höchstens etwas für Psychopathen, entwickelt sich das Supertraining der Sportler bisher nur schleppend. Auf Olympia 1976 in Montreal bereitete sich gerade eine Handvoll US-Athleten gezielt mental vor. Ein Psychologieprofessor aus Honolulu namens Richard Suinn hatte einige moderne Fünfkämpfer mit dem von ihm entwickelten *VMBR-(Visuo-Motor-Behavior-Rehearsal-)Training* mental getrimmt. Sie hatten sich an ihn gewandt, weil er ein paar Monate zuvor, bei den Winterspielen in Innsbruck, der US-Langlaufstaffel mit der gleichen Methode zum sechsten Platz verholfen hatte, dem in dieser Disziplin bis dahin besten Resultat aller Zeiten.

Bei Suinns VMBR-Training wird Muskel für Muskel in einer bestimmten Reihenfolge entspannt, gleichzeitig stellt sich der Athlet in Phantasiebildern positive Wettkampferlebnisse vor. Es handelt sich um eine Mischung von den in späteren Kapiteln beschriebenen Übungen zur Progressiven Muskelentspannung (siehe Kapitel Relaxation) und Visualisation.

Aufschwung im Westen – ohne uns

Drei Jahre nach Olympia in Montreal, bei einem geselligen Abend während eines internationalen Mathematikerkongresses in Mailand, unterhielt sich der Amerikaner Charles Garfield, früher einmal ein erfolgreicher Gewichtheber, mit sowjetischen Wissenschaftlern. Einer von ihnen erzählte plötzlich von den Trainingsmethoden zur Stärkung des vegetativen Nervensystems. Garfield überredete die Sowjets, an ihm einen Demonstrationsversuch vorzunehmen. Innerhalb weniger Tage erreichte der Amerikaner durch psychosomatische Selbstregulation seine Bestleistung von 165,5 Kilo, obwohl er monatelang nicht trainiert hatte. Garfield schrieb später ein Buch darüber.

Zwar flossen immer mehr Informationen aus dem

Ostblock in den Westen, zum Beispiel durch den früheren Weltklasseturner Wolfgang Thüne. Nach seiner Flucht im Jahre 1975 aus der DDR in die Bundesrepublik berichtete Thüne, er könne unmittelbar vor einem Wettkampf mit Hilfe von Autogenem Training sehr schnell die Muskelgruppen, auf die es bei der bevorstehenden Übung ankommt, optimal durchbluten. Dadurch werden Kraftreserven mobilisiert, und die Erholungszeit zwischen den einzelnen Übungen verkürzt sich. Mit den psychologischen Methoden wird sogar die Angst vor einem Genickbruch beim Doppelsalto mit Schraube als Abgang vom Reck ausgeschaltet. Thüne erklärte seinen Kollegen und den Funktionären im Westen auch, wie man eine langwierige Verletzungspause um die Hälfte verkürzen kann. »Man simuliert vom Krankenbett aus Übungseinheiten im Geist. Auf diese Weise ist es möglich, seine Muskulatur auf Trab zu halten, obwohl man, wie ich nach einem Bänderriß, monatelang kein physisches Training absolvieren kann. Aber ich habe selbst erlebt, daß es möglich ist, mit Hilfe reiner Gedankenarbeit den lädierten Körper aufzubauen. In der DDR nannte man das ideomotorisches Training.« (Siehe Kapitel Visualisation).

Doch Thünes Kenntnisse blieben hierzulande ungenutzt, mit Ausnahme der Athleten, die er selbst betreute. Er ist Trainer und arbeitete zuletzt bei Bayer Leverkusen. Der DDR-Flüchtling versteht die Abneigung bei uns bis heute nicht: »In der DDR haben das alle Turner freiwillig gemacht, und nicht nur die Turner. Nur psychologisches Training bringt Sportler, die in etwa gleiche körperliche Fähigkeiten haben wie andere, vor die Konkurrenz. Hier in der Bundesrepublik ist alles noch viel zu amateurhaft. Man hat auch noch nicht erkannt, daß ein mentales Spitzentraining nicht nur im Sport hilft. Zum Beispiel kann man damit Prüfungsangst bekämpfen und lernen, sich auf ein bestimmtes Ziel zu konzentrieren und sich so mit Selbstvertrauen zu wappnen, daß man es erreicht. Mir hat das psychische Training auch nach meiner Karriere als Turner und im Privatleben geholfen.«

In der Tat sind in der alten Bundesrepublik die Versuche, solche Methoden im Sport anzuwenden, kläglich gescheitert. Der Wuppertaler Schwimmer Frank Hoffmeister, ebenfalls ein geflüchteter DDR-Sportler, verstand dies nie. »Ich habe drüben gelernt, wie man sich mit geistigen Techniken auf Wettkämpfe vorbereitet, und ich habe dieses Training in der Bundesrepublik fortgesetzt. Aber darum mußte ich mich selbst kümmern. Ich suchte mir einen Psychologen, den Essener Rolf Büsing, der auch Polizisten in Sachen Stress- und Konfliktbewältigung schult, und ließ mir vor allem bei meiner Vorbereitung auf die Olympischen Spiele 1988 in Seoul helfen. Ich machte Relaxations- und Visualisationsübungen. Im Westen drohen immer gleich Kompetenzstreitigkeiten, wenn ein Psychologe einem Trainer zu nahe kommt. Die meisten Trainer empfinden sie als Konkurrenten, unternehmen von sich aus nichts. Die

Psychologen können sich nicht anbieten, weil dann erst recht nichts läuft. Und von oberster Stelle ist das Miteinander von physischem und psychischem Training nicht geregelt. Bleibt die Initiative der Sportler. Aber die nehmen, wie mir scheint, das psychische Training kaum an. Weil sie es nicht kennen. Und ich bin kein Missionar, der überall herumläuft, um die Leute zu bekehren.«

Dabei haben Athleten wie die Fecht-Olympiasiegerin und Weltmeisterin Cornelia Hanisch oder der Slalom-Silbermedaillengewinner und Weltmeister Frank Wörndl demonstriert, wie erfolgreich man mit Kopftraining sein kann. Sie gaben zu, ihre Siege gerade auch psychologischen Methoden zu verdanken. Der Skifahrer ließ sich von einem Psychologen »die Angst vor dem Sieg« kurieren. Die Fechterin betrieb Visualisation und Selbstsuggestion: »Vor wichtigen Kämpfen stellte ich mir die Aktionen vor, die ich auf der Bühne ausführen wollte. Und ich sagte laut vor mich hin: ›Die Gegnerin kann mich nicht treffen!‹ Dieser Satz machte mich stets ruhig.« Einzelfälle.

Während in den USA, der früheren UdSSR und der alten DDR das Supertraining zum unverzichtbaren und effektivsten Bereich der Wettkampfvorbereitung avancierte, hat sich bei uns kaum jemand die Mühe gemacht, mentale Prozesse zu studieren oder zu praktizieren – ein Versagen vor allem der Funktionäre. Noch immer verstehen die meisten von ihnen unter mentalem Training nichts anderes, als einen Spitzensportler in eine Ecke zu setzen mit der Anweisung, nun mal schön brav an den optimalen Bewegungsablauf in seinem Wettkampf zu denken. Damit sei's genug. Besserung tritt nur allmählich ein. Denn ostdeutsche Trainer stehen – vor allem wegen ihrer Nähe zu früheren Doping-Praktiken – nach der Einheit Deutschlands meist nur im zweiten Glied.

Doch einseitiges physisches Training reicht heute nicht mehr aus, um in der Weltspitze mitzuhalten. So war das weithin beklagte allgemeine Leistungstief der bundesdeutschen Athleten vor den Olympischen Spielen 1988 in Seoul nicht zuletzt auf das völlig überholte Einbahnstraßen-Training zurückzuführen. Nach einem vorolympischen Bericht über Supertraining für Spitzensportler im Nachrichtenmagazin *Der Spiegel* meldeten sich bei Autor Stemme eine Reihe von Athleten, darunter Schwimmer, Kanuten, Wasserballer und Schützen, um zu erfahren, wie sie sich denn nun für Seoul auch geistig trimmen könnten. Kanu-Weltmeister Reiner Scholl erschien sogar gleich mit seinem Trainer Gerd Schindler, einem Diplomsportlehrer. Auch hier ergriffen die Athleten und nicht die Funktionäre die Initiative.

Noch immer herrscht die weit verbreitete Auffassung, man müsse zum Siegertyp geboren sein, wie etwa im Falle des Frankfurter Athleten Michael Groß. Lange Jahre war er der erfolgreichste und beste Schwimmer der Welt. Ohne psychologisches Training. »Mein Programm«, erzählte uns Groß, »bestand zu hundert Prozent immer nur aus physischer Vorbereitung auf den Wettkampf. Mit der

Psyche hatte ich nie Probleme. Ich konzentrierte mich vor dem Start, und das war's dann auch schon. Damit will ich aber nichts gegen ein ausgeklügeltes mentales Training sagen, sondern nur, daß ich persönlich es nicht gebraucht habe.«

Auch die frühere bundesdeutsche Rekordschwimmerin Heike Walpot, als Sportlerin bekannt unter ihrem Mädchennamen John, brauchte es nicht. Sie ist psychisch so stabil, daß sie, inzwischen Ärztin und Astronautin, alle entsprechenden Tests der Deutschen Forschungs- und Versuchsanstalt für Luft- und Raumfahrt (DLR) erfolgreich bestand und 1800 Mitbewerber ausstach. Dennoch sagt Heike Walpot: »Daß in unserem Spitzensport kein psychologisches Training organisiert ist, ist ein großer Mangel.«

Die Tatsache, daß die alte DDR lange Zeit mehr solcher Größen wie Groß besaß, hing vor allem mit dem »perfekt koordinierten Training von Physis und Psyche zusammen«, wie es Ex-DDR-Turner Thüne einmal formuliert hat. »Gerade die konsequente Anwendung des psychologischen Trainings hat die DDR im Sport so weit nach vorne gebracht. Ein so kleines Land muß alle Ressourcen ausschöpfen, wenn es oben mitmischen will. Würde man sich alleine auf die Naturtalente mit stabiler Psyche verlassen, wäre man verlassen. Denn Siegertypen gibt es wenige. Man kann sich aber zum Siegertyp hintrainieren.«

Das angewandte Supertraining

Ein Abfallprodukt der Raumfahrt

Als der Amerikaner Neil Armstrong am 21. Juli 1969 nach einem erfolgreichen Wettlauf mit den Russen als erster Mensch den Mond betrat, gab es nicht wenige Kritiker, die nach Sinn und Zweck der Weltraumfahrt fragten. Doch ihr Nutzen ist heute unübersehbar, zum Teil schon unverzichtbar. Dank der Raumfahrttechnologie wird die Erde von Satelliten umkreist, die eine bessere Wetterbeobachtung garantieren, Telekommunikation ermöglichen (Fernseh-Direktübertragungen rund um die Erde) und für Umweltschutz eingesetzt werden können. Den Biowissenschaften eröffnen sich durch die Arbeit in der Schwerelosigkeit ungeahnte Möglichkeiten, weil hier die Trennung kleinster Teilchen zur Produktion medizinisch wichtiger Stoffe wesentlich besser gelingt. Mit den auf diese Weise abgetrennten Stoffen können lebensbedrohende Blutgerinnsel aufgelöst und Immunreaktionen gegen Fremdstoffe (Bakterien, Toxine, Transplantate) aufgebaut oder abgebaut werden. Dies sind nur ein paar Beispiele für den Nutzen der Weltraumfahrt. Von den zuständigen Behörden werden sie immer wieder gerne angeführt, damit die Steuerzahler trotz der teuren Forschung bei Laune bleiben. Im selben Atemzug ist dann meist auch von den interessanten »Abfallprodukten« die Rede, an die vorher niemand gedacht hatte, wie etwa Mikrochips.

Auch das Supertraining ist ein Abfallprodukt der Raumfahrt. Nie zuvor wurde über bestimmte Lernprozesse das Verhalten von Menschen so perfekt einstudiert wie beim Kosmonauten- und Astronautentraining. Die gesamte Verhaltenstherapie erhielt dabei einen Aufschwung wie noch nie. Die NASA-Erfahrungen zeigen, daß man durch eine komplette Grips-Gymnastik menschliches Fehlverhalten drastisch einschränken kann. Die Psychoanalyse von Sigmund Freud, der hinter jeder Fehlleistung eine tiefere Bedeutung sah, blieb bald auf der Strecke. Denn die Astronauten, die anfangs mit Hilfe psychoanalytischer Methoden auf Todesängste und daraus resultierendes Fehlverhalten getestet wurden, lachten die NASA-Psychiater bald aus. Als der spätere Mondfahrer Charles Conrad einmal erzählen sollte, was er auf einem vor ihm liegenden leeren Blatt Papier sehe, verulkte er den Psychiater, indem er trocken zurückgab, das könne er nicht, weil das weiße Papier verkehrt herum liege. Die Astronauten waren nur über Übungen zu motivieren, deren Resultate sie bei-

spielsweise über Biofeedback, Progressive Muskelentspannung und Simulation selbst kontrollieren
konnten: Verhaltenstraining also.

Bestätigt wurde man durch die Fortschritte der
Neurowissenschaftler, die festgestellt haben, daß unser Gehirn enorme Speicherkapazitäten besitzt: Jede
kleinste Information und selbst das unwichtigste Erlebnis werden registriert und festgehalten, auch bildhaft. Freudsche Fehlleistungen sind demnach Fehler
in der Informationsverarbeitung. Es kommt nicht
darauf an, Psychoanalyse zu betreiben, sondern
durch entsprechendes Training zu lernen, wie man all
die vorhandenen Informationen richtig nutzt und
Fehlsteuerungen minimiert. Ein Beispiel: Ein Diskus-
sionsleiter erklärt zu Beginn der Gesprächsrunde irr-
tümlich: »Ich erkläre die Sitzung für geschlossen.«
Laut Freud eine Fehlleistung mit tieferer Bedeutung:
Der Mann wünschte sich unbewußt gleich zu Beginn
das Ende der Sitzung herbei. Moderne Kybernetiker
und Computerforscher denken anders: In unserem
computerähnlichen Gehirnarchiv liegen Gegensätze
wie »heiß« und »kalt«, »schnell« und »langsam«, »geöffnet« und »geschlossen« dicht beieinander, verbunden durch einen Dualcode. Er läßt nur zwei Möglichkeiten offen, also entweder »geöffnet« oder »geschlossen«. Wer nun, wie beim Computer, einen Be-
dienungsfehler begeht, erhält ganz einfach das gegen-
teilige Resultat. Warum es gerade in dieser Situation
zu diesem Fehler kommt, könnte man natürlich erör-
tern. Aber zur Vermeidung zukünftigen Fehlverhal-

tens ist das Einüben des gewünschten Verhaltens entscheidend, nicht die Analyse vergangener Umstände.

Die Erkenntnisse aus der Neurowissenschaft schlugen sich nicht von ungefähr zuerst in der Luft- und Raumfahrt nieder: Hier endet Fehlverhalten in der Regel tödlich. Deshalb wird so trainiert, als seien Ernstfall und Trainingsfall austauschbar. Spitzensportler übernahmen diese Philosophie. Immer mehr von ihnen bereiten sich so vor, daß Wettkampf für sie wie Training erscheint – und umgekehrt, daß Training gleichbedeutend mit Wettkampf ist.

Grundsätzlich gibt es keinen Unterschied zwischen sportlicher und beruflicher Leistung. Supertraining, ob nun in Form von Stressmanagement oder Relaxation, Positiver Gedankenkontrolle oder Selbstprogrammierung, Selbstregulation oder Visualisation, ist nicht nur für kommende Astronauten oder Olympiasieger praktikabel. Der Spitzensportler kann mit Hilfe der Visualisation den Sieg vor dem Wettkampf erleben, das Rennen also im Geiste schon für sich entscheiden. Auch der Manager kann seinen unternehmerischen Erfolg im Geiste vorwegnehmen. Er sollte es sogar.

Sowohl Pelé, der wohl beste Fußballer aller Zeiten, als auch Iacocca, einer der fähigsten Automobilmanager überhaupt, erzählen in ihren Biographien, sie hätten schon lange vor ihren Erfolgen deren Ablauf fix und fertig im Kopf gehabt. Sie wußten schon vorher, wie alles kommen würde. Ihre Persönlichkeitsstruktur war von früh an auf Erfolg programmiert. Als Naturtalente waren sie frei von mentalen Blockaden, von der Besorgnis, sie könnten ihre Ziele womöglich nicht erreichen. Auch weil die Bedingungen solcher Persönlichkeitsentwicklungen heute wissenschaftlich erforscht sind, lassen sich praktische Programme entwickeln, die in ein Supertraining münden – interessant für die unterschiedlichsten Berufszweige.

US-Firmen wollen »verrückte« Mitarbeiter

Vor allem in den Vereinigten Staaten sickern immer mehr dieser Techniken auch ins Wirtschaftsleben. Betroffen sind Broker, Bankiers, Anwälte und Verkaufsmanager, aber auch leitende Angestellte, Sekretärinnen und Polizisten. So wird zum Beispiel das Stressmanagement immer ausgeklügelter, denn Stress, vor allem Dauerstress, gilt als der größte Energiekiller. Die Amerikaner haben längst erkannt, wie man dem häufig durch Stress ausgelösten Herzinfarkt entgehen kann. Viele praktizieren ein variantenreiches Stressmanagement (beschrieben im entsprechenden Kapitel) und treffen Vorsorge: Neuerdings weiß man, daß jeder zwanzigste über 45 herzkrank ist, ohne es jemals bewußt wahrzunehmen. Obwohl sich ein Kollaps anbahnt, bereitet das Herz währenddessen oft keinerlei Beschwerden.

Wer nun vermeiden möchte, daß eine etwaige

Herzschwäche bei ihm erst postum festgestellt wird, kann sich einem regelmäßgen Stress-Test unterziehen. Der texanische Gas- und Ölmulti Tenneco zum Beispiel übernimmt für seine Angestellten sämtliche Kosten, wenn sie sich alle zwei Jahre einem solchen Test unterziehen. Die nüchterne Begründung der Konzernleitung: Unternehmen verlören heutzutage mehr Mitarbeiter unter 45 durch plötzlichen Herztod als durch Kündigung. Und die Kosten für den Stress-Test kämen leicht wieder herein. So blieben die Angestellten der Firma erhalten, würden zunehmend erfahrener, was dann dem Unternehmen zugute käme.

Bei langen Tarifverhandlungen betreiben hier und da Gewerkschaftler gemeinsam mit Arbeitgebern sogar schon Progressive Muskelrelaxation. Die Entspannung schafft ein besseres Verhandlungsklima.

US-Gewerkschaften unterstützen schon lange die Antistress-Programme für ihre Arbeiter, Angestellten und Funktionäre. Das seit 1984 bei General Motors laufende Programm gilt dabei als Trendsetter. Das Programm schließt sogar ein Motivationstraining für diejenigen ein, die sich noch abwartend verhalten. Ausgesprochen bemerkenswert: Inzwischen hat der Konzern Johnson & Johnson, einer der renommiertesten Hersteller medizinischer Waren wie Operationsinstrumente, Hygieneartikel und Medikamente, seinen über 77 000 Mitarbeitern nicht die eigenen Antistress-Drogen empfohlen, sondern das hauseigene Stressmanagement-Programm, das sich bei einigen Versuchsgruppen als sehr effektiv erwiesen hat.

Die Rechts-Links-Erkenntnisse der Gehirnfor-schung führen im übrigen dazu, daß große Unterneh-men wie IBM, Bristol-Myers Squibb, Procter & Gamble, Lockheed, AT & T oder Hewlett-Packard mehr und mehr ihre Mitarbeiter dazu auffordern, in kleinen Gruppen (bis zu sieben Personen) bewußt verrückte Gedanken zu entwickeln, also gezielt die rechte, kreative Hirnhälfte zu fordern und zu för-dern.

Mehr Leistung durch mehr Humanität?

Dennoch ist es bislang nur eine Minderheit, die sich mit den hier beschriebenen Gedanken und Techniken für welche Disziplin auch immer beschäftigt. Noch sind viele Bewohner der westlichen Industrieländer in ihren geistig-seelischen Gewohnheiten zu sehr blok-kiert, wie einst der Mittelstreckenläufer Bannister und der Gewichtheber Alexejew, als daß sie den irra-tionalen Fähigkeiten des Menschen Vertrauen schen-ken könnten; Fähigkeiten, die sich für uns nicht mit dem ersten Griff ausschöpfen lassen; Fähigkeiten schließlich, die ein Bewohner der westlichen He-misphäre besonders trainieren muß, weil unsere Phi-losophie bis heute Wissen als etwas rein Rationales definiert und alles, was der üblichen Logik weniger zugänglich ist, gern in den Bereich des leicht anrüchi-gen Irrationalen und der Esoterik verweist. Doch zum Leben und Wissen gehören Emotionen und Ge-fühle ebenso wie die ihnen entsprechenden oft unbewußt ablaufenden Vorgänge im Körper und damit auch im Gehirn.

Die Situation im Osten ist anders. Die asiatischen Traditionen, wie die Geisteshaltung des Zen, ermöglichen es den Menschen viel eher, sämtliche inneren Kräfte zu mobilisieren. Zen bedeutet Kontemplation und Selbstversenkung, aus der sich ein Lebensweg voller Ehrfurcht und Harmonie entwickeln soll. Das gilt auch im Beruf. In Japan wird ein Unternehmen als große Familie betrachtet, deren Stellenwert fast höher einzuschätzen ist als die häusliche Familie. Oberster Grundsatz ist es dort, der Firmenfamilie möglichst ein Leben lang anzugehören. Ziel ist eine herzlich-brüderliche Zusammenarbeit, die ein harmonisches Betriebsklima garantiert und deren Gemeinschaftsgeist alle Angestellten höchst motiviert. Die Unternehmen entlassen praktisch niemanden aus ihrer Familie, zahlen selbst die Renten der Mitarbeiter. Dafür hat jeder Japaner nur ein paar Tage Urlaub im Jahr. Meist nimmt er es klaglos hin, weil Arbeit für ihn ein Stück seines Zen-Weges ist.

So ist es nicht verwunderlich, daß viele japanische Unternehmen neu eingestellte Mitarbeiter zunächst einige Tage oder Wochen in ein Zen-Kloster schikken. In der Stille und Disziplin mönchischer Übungen sollen sie auf das harmonische Miteinander im Betrieb eingestimmt werden. Denn eine enge menschliche Zusammenarbeit gilt als Voraussetzung großer Leistungen.

Supertraining auf Japanisch hat man inzwischen auch in Europa entdeckt. Großbetriebe wie Daimler-Benz und Siemens zahlen ihren Mitarbeitern schon mal ein paar Tage Aufenthalt in Klostergemäuern. Der Benediktinerpater Athanasius Wolff vom Eifel-Kloster Maria Laach, intimer Freund einiger hochkarätiger Politiker verschiedenster Couleur, darunter Ex-Kanzler Helmut Schmidt, hat seine Schäfchen im ganzen Lande: Top-Manager von IBM bis Lufthansa. Der glänzend formulierende Benediktinermönch lehrt sie, daß im Betrieb Effizienz nur durch Humanität erreicht werden kann. Athanasius erzählte uns: »Das leuchtet den Herren ein, denn in der modernen Unternehmenskultur liegen Firmenphilosophie und Theologie beieinander. Echte Impulse in einer Firma gehen heutzutage nur noch von kleinen Gruppen aus und nur dann, wenn in solchen Gruppen ein großes Maß an Harmonie herrscht. Harmonie wiederum entsteht nur, wenn man die Kollegen achtet und mag, wenn man sich menschlich versteht. Dies ist christlich. Es mag ja nun sein, daß es manchen Top-Managern egal ist, ob dieses kreativ-harmonische Miteinander ihrer Angestellten auf christlicher Basis erfolgt oder nicht. Wenn ich jedoch auf diese Weise subversive Seelsorge betreiben kann, bin ich für meinen Teil schon zufrieden.«

Anfang 1987 gab es in der Bundesrepublik gerade eine Handvoll Institute (mit etwa zwei Handvoll Unternehmen als Kunden), die wenigstens in Ansätzen den Praktiken aus Übersee nacheifern. »Die deutschen Firmenchefs«, meint Hans-Jürgen Schellbach, Leiter des Baden-Badener Schellbach-Instituts, »erkennen allmählich, daß ihre Mitarbeiter nur mit einem speziellen geistigen Training mehr Leistung bringen.«

Schellbach betreute schon mittleres bis höheres Management von BASF und Castrol. Zum Programm zählen autosuggestive Techniken zur Steigerung der Motivation und Entspannungsübungen wie die Progressive Muskelrelaxation.

Dem Verkaufspersonal der Deutschen Bundesbahn sollte Schellbach Freundlichkeit und Begeisterung bei der Arbeit vermitteln – kein leichtes Unterfangen.

Angewandtes Supertraining

Kurz vor seinem Tode im Jahre 1979 zog der Amerikaner Gregory Bateson, einer der letzten Universalgelehrten vor dem Ausbruch der Spezialisierungsepidemie, eine philosophische und wissenschaftliche Bilanz. Danach hat das abendländische Denken gravierende Fehler gemacht, weil es nur noch in abstrakten Größen die Wirklichkeit beurteilt. Unsere Maßstäbe drücken sich vorwiegend in Zahlen aus. Wir quantifizieren, wo immer es geht, und – schlimmer noch – selbst da, wo es nicht mehr geht.

Quantitäten sind nun einmal keine zutreffenden Maßstäbe, sondern lediglich Annäherungen, zumal wenn man sie mit Zahlen gleichsetzt. So ist ein Liter

Wasser in Wirklichkeit niemals exakt ein Liter Wasser. Es treten immer kleine Meßfehler nach oben oder unten auf, außerdem verdunsten ständig Wassermoleküle. Doch wir tun so, als handele es sich um eine exakte Einheit. Wir halten das, was wir messen, für objektiv – in vielen Fällen ein Trugschluß.

Das westliche Denken zieht überall Grenzen und befestigt sie. Extreme werden gesucht und kultiviert. Wir gehen von Optimalwerten aus und wollen sie noch optimieren. Unsere Philosophie ist auf Gegensätze ausgerichtet statt auf Gleichgewicht. Die Quittungen dafür sind längst ausgestellt: Nachdem wir die Industrialisierung zu weit getrieben haben, kollabiert die Natur. Menschen, die ebenso bedingungslos Raubbau mit sich selbst treiben, reagieren ähnlich – Baumsterben durch Umweltstress hier, Infarkttod durch Berufsstress da.

Ziel des Supertrainings ist es, ein Gleichgewicht herzustellen: zwischen Körper und Geist, zentralem und vegetativem Nervensystem, rechter und linker Gehirnhälfte, zwischen Training und Wettkampf; Bewußtsein und Unterbewußtsein, das Ganze sehr persönlich komponiert und ohne daß man das eine dem anderen opfert.

Wer das Supertraining so mit Zahlen quantifizieren will wie einen Liter Wasser, nimmt unwillkürlich Ungenauigkeiten in Kauf. Alle Teile gehören zu einem Ganzen, und das Ganze trägt unweigerlich individuelle Züge. Nicht eine Technik führt zur Spitzenleistung, sondern die Anwendung mehrerer, individuell gemixter psychologischer Praktiken, wie sie im zweiten Teil des Buches eingehend beschrieben sind. Supertraining ist kein Coke für jedermann (nichts gegen Coke!), sondern ein Spezialgetränk, das sich der eine mit anregender, der andere mit entspannter Wirkung zubereiten kann. Die Bedürfnisse dieses Trainings richten sich nach der Struktur des menschlichen Geistes und Körpers, allein deshalb schließen sich Massenprogramme aus.

Es ist wie beim Spannen einer Violinsaite. Zu lasch produziert sie nur häßliche Töne, zu stark angezogen droht sie zu reißen. Auf die richtige Spannung kommt es an. Und die ist wiederum von äußeren Faktoren wie der Raumtemperatur abhängig. Vor einem ähnlichen Problem steht jemand, der ein Relaxationstraining durchführen will. Optimale Entspannung bedeutet keinesfalls, sich in einen extremen Erschlaffungs- und Erholungszustand zu versetzen wie eine lasche Violinsaite. Gefragt ist das gesunde Gleichgewicht zwischen An- und Entspannung.

Bisher hat die Philosophie in Verbindung mit fast allen Einzelwissenschaften 60 verschiedene Modelle des menschlichen Bewußtseins gefunden. Man hat versucht, den menschlichen Geist zu kartographieren. Für Karl Marx war die Psyche das Abbild der Produktionsverhältnisse, für Abraham Maslow stellte sie eine Hierarchie von Bedürfnissen dar: Am Anfang steht Fundamentales wie Hunger und Durst, danach folgt der Drang zur Sicherheit und Ordnung, am

Ende werden Selbstverwirklichung und Selbstbefreiung gefordert. Das Supertraining beruht auf einem Bewußtseinsmodell, das davon ausgeht, daß sich unterschiedliche Kräfte und Fähigkeiten wechselweise verbessern. Dazu muß man die alten Gegensätze von Herz und Kopf, Gefühl und Verstand, Körper und Geist nicht als Antagonismus, also ein Gegeneinander, sondern als Synergismus, ein Miteinander, begreifen. Erst im Zusammenwirken, der Synergie, werden alle Kräfte produktiv.

In der Psychologie hat Abraham Maslow geholfen, dieses Modell mit Leben zu erfüllen: Sich selbst verwirklichende Menschen definiert er als Personen, die durch Kreativität, Leistung *und* Charakter, also eine abgerundete Persönlichkeit, besonders herausragen. In der Tat läuft heute der nur hart-rationale Manager, lange Zeit der zielgerichtete Typ des tüchtigen Menschen, Gefahr, bald zum Fossil zu werden. Viele Spitzenunternehmen lassen ihre Führungskräfte längst im Sinne eines gesunden und menschlichen Gleichgewichts ausbilden. Was der Eifeler Benediktinerpater Athanasius Wolff Top-Managern gegenüber praktiziert, hat sich in den USA schon auf breiter Basis durchgesetzt: Die beiden Psychologen Robert Blake und Jane Mouton haben eine Vielzahl von Führungskräften davon überzeugt, ihren Mitarbeitern mit ebenso großer fachlicher Kompetenz wie humanitärer Haltung gegenüberzutreten. Auch in der russischen Psychologie vollzog sich eine Wende. Der wohl berühmteste Zeitgenosse Maslows, Alexej

Leontjew von der Lomonossow-Universität in Moskau, hat 1975 in seinem Buch »Tätigkeit, Bewußtsein, Persönlichkeit« neue Maßstäbe gesetzt, indem er die »innere Arbeit« an der Persönlichkeit, das vollkommene Training, postulierte. Leontjew bezog die Psychologie des amerikanischen Humanismus ausdrücklich in sein Modell ein.

Das Hauptvorurteil

Zwar entwickelten sich die meisten Techniken des Supertrainings aus dem Übungsprogramm für die Weltraumfahrer, doch auch da spürte man am Anfang von Synergismus im Trainingsplan nur wenig. Die ersten Astronauten der NASA waren als erfahrene Testpiloten daran gewöhnt, selbst in den heikelsten Situationen ihre Maschine noch unter Kontrolle zu halten. Ihre Psychologie bestand aus einem Satz: Ich bin ich und werde mit allem fertig; ein Selbststatement, das schon Zwangscharakter annahm.

Diese ersten Raumfahrer wurden nun auf die Bewältigung von Situationen eingeschworen, die nicht eintreten durften: Notstände, Unglücksfälle, Katastrophen. Es war eine Art Konditionierungstraining mit Negativ-Touch, einseitig, nur auf die Konfrontation mit Todesgefahren ausgelegt. Doch bei der NASA erkannte man sehr bald, daß ungewöhnliche Leistungen nicht allein auf einem Katastrophenverhinderungs-Training basieren können. Einen entscheidenden Beitrag, so die US-Wissenschaftler, würde die Aktivierung zusätzlicher positiver Energien mit Hilfe psychologischer Techniken liefern. Aus den Übungsfaktoren Stressmanagement und Relaxation, aus Selbstregulation und Visualisation erwuchs schließlich ein Training, das Leistungen ermöglichte, die vorher undenkbar schienen. Ohne Stress und Panik betraten die Apollo-Astronauten den Mond. Das Training war synergetisch geworden.

Je selbständiger die Fluggeräte dank Computerhilfe operierten und je abhängiger der Mensch von der Maschine wurde, desto mehr kam und kommt es darauf an, die Astronauten positiv zu stimulieren. Das Nichts-tun-Können, verbunden mit einem großen Vertrauen in die Technik, will gelernt sein.

Nach den Astronauten betraf dieses Problem die Piloten von Hochleistungsjets wie dem Tornado, einem fliegenden Prozeßrechner, der vom früheren Bundeskanzler Helmut Schmidt einmal als »das größte technologische Projekt seit Christi Geburt« bezeichnet wurde. Der Militärjet huscht mit Schallgeschwindigkeit bei Nacht-und-Null-Sicht in Baumwipfelhöhe über Berg und Tal (um so unter einer Radarüberwachung durchtauchen zu können) und paßt seine geringe Flughöhe jeder Erhebung und Senke an. Computergesteuerte Sensoren tasten den Boden ab und halten das Flugzeug stets im richtigen Abstand zur Erde. Die Piloten, die sich dabei vorkommen als würden sie in einem riesigen Preßlufthammer sitzen, weil sich der Jet in einem permanenten Rüttelzustand befindet, müssen während dieses Geisterfluges voll und ganz der Technik vertrauen. Sie sind von ihr abhängig. Versagt sie, sind sie tot.

Wie sie diesen Großangriff auf ihre Psyche verkraften, erzählte uns der Tornado-Pilot Uwe Heizmann vom Bundeswehr-Jagdbombergeschwader 31 in Nörvenich bei Köln: »Am Anfang hat man Beklemmungen und erschrickt. Man fragt sich, wie das funktionieren soll. Man ist unsicher. Dagegen hilft nur eins: Man muß sich vorher davon überzeugen, daß alle Instrumente exakt arbeiten, dann den Verstand kontrolliert einsetzen und sich sagen, daß alles okay ist, daß kein Grund zur Beklemmung, zum negativen Denken besteht. Man muß es öfter gemacht haben, um Erfolg zu haben. Es gibt keine andere Möglichkeit.«

Inzwischen ist das Mensch-Maschine-Problem noch näher an den Alltag gerückt. Neuerdings können Passagierjets wie der Airbus durch Computersteuerung selbst bei Null-Sicht landen. Nun kämpfen die Flugkapitäne dieser Maschinen mit der Hilflosigkeit, wie sie die Astronauten als erste kennenlernten. Ob beim Tornado- oder beim Airbus-Piloten: Aus der Klemme helfen nur die positiven Energien psychologischer Techniken. Die NASA-Psychologen stießen bei den Raumfahrern während der Stabilisierungsübungen des Nervensystems kaum auf Vorurteile. Die Piloten waren hochmotiviert. Sie wußten, daß sie bei dem Neuland, das sie betraten, sich auch ungewohnten Methoden würden unterziehen müssen. Alles mußte vorbereitet werden. So empfanden die Astronauten, kerngesunde Männer ohne psychischen Defekt, es auch nicht als ehrenrührig, nun ein Training zu praktizieren, das ihre Psyche stärken sollte. Irgendwelche Bedenken, mentale Methoden hätten nur labile Charaktere nötig, waren von vornherein fehl am Platz.

Doch Vorbehalte dieser Art sind im allgemeinen das Hauptvorurteil gegenüber dem Supertraining. Selbst viele Sportler glauben, für die Stärkung ihrer Psyche weit weniger tun zu müssen als für ihre Physis. Ein Irrtum. In vielen Fällen ist ein Supertraining sogar wichtiger als die körperliche Vorbereitung auf den Wettkampf, in den meisten Fällen ist es von gleicher Wichtigkeit. Und daß bei amerikanischen und russischen Athleten die Akzeptanz größer ist als bei anderen, hängt nicht zuletzt mit den Raumfahrtprogrammen zusammen.

Sport als Supermodell

Der Sport wird in diesem Buch oft zitiert. Dies hat seine Berechtigung. Denn in keinem anderen Bereich läßt sich die gesamte Problematik so modellhaft veranschaulichen wie hier. Der Sport ist Symbol der Industriegesellschaft. Er macht Leistungsfähigkeit, Zielsetzung, Motivation und Durchsetzungsvermögen besonders deutlich – alles Faktoren der allgemeinen und vor allem der Leistungs- und Wirtschafts-psychologie. Im Sport wird unentwegt gemessen, gezählt, gewertet, verglichen, ein Ziel angestrebt, das Leistungsprinzip gepriesen. Kurzum: Der Sport ist ein Supermodell für das Supertraining. Und kaum eine andere Berufsgruppe ist so trainingsorientiert wie die der Spitzenathleten.

Vor Beginn des Supertrainings steht die Ist-Analyse. Mit wissenschaftlicher Hilfe erfolgt eine physiologische und psychologische Bestandsaufnahme, deren Daten Aufschluß über die Leistungsgrenze geben sollen. Parallel dazu wird der Sportler nach seiner Einschätzung der eigenen Grenze gefragt. Ist die Differenz zwischen beiden Urteilen groß, kennt der Athlet offensichtlich seine Möglichkeiten nicht. Hier verspricht das Supertraining Erfolg.

Um dem Leser einen Ablaufplan vorzuführen, haben wir einmal ein allgemeines Prinzip von psychologischen Übungsfolgen zusammengestellt. Dabei kann natürlich der individuelle Zuschnitt des Supertrainings in der Praxis nicht berücksichtigt werden. Eine systematische Anwendung ist auf den Einzelfall zugeschnitten. Dazu ist es wichtig, sich zu kennen. In der Regel wird man dabei ohne Expertenhilfe nicht auskommen.

Es beginnt mit dem Erlernen einer Entspannungstechnik, wie Progressive Muskelrelaxation oder Autogenes Training (siehe Kapitel Relaxation). In der Entspannung verändern sich die Hirnstrombilder. Aus Betawellen werden Alpha- und schließlich sogar

Thetawellen. Sie zeigen an, daß das Bewußtsein das Unbewußte wahrzunehmen beginnt. Ein Zustand, der nicht hoch genug eingeschätzt werden kann, weil produktive Leistungen nur über das Zusammenwirken von Bewußtsein und Unterbewußtsein zustande kommen, Synergie also. Hier beginnt man mit der sogenannten Visualisation. Dabei wird in einer Art umgekehrter Psychoanalyse immer wieder an die emotionalen und leistungsgebundenen Höhepunkte erinnert; ein großer Sieg, das Glücksgefühl danach, der Beifall.

Die neuen Forschungsergebnisse zeigen, daß man auf die selbst produzierten Bilder im Geiste angewiesen ist (siehe Kapitel Visualisation). Worte allein reichen nicht. Tonbandkassetten mit formelhaften Leitsätzen, die eigene Stärken suggerieren (siehe Kapitel Selbstprogrammierung), sind beim Supertraining für Sportler zuwenig.

Nun gilt es, auf die künftige Leistung umzuschalten. Dabei muß stets eine realistische Marke angepeilt werden. Sonst entstehen bei den Athleten Angstgefühle. Sie glauben, sich einer Spukmethode ausgeliefert zu haben. Für viele ist dies der kritische Punkt. Sie geben auf und schieben hinterher die Schuld den Techniken zu.

Wird aber die künftige Höchstleistung – weil realistisch – im Geiste ohne Angst vorweggenommen, muß noch das sogenannte Arousal dazukommen (siehe Kapitel Selbstregulation). Das ist ein Vorstartzustand, der ein positives Lampenfieber einschließt:

Erregung ohne schädliche Nervosität. Ist das optimale Arousal gefunden, kann durch Trainingserfahrung der individuelle Erregungsgrad mühelos auf Dauereinstellung programmiert werden.

Sind visualisierter Erfolg und optimales Arousal über mehrere Monate täglich geübt worden, stellt sich ein Zustand ein, den die Athleten so beschreiben: Sie spüren die Gewißheit, es zu schaffen. Stimmt jetzt auch noch die Konzentration (siehe Kapitel Fokussierung), wird meist die angepeilte Leistung sogar noch übertroffen.

Für Spitzensportler ist es wichtig, die psychologischen Techniken mit dem körperlichen Training zu einer Einheit zu formen. Für andere Berufsgruppen gilt das gleiche Prinzip. Hier stellt das Supertraining ein Gleichgewicht zur praktischen Ausbildung her. Ob im Sport oder sonstwo: Immer muß ein individuell erreichbares Ziel mit den entsprechenden Trainingsschritten kombiniert werden. Das sieht dann für einen Chirurgen anders aus als für einen Flugzeugpiloten, für einen Industriemanager anders als für einen Politiker. Dosierung und Abfolge der einzelnen Disziplinen im Supertraining variieren je nach der Ausgangslage des jeweiligen Menschen und der von ihm geforderten Leistung.

Soll das Supertraining effektiv sein, kommt es zunächst einmal darauf an, die Situation, in der man sich befindet, mit ihren Anforderungen und Herausforderungen richtig einzuschätzen. Dies ist zweifellos problematisch, denn Selbstdiagnosen und Trainingsprogramme ohne neutrale Hilfe haben ihre Tücken. Wenn es uns selbst betrifft, neigen wir dazu, Fehler zu übersehen. Der subjektive Bezug zur eigenen Person schließt ein treffsicheres Urteil oft aus. So ist eine Selbstdiagnose der persönlichen Ausgangslage mit einem daraus eigenständig entworfenen Supertrainingsprogramm zwar durchaus möglich, fachlicher Rat jedoch unumgänglich.

Das Supertraining, einst entwickelt für Spezialgruppen wie Astronauten, gilt heutzutage für alle diejenigen, die mehr aus sich machen möchten, ganz gleich in welchem Bereich, ganz gleich, ob Frauen oder Männer. Und da die meisten Menschen nicht ahnen, welche Möglichkeiten ihnen die Potenz ihres Gehirns offeriert, ist es ein Training für die Allgemeinheit. Zumal immer noch viel zu viele glauben, genug Verstand zu haben. Den Beweis dafür liefert der Umkehrschluß: Kaum jemand beklagt sich einmal über die Tatsache, daß es ihm an Verstand mangele. Erst ein Supertraining eröffnet den meisten von uns die Chance, die ungenutzten Hirnpotentiale zu aktivieren. Diese Chance sollten wir uns nicht entgehen lassen.

ZWEITER TEIL

Stressmanagement

Interview in der Stress-Praxis

Die Lampen sind eingeschaltet. Die Kamera läuft.
Zwei Männer sitzen sich gegenüber. Der eine, John
Nicholsen*, ist 45 Jahre alt und Verkaufsmanager eines Pharmakonzerns in New York City, der andere,
Dr. Steven Josephson, Verhaltenstherapeut mit eigener Praxis in der Stress-Hochburg Manhattan. Dort
regiert der Herzinfarkt als Todesursache Nummer
eins – Herzinfarkt durch Stress. Er tritt ein, wenn
hohe psychische Belastungen die physischen Leistungen des wichtigsten Organs lahmlegen.

John Nicholsen war noch einmal mit einem leich-
ten Infarkt davongekommen. Sein Hausarzt sprach
von einem Warnschuß, aber nun müsse der Gestreßte
unbedingt etwas für sich tun. Sonst . . .

Das Unausgesprochene hatte dem Topmanager
Angst eingejagt. Er warf einen Blick ins New Yorker

* Der Name ist geändert

Telefonbuch. Darin sind rund 400 Stressmanagement-Praxen aufgelistet. Nicholsen suchte eine aus, die nur ein paar Minuten von seinem Büro entfernt liegt. Time ist schließlich Money.

Nun sitzt er dem Therapeuten gegenüber. Die Videokamera ist technischer Zeuge.

»Ich bitte Sie, mir die folgenden Fragen ehrlich zu beantworten«, fordert Dr. Josephson seinen Klienten auf, »die Antworten bleiben natürlich strikt vertraulich. Sind Sie mit Ihrer Arbeit zufrieden?«

»Manchmal.«

»Ist mit dieser Tätigkeit eine schwere Verantwortung verbunden?«

»Ja.«

»Haben Sie das Gefühl, auch unter Druck noch Zeit zu haben?«

»Kaum.«

»Macht Ihnen Druck an sich zu schaffen?«

»Na ja, manchmal schon.«

»Würden Sie sich als einen hart arbeitenden, ehrgeizigen Menschen bezeichnen, der alles, was er erreichen will, so schnell wie möglich erledigen möchte, oder eher als einen relativ entspannten und ungezwungenen Menschen?«

»Das erste.«

»Sind sie verheiratet?«

»Ja.«

»Wie würde Ihre Frau Sie beschreiben – hart arbeitend und ehrgeizig oder entspannt und ungezwungen?«

Nicholsen stockt, knirscht mit den Zähnen, scheint von der Frage überrascht. »Was hat meine Frau damit zu tun? Sicher sagt sie manchmal, ich würde zuviel arbeiten, aber welche Frau sagt das nicht?«

Dr. Josephson läßt seinen Klienten nicht eine Sekunde aus den Augen. Denn noch wichtiger als der Inhalt der Antworten sind Mimik und Gestik. Auf die äußeren Reaktionen kommt es dem Therapeuten an. Deshalb auch das Videogerät, das festhält, was ihm entgehen sollte.

»Wenn Sie mit Gleichaltrigen ein Wettkampfspiel machen – spielen Sie das aus Freude oder nur, um zu gewinnen?«

»Gewinnen macht doch Freude – oder nicht?« kommt die Gegenfrage, fast ein wenig streitsüchtig.

»Wenn Sie im Auto sitzen, und in Ihrer Spur fährt vor Ihnen ein anderer viel zu langsam für Sie: Würde ein Beifahrer merken, daß Sie das ärgert?«

»Das könnte schon sein. Doch das wäre mir egal.« Nicholsons Augen sind weit geöffnet, das Weiße um die Pupillen wird deutlich sichtbar.

»Erscheinen Sie zu Ihren Terminen pünktlich?«

»Ich bemühe mich, aber oft läßt sich das nicht einhalten.«

»Nehmen Sie es übel, wenn man Sie warten läßt?«

»Wenn's zu lange dauert, kann es vorkommen.«

»Wenn Sie sehen, daß jemand langsamer arbeitet als Sie, und Sie wissen, daß Sie es schneller und besser können – macht Sie das unruhig?«

»Das kann passieren.«

»Wie fühlen Sie sich, wenn Sie in einer Schlange warten müssen, am Bankschalter etwa?«

Während der Antwort schließt sich bei John Nicholsen die Hand zur Faust. »Na ja, ich warte eben, aber es ist verplemperte Zeit.«

»Haben Sie das Gefühl, daß die Zeit Ihnen davonläuft und Sie nicht alles schaffen, was Sie am Tag erledigen wollten?«

»Ja.«

»Fühlen Sie sich oft unter Zeitdruck? Sind Sie in Hetze, wenn Sie etwas tun?«

»Notgedrungen ja.«

»Das war's. Danke sehr.«

Dies ist, leicht gekürzt, der Inhalt eines fest strukturierten, nach wissenschaftlichen Grundlagen ausgearbeiteten Interviews. Es dient Verhaltenstherapeuten, besonders im Stress-Zentrum New York, dazu, die berufliche Belastung ihrer Klientel zu diagnostizieren. Zur Kundschaft gehören in der Regel Manager und Broker von der Wall Street, Ingenieure und viele leitende Angestellte.

Steven Josephson behandelt ausschließlich Personen, die einen Herzinfarkt hatten. Vom Pharma-Manager Nicholsen hätte er sich auch ohne Videoband ein genaues Bild machen können. Sein Klient war ein typischer Fall. So typisch, daß viele Therapeuten und Kardiologen bei Menschen, die durch Stress infarktgefährdet sind, inzwischen vom Typ-A-Verhalten sprechen. Gemeint sind Personen mit Zeitdruck-Empfinden, Konkurrenzorientiertheit bis zur Konkurrenzangst, Aggressivität bis zur Feindseligkeit. Sie können meist nicht zuhören, unterbrechen andere, sind – wenn auch nicht nach außen – unsicher, nervös, gehen und essen schnell, wollen mehrere Dinge zur gleichen Zeit tun.

Übersteigerte Konkurrenzangst, verbunden mit einem instabilen Selbstwertgefühl, plagten zum Beispiel den früheren US-Präsidenten Lyndon B. Johnson. Sein Selbstwertgefühl war stark situationsgebunden und abhängig davon, ob er im Vergleich zu anderen gerade besser oder schlechter abschnitt.

Zwar hielten die meisten Amerikaner Präsident Johnson für überaus selbstsicher, doch Menschen aus seiner engsten Umgebung verrieten später einmal, Johnson habe sich stets nahezu krankhaft mit Lincoln, Roosevelt und Kennedy verglichen und sei dabei zu dem Schluß gekommen, sie seien größer gewesen als er.

Um seine Unsicherheit zu überwinden, wollte Johnson in immer kürzerer Zeit immer mehr schaffen. Er versuchte sich als Superman. Damit er über alle Vorgänge möglichst gleichzeitig informiert war, hatte er im Oval Office, seinem Arbeitsraum, und auch im Schlafzimmer ständig drei Fernsehapparate mit verschiedenen Programmen eingeschaltet. Er war ein Präsident, der sich derart unter Zeitdruck setzte, daß er überaggressiv und fast feindselig – also A-typisch – reagierte.

Sein Vorbild John F. Kennedy, nach außen hin voller Charme und Lockerheit, steckte seinen Mitarbeitern gegenüber so voller Mißtrauen, daß er am liebsten alles selbst erledigt hätte. Kennedy glaubte, sämtliche Probleme und Problemchen schneller und besser als andere lösen zu können und wollte dies immer wieder beweisen. Dadurch geriet er, notgedrungen, unter großen Zeitdruck. Folge: Er war leicht erregbar und oft gereizt. Auch dieser Präsident zeigte nahezu alle Typ-A-Verhaltensweisen.

Die Väter des A-Typs

Geprägt wurde der Typ-A-Begriff von den US-Kardiologen Meyer Friedman und Ray Rosenman. Sie hatten bei einer Untersuchung von 40 Wirtschaftsprüfern in den fünfziger Jahren Blutcholeringehalt und Blutsenkungsgeschwindigkeit gemessen; und zwar einmal in einem relativ ruhigen Berufsabschnitt zwischen Januar und März, danach nochmals während einer heißen Phase im April, als in kurzer Zeit eine Fülle von Steuererklärungen erledigt werden mußten.

Das Ergebnis war, aus damaliger Sicht, sensationell. Im April kletterten die Werte in bedenkliche Höhen. Das verdickte Blut drohte bei manchen die Gefäße zu verstopfen und Herzattacken auszulösen. Für Friedman und Rosenman wurde damit, wie sie es formulierten, »zum ersten Male in der Geschichte der

Medizin der Nachweis erbracht, daß die Macht des Geistes den Blutcholesteringehalt und die Blutsenkungsgeschwindigkeit beeinflußt hatten«. Das zentrale Nervensystem registrierte den Termin der heißen Arbeitsphase, worüber das Vegetativum so in Aufregung geriet, daß es die Blutqualität veränderte.

Als die beiden Kardiologen ihre Ergebnisse auf einem Kongreß stolz den führenden Herzspezialisten präsentierten, stießen sie auf geballte Ignoranz. Das war 1957. Heute bestreitet kein Mediziner mehr den Zusammenhang von Stress und Herzattacken.

Stress und seine Folgen

Stress, sagen Forscher heute, könne über einen vom Gehirn ausgehenden Erschöpfungszustand das körpereigene Abwehrsystem so stark schwächen, daß – neben Herzinfarkt – noch eine ganze Reihe anderer Erkrankungen ausgelöst werden: vom Schnupfen bis zum Krebs.

Unter der Einwirkung von Stressfaktoren werden von der Hirnanhangdrüse bestimmte Arten von Hormonen, sogenannte Neuropeptide, in die Blutbahn abgegeben. Sie beeinflussen, je nach Typ, das Nervensystem sowie Herz-, Magen- und Darmfunktionen und lösen Störungen und Erkrankungen aus. Insgesamt existieren schätzungsweise 1700 verschiedene Arten solcher Stresshormone. Sie verrichten Botendienste zwischen Gehirn und Organen.

Friedman und Rosenman sind längst anerkannte Stressforscher und haben im Laufe der Jahre die Typologie des Stressgeplagten immer weiter komplettiert und verfeinert. Nach ihrer Diagnose verrät sich der A-Typ sogar an der Hautbräune der Augenlider und der Haut unmittelbar darunter, wie bei dem früheren saudischen Ölminister Jamani. Diese Färbung resultiert aus einem pigmentproduzierenden Hormon.

Zur Erkennung von Stressbelastungen haben die beiden Forscher auch die Interview-Techniken ausgearbeitet, die neben anderen Therapeuten Steven Josephson in seiner New Yorker Praxis anwendet.

Wie im Fall des Pharma-Managers Nicholson. Um ihm seine Typ-A-Verhaltensweisen vor Augen zu führen, ließ der Therapeut das Videoband abspielen. An den passenden Stellen machte er seinen Klienten auf die psychomotorischen Stress-Anzeichen aufmerksam, die Hyperaggressivität, Feindseligkeit und Zeitdruckverhalten verraten: wie Nicholson selbst bei der Beantwortung harmloser Fragen mit den Zähnen knirschte oder die Faust ballte; daß er bisweilen die Augen weit aufriß, schnell blinzelte (30mal pro Minute) und beim Sprechen mit dem Kopf nickte; wie er ständig mit den Fingern klopfte und streitsüchtig dreinschaute; seine Tendenz schließlich, langsamere Handlungen anderer ständig beschleunigen und selbst bei unbedeutenden Spielen auf alle Fälle gewinnen zu wollen.

Vor allem Lidflattern ist ein Warnzeichen. Mittlerweile gibt es in den USA schon eine Blinzelforschung, für die sich vor allem NASA, Luftwaffe, Bundesamt für Flugwesen und der Automobilclub interessieren. Ein Forscherteam der Washington University will mit Hilfe der Blinzelaktivität herausfinden, wie man bei Piloten, Fluglotsen, Lkw-Fahrern und Kernkraftwerk-Bediensteten die Fehlerquote minimieren kann. Zwischen Lidflattern und Erschöpfungszuständen existiert ein enger Zusammenhang.

Meyer Friedman hält regelrechte Konferenzen mit Unternehmensmanagern ab, in denen die Teilnehmer Typ-A-Verhalten erkennen und Typ-A-Probleme lösen lernen. Zwar sind die stressgeplagten A-Leute zunächst meistens uneinsichtig, machen aber trotzdem mit, weil große Firmen wie IBM, Pacific Gas & Electric Company, Chevron Corporation und Bank America das Friedman-Projekt finanzieren.

Wie sich Richard Nixon verriet

Man braucht natürlich eine geschulte Beobachtungsgabe, um A-Typen an ihren Symptomen zu erkennen. Denn nicht alle psychomotorischen Anzeichen treten jedesmal in Erscheinung. Doch bisweilen verrät schon ein kleines äußeres Zeichen, wie es im Inneren eines Menschen aussieht.

Auf einer Pressekonferenz mit dem früheren US-Präsidenten Richard Nixon während des Vietnamkrieges hatte einer der Reporter die Frage gestellt, wie lange die Amerikaner noch in Kambodscha bleiben würden. Nixon antwortete ruhig, fast gelassen: Es werde keine Ausweitung des Krieges geben, und im Falle Kambodscha handele es sich um eine zeitlich begrenzte militärische Aktion.

Welche Aggressivität und Spannung aber im Präsidenten versteckt waren, verriet seine Körpersprache: Während der ruhig gesprochenen Worte hatte Nixon die Faust so fest geballt, daß die Knöchel sich weiß färbten.

Haben es B-Typen besser?

Während Typ-A-Verhalten nachweislich als Risikofaktor bei Herzattacken gilt, leben Menschen mit sogenanntem Typ-B-Verhalten offenbar gesünder. Der B-Typ ist nicht sonderlich an Wettbewerbssituationen interessiert, weder im Beruf noch daheim beim Mensch-ärgere-dich-nicht-Spiel. Doch fehlt es ihm dafür an Kraft, Einsatz und Begeisterung; Dynamik und Zeitdruck, der Haupt-Stressor, sind Fremdwörter für ihn. Um für ihre Untersuchungen 80 B-Typen zu finden, mußten die US-Stressforscher Friedman und Rosenman lange suchen. Sie fanden sie schließlich in Behördenangestellten und Gewerkschaftsfunktionären. Es ist durchaus denkbar, daß man auch hierzulande lange nach Personen mit Typ-B-Verhalten suchen müßte, wüßte man dank Friedman und Rosenman nicht, wo man rasch fündig würde.

Der bulgarische Wissenschaftler Losanov vertrat einmal die Ansicht, Typ-A-Verhalten sei fast ausschließlich in westlichen Industrieländern zu finden, Typ-B-Verhalten dagegen eher in Ländern der Dritten Welt, wo die Menschen einen natürlichen Instinkt gegen Hektik besäßen und sich nicht zuletzt deshalb gegen die Industrialisierung stemmten. Auf jeden Fall hätte ein A-Typ bei der Diskussion mit einem B-Typ über das Thema, wer von beiden denn nun den höheren Preis für sein Leben zahle, Schwierigkeiten, mit stichhaltigen Argumenten aufzuwarten.

Was bin ich: A- oder B-Typ?

Der folgende Test zeigt, ob man mehr zum A- oder B-Typ neigt. Man plaziert sich dabei selbst in seinem Verhalten auf einer Schätzskala von 1 bis 10. Die B-Zone reicht von 1 bis 5, die A-Zone von 6 bis 10. 1 und 10 bilden die Extrempunkte.

Nach Beantwortung der Fragen sind die jeweils zutreffenden Ziffern von oben nach unten miteinander zu verbinden. Das Profil gibt Auskunft, ob man sich mehr im A- oder B-Bereich bewegt. (Wer noch seinen Durchschnittswert erfahren möchte, braucht lediglich die entsprechenden Ziffern zu addieren und durch die Zahl 13 zu teilen.)

Vor allem der Zeitdruck ist es, der jemanden zum A- beziehungsweise Stress-Typ macht. Lassen sich

Ich bin mit meinem Beruf zufrieden	1 2 3 4 5 6 7 8 9 10	Ich bin auf der Suche nach einer anderen Tätigkeit
In einer Schlange warte ich geduldig	1 2 3 4 5 6 7 8 9 10	In einer Schlange werde ich ungeduldig und gereizt
Es lohnt nicht, sich aufzuregen	1 2 3 4 5 6 7 8 9 10	Ich gerate oft in Rage
Ich höre anderen zu	1 2 3 4 5 6 7 8 9 10	Ich unterbreche andere gern und spreche deren Sätze zu Ende
Ich gehe gemächlich	1 2 3 4 5 6 7 8 9 10	Ich gehe sehr schnell
Ich spreche langsam	1 2 3 4 5 6 7 8 9 10	Ich spreche sehr schnell
Ich bin mit mir selbst zufrieden	1 2 3 4 5 6 7 8 9 10	Ich brauche die Anerkennung der anderen
Bei Verabredungen bin ich rechtzeitig zur Stelle	1 2 3 4 5 6 7 8 9 10	Zu Verabredungen hetze ich oft
Ich mache zur selben Zeit immer nur eine Sache	1 2 3 4 5 6 7 8 9 10	Ich mache mehrere Dinge oft gleichzeitig
Ich brauche keinen Terminkalender	1 2 3 4 5 6 7 8 9 10	Ich kann ohne Terminkalender nicht leben
Ich träume nie davon, daß ich etwas nicht schaffe	1 2 3 4 5 6 7 8 9 10	Ich träume oft, mit einer Aufgabe nicht rechtzeitig fertig zu werden
Mein Wahlspruch ist: Was ich heute nicht erledige, mache ich morgen	1 2 3 4 5 6 7 8 9 10	Mein Wahlspruch ist: Nichts auf die lange Bank schieben, sofort alles erledigen
Ich habe stets Zeit	1 2 3 4 5 6 7 8 9 10	Ich habe oft keine Zeit

bestimmte Aufgaben nicht in einer bestimmten Zeit lösen und wird das Verhältnis von Zeit und Aktivität nicht aufeinander abgestimmt, findet also kein durchdachtes Time-Management statt, kommt es zu einem physiologischen Aufruhr im Blut. Es entstehen Hormonkonzentrationen, die den Organismus in Alarmzustand versetzen – Stress. Die Stress-Hormone lassen nur zwei Auswege: Angriff oder Flucht, beides vom Körper eingeleitete Abwehrreaktionen auf eine Bedrohung.

Wie der Urmensch in uns reagiert

Angriff oder Flucht sind die Reaktionen des Urmenschen, für den in einer kritischen Lage nur das eine oder das andere in Frage kam; Verhaltensweisen, die uns die heutigen zivilisatorischen Regeln zwar abzugewöhnen versuchen, aber nicht immer mit Erfolg. So geht zum Beispiel das Delikt der Fahrerflucht nach einem Unfall meist auf unseren Urinstinkt zurück, bei höchstem Stress oder großer Bedrohung mit Flucht zu reagieren. Eine Tatsache, mit der sich Gerichte kaum auseinandersetzen.

Noch heute macht unser Körper keinen Unterschied bei der Behandlung gefahrvoller Situationen. Die physiologischen Veränderungen, die uns auf Angriff oder Flucht vorbereiten, finden in uns nach wie vor statt. Doch weil die daraus resultierenden Verhaltensweisen durch gesellschaftliche Regeln meist mit einem Tabu belegt sind, bleibt die aus physiologischer Sicht logische Konsequenz aus. Das autonome Nervensystem bereitet uns auf eine Aktion vor, die nicht stattfindet; für Körper und Geist eine so ungesunde Situation, daß sie viele krank macht.

Das Geheimnis des Time-Managements

Die neueste Forschung hat gezeigt, daß unsere einzelnen Organtätigkeiten von einem zeitlichen Management abhängen. Gesteuert wird es von der Zirbeldrüse (Epiphyse), ein etwa fünf Millimeter kleines Gebilde unterhalb des Gehirns. Hier ist die Zentrale des zeitlichen Stressmanagements untergebracht. Die Zirbeldrüse produziert auch das Hormon Melatonin. Es stellt unseren Organismus auf den Tag-Nacht-Rhythmus ein. Diese Drüse ist also ein Zeitgeberorgan. Ihre Informationen über Tag und Nacht erhält sie übrigens durch die Hell-Dunkel-Signale der Augen.

Die neue Wissenschaftsdisziplin, die sich mit diesem Zeit-Rhythmus beschäftigt, heißt Chronobiologie. Sie prüft auch die Hypothese, ob nicht die meßbare Konzentration des Melatonin im Blut ein Stress-Barometer oder gar ein Krebsindikator sein kann. Gesunde Menschen produzieren bei Nacht eine erhöhte Menge an Melatonin, die bei Tag wieder gedrosselt wird. Bei einigen Krebserkrankungen dagegen ist die Melatonin-Menge bei Tag und Nacht die gleiche. Ein Ansatz zur Behandlung bei Krebs!

Die Chronobiologie besitzt auch im Alltag eine praktische Bedeutung, zum Beispiel bei Flugreisen nach und vor allem von Übersee. Die Umstellungsprobleme auf die unterschiedlichen Zeitzonen (»Jetlag«) resultieren aus dem vergeblichen Kampf der Zirbeldrüse, sich schnell anpassen zu wollen. Die Deutsche Forschungs- und Versuchsanstalt für Luft- und Raumfahrt (DLR) in Köln prüfte inzwischen an freiwilligen Versuchspersonen in unterirdischen Unterkünften, ob man die Symptome des Jetlag nach Interkontinentalflügen – Müdigkeit, Leistungsabfall, Konzentrationsschwäche – nicht mit Hilfe des körpereigenen Hormons Melatonin reduzieren könne.

Wer etwa als USA-Urlauber einmal im Jahr gegen das körpereigene Zeitmanagement verstößt, bereitet sich natürlich noch keinen Stress. Wohl aber ein Geschäftsmann oder ein Tennisprofi, der alle 14 Tage Sprünge zwischen sechs und neun Stunden absolviert und für den die Zeit wahrhaftig im Fluge verstreicht. Dies gilt auch für Daheimgebliebene wie Chirurgen, die auch nachts operieren, oder Schichtarbeiter. Time-Management besteht also auch darin, den biologischen Tag-Nacht-Rhythmus mit in seinen Terminkalender einzuplanen. Als der Stressforscher Meyer Friedman im Frühjahr 1988 aus San Francisco zu einem Vortrag nach Essen anreiste, nahm er sich vier Tage Zeit. »Ich muß Geist und Körper Zeit und Gelegenheit zur Anpassung geben«, erklärte er.

Wie man die Zeit beherrschen kann

Weniger Probleme mit dem Time-Management entstehen, wenn man es nicht mit der inneren, sondern der äußeren Uhr zu tun hat. Praktische Tips im Kampf gegen das krankmachende Zeitdruckgefühl gibt der US-Manager Mark McCormack – vom US-Magazin *Sports Illustrated* einmal »mächtigster Mann des Sports« genannt, weil er in der ganzen Welt Management-Firmen unterhält, Tennisturniere und TV-Programme veranstaltet und viele Sportgrößen unter Vertrag hat. In seinem Bestseller *What they don't teach you at Harvard Business School* zählt er auf, was einem offenbar nicht mal der gelehrteste Harvard-Professor beibringt.

Danach ist das A und O für den A-Typ ein richtiges Time-Management. McCormack: »Unternehmer, Manager und leitende Angestellte leiden alle darunter, nicht genug Zeit zur Verfügung zu haben. Doch es kommt darauf an, daß der Unternehmer die Zeitabläufe kontrolliert und nicht umgekehrt.«

Time-Management bedeutet eine wichtige Komponente des Stressmanagements und damit des Supertrainings. Mark McCormack etwa verplant alle 168 Stunden einer Woche, teilt dabei auch Entspannungsphasen während der Tagesarbeit einen festen Platz zu. »In diesen Phasen mache ich ein kleines Nickerchen, lese Zeitung oder tue gar nichts. So etwas befreit meinen Geist. Auch Nichtstun gehört in einen engen Terminkalender.«

McCormack vermeidet den Stoßverkehr der *rush hour*, indem er früher aufsteht, weiß, zu welchen Zeiten man welche Flughäfen meiden sollte (»London morgens«), und benützt für Verabredungstermine einen speziellen Trick. »Ich treffe mich nie mit Leuten zur vollen Stunde, etwa um 10 Uhr. Da kommt in der Regel jeder eine Viertelstunde später. Sage ich aber von vornherein 10.15 Uhr, passiert das selten.«

Der größte Zeitverzug, klagt der Zeitmanager, entstehe bei Meetings – durch dumme Fragen. »Eine dumme Frage ist, wenn sich für das angesprochene Problem niemand interessiert außer dem Frager. Solche Leute muß man sofort stoppen. Auch das ist Time-Management.«

Überhaupt Meetings: Hier rät McCormack zum sparsamen Umgang. »Eine einstündige Mitarbeiterbesprechung im Monat kann oft nützlicher sein als eine pro Woche. Die Ironie der Meetings besteht darin, daß sie einem umgekehrten Parkinsonschen Gesetz folgen.« Je mehr Themen man in eine solche Besprechung hineinpacke, desto vorsichtiger gehe jeder mit der zur Verfügung stehenden Zeit um. Am schlimmsten sei ein Meeting mit nur einem Thema.

Auch bei seiner Selbstanalyse verschwendet McCormack keine Zeit, um auf den Punkt zu kommen. »Ich arbeite hart und unter Stress-Bedingungen. Aber ich habe nie extreme psychische Belastungen erfahren. Das liegt daran, daß ich meine Zeit richtig plane. Alle, die mich kennen, haben mir das bestätigt. Die Folge ist, daß ich keinen krankmachenden Stress kenne. Wer ein guter Manager werden will, der muß das Einfachste können: und das ist, seine Zeit richtig zu managen.«

Wenn die Zeit Befehle erteilt . . .

Natürlich läßt sich nicht in allen Berufen die Zeit zum Befehlsempfänger degradieren, sondern erteilt ganz im Gegenteil selbst oft die Befehle. Das gilt zum Beispiel für Fluglotsen oder Chirurgen.

In der Unfallchirurgie kommt es vor, daß eine Milz innerhalb von fünf Minuten herausgenommen werden muß. Andernfalls würde der Patient verbluten. Zeitdruck ist demzufolge ein konstituierendes Element der Chirurgie. Vor allem bei Herzoperationen: Die Blutzirkulation über die Herz-Lungen-Maschine, die vorübergehend die Funktionen von Herz und Lunge übernehmen kann, ist wegen der Zerstörung der roten Blutkörperchen und der fehlenden Durchblutung des Herzens nur zeitlich begrenzt einsetzbar. Bei Komplikationen drängt die Zeit noch mehr. Dadurch steigt die Stressgefahr, und die Fehlerquote wächst.

Trotzdem hat auch der Chirurg die Chance zum Time- und damit auch zum Stressmanagement. Ein Blick hinter die Kulissen, eröffnet von einem bekannten US-Chirurgen, der wegen seiner kritischen Worte anonym bleiben möchte, zeigt allerdings, woran es bei vielen hapert: »In der Chirurgie kommt es nicht nur auf Exaktheit an, sondern vor allem auf Schnelligkeit. Ich muß, bei aller Sorgfalt, sehr rasch arbeiten können, um den Kampf gegen Zeitdruck und Stress zu gewinnen. Bin ich in der Lage, eine Milz in nur drei Minuten sauber herauszutrennen, habe ich die Zeit im Griff. Um so schnell zu operieren, muß ich ständig im Training sein. Nicht alle Chirurgen sind ständig im Training. Ich jedenfalls würde mich von keinem Kollegen operieren lassen, der gerade vier Wochen Urlaub hinter sich hat und erst seinen Trainingsrückstand wettmachen muß. Das ist wie im Leistungssport. Allerdings mit dem großen Unterschied, daß ein schlecht trainierter Sportler nicht gleich das Leben anderer aufs Spiel setzt.«

Ein auf Schnelligkeit trainierter Herzchirurg kann eine Bypass-Operation in zwei Stunden durchführen. Nicht wenige Kollegen benötigen indes, bei gleichen Voraussetzungen, drei Stunden und länger und erhöhen damit das Risiko für den Patienten.

»Man muß 150 bis 200 Bypass-Operationen im Jahr durchführen, um einen optimalen Trainingszustand zu erreichen«, sagte uns Prof. Dr. Knut Leitz, Direktor der Herzchirurgischen Klinik Bremen. »Time-Management in der Herzchirurgie bedeutet, daß Hunderte von einzelnen Handgriffen in ihrer Abfolge keinerlei Zeit kostende Überlegungen mehr erfordern dürfen. Der Chirurg muß den Ablauf einer Operation im Geist vorwegnehmen können.«

Der Mann, der Stress simuliert

Ein Herzspezialist war es auch, der einen der wichtigsten Beiträge überhaupt zum Thema Stressmanagement geliefert hat. Es bedurfte jedoch eines schweren persönlichen Schicksalschlages, um Robert Eliot zu seiner Entdeckung zu bringen.

Bis zu jenem Freitagnachmittag im Frühling, als ihn dieser Schicksalsschlag traf, hatte der US-Kardiologe Eliot geglaubt, Zeit und Stress unter Kontrolle zu haben. Er ging ganz in seinem Beruf auf, arbeitete mit Christiaan Barnard und anderen Berühmtheiten zusammen. Wie viele andere, die in dieser Weise ihrem Job frönen, fand Eliot kaum noch Zeit für Familie und Freunde. Und er glaubte, auch auf Entspannung und Zerstreuung verzichten zu können. »Ich dachte, dem Stress gewachsen zu sein, ihn zu beherrschen, trotz des vielen Ärgers, vor allem wegen der Bürokratie im Klinikbetrieb.«

An dem bewußten Freitagnachmittag, zwei Wochen nach seinem 44. Geburtstag, Robert Eliot lauschte gerade dem Vortrag eines begabten jungen Kardiologen, passierte es dann. »Es war, als würde ein Elefant auf meine Brust treten. Mein erster Gedanke war, du hast Verdauungsstörungen. Doch dann diagnostizierte ich sehr schnell einen Herzinfarkt, und zwar an der Vorderwand.« Glück im Unglück hatte Eliot, daß es an seinem Arbeitsplatz geschah, im Krankenhaus also. Sonst wäre jede Hilfe zu spät gekommen.

Die Herzattacke veränderte das Leben des US-Mediziners von Grund auf. In seinem Buch *Is It Worth Dying For?* schrieb er sogar: »Der Infarkt war das Beste, was mir jemals passiert ist. Ich wußte, daß ich den Stress unterschätzt hatte. Ich wußte aber auch, daß ich den Stress zum Leben brauchte. Ich mußte ihn mir also zum Freund machen. So wurde ich mein erster Stresspatient.«

Bald gründete Robert Eliot an der Universität von Nebraska ein Stress-Simulationslaboratorium. Er wollte zeigen, was sich unter Stress in einem Körper abspielt. Die Überlegung: Wenn Stress jemanden zur Herzattacke treibt, dann muß es vorher physiologische Warnsignale geben, ablesbar an Blutdruck- und EKG-Werten. An dieser Stelle mag sich mancher fragen, weshalb dann aber so viele Menschen am Infarkt sterben, die kurz davor, vielleicht bei der Routine-Untersuchung durch ihren Hausarzt, noch einen unbedenklichen Blutdruck und ein stabiles Belastungs-EKG aufwiesen? Eliots Antwort darauf: Weil bei solchen Untersuchungen die psychische Belastung fehlt, der Stress also. Seine Schlußfolgerung: Die physiologischen Reaktionen müssen während einer Stressphase getestet werden. Erst dann verrät der Blutdruck seinen wahren Wert.

Stress im Spiel – Stress im Beruf

Eliot fand einen objektiven Weg, um bei Menschen die Wirkung von Stress zu untersuchen. Dazu versetzte er sie bewußt unter Stress. Dies erreicht man zum einen durch arithmetische Aufgaben, zum anderen durch bestimmte Videospiele. Beides erfordert geistige Anstrengung unter Zeitdruck. Mittlerweile ließen sich bereits Tausende von Amerikanern in Eliots Institut in Nebraska auf Stressanfälligkeit untersuchen und therapieren – so durch Positive Gedankenkontrolle oder Entspannungstechniken.

A-Typen wollen die Testaufgaben stets meistern. Ihr Blutdruck steigt im Spiel ebenso wie im beruflichen Ernstfall, als ginge es prinzipiell um Erfolg oder Mißerfolg. Während eines einfachen Videospiels schnellt der Blutdruck bei vielen innerhalb weniger Minuten von 130/80 auf 220/130, ohne daß die Betroffenen eine Ahnung von den Turbulenzen in ihrem Körper haben. Eine Elektronikschlacht am Bildschirm kann durchaus das Gefühl vermitteln, sich in höchster Not zu befinden. Für den Körper wird aus Spiel Ernst.

Der Kölner Wissenschaftler Jürgen Fritz hat einmal getestet, mit welcher Ernsthaftigkeit Erwachsene Videospiele ausführen – vom Elektronik-Tennis über Weltraumschlachten bis hin zu Verfolgungsjagden in Labyrinthen oder rasanten Autofahrten. Fritz bestätigte mit seinen Ergebnissen den Sinn des Eliotschen Testverfahrens: »Alle wollten beim Tennis gewinnen, aus der Weltraumschlacht als Sieger hervorgehen oder ihr Auto heil über die Rennstrecke bringen, um möglichst viele Punkte zu sammeln. Da dies aber nur selten gelingt, stellt sich Ärger ein – und damit Stress.«

Wer ist ein heißer Reaktor?

In Robert Eliots Simulationslabor kletterte während der Videospiele bei vielen der Blutdruck so gefährlich in die Höhe, daß die Experimente abgebrochen werden mußten. »Heiße Reaktoren« bezeichnet der Kardiologe diejenigen Menschen, bei denen das Blut in starke Wallung gerät, sobald sie unter Zeitdruck gefordert werden. Viele mögen's heiß: Jeder vierte, so stellte Eliot nach mehreren tausend Tests fest, ist ein heißer Reaktor. Überdies produzieren sie Hormone, die das Herz-Kreislauf-System alarmieren, und zwar in einer Intensität, als ginge es um Leben oder Tod.

Heiße Reaktoren können, müssen aber nicht unbedingt ausgesprochene A-Typen sein. Stehen sie nicht unter Stress, ist ihnen oft nichts anzumerken, im Gegensatz zum Verhaltens-Typ A, dessen Psychomotorik auch außerhalb einer Stress-Situation sichtbar wird.

Stressforscher Eliot unterscheidet drei heiße Reaktorstufen:

Erstens: Menschen, deren Herz unter Stressbedingungen schneller schlägt und mehr Blut in die Bahnen pumpt. Die Folgen sind erhöhter Blutdruck (um 50 bis 60 Punkte) und unnötiger Energieverbrauch. Betroffen sind hauptsächlich junge Leute. Bei Untersuchungen an der Universität von Galveston/Texas stellte man fest, daß gerade Fluglotsen solche Symptome zeigen. Eliot vergleicht diese Gruppe von heißen Reaktoren mit Verkehrsteilnehmern, die zu schnell fahren, ihre Geschwindigkeit aber fälschlich geringer einschätzen.

Zweitens: Menschen, deren Herzschlagfrequenz wie schon bei der ersten Gruppe ansteigt, bei denen sich aber, als verschärfte Antwort auf Stress, auch die Blutgefäße zusammenziehen. Das Herz muß also gegen einen größeren Widerstand ankämpfen. Das ist, als würde man mit schleifender Handbremse schnell Auto fahren.

Drittens: Menschen, deren Herz bei Bluthochdruck Schwerstarbeit verrichten muß, weil die Gefäße sich extrem verengen. Diese Gruppe der Stressgeplagten lebt am gefährlichsten. Der Kardiologe vergleicht sie mit Schnellfahrern, deren schleifende Handbremse die Maschine zum Stottern bringt.

Ob eins, zwei oder drei – heiße Reaktoren reagieren unter Stress mit plötzlich steil nach oben schießendem Blutdruck. Bluthochdruck aber ist ein sich klammheimlich anschleichender Tod.

Wie man sich selbst testen kann

Wer nun herausfinden möchte, ob er ein heißer oder cooler Reaktor ist, muß nicht nach Nebraska zu Robert Eliot fahren. Es bieten sich drei Möglichkeiten zum Eigentest.

Erstens: Den Blutdruck messen, am besten mit einem im Handel erhältlichen und leicht zu bedienenden elektrischen Gerät. Die Hand für 70 Sekunden in Eiswasser legen, auch wenn die Kälte Schmerzen bereitet. Danach erneut den Blutdruck messen, der jetzt nur wenig über dem Ausgangswert liegen sollte. Durch das eiskalte Wasser, einen körperlichen Stressor, ziehen sich die Blutgefäße zusammen, ihr Widerstand erhöht sich, der Blutdruck steigt kurzfristig. Bleibt er dagegen für längere Zeit oben, handelt es sich um Bluthochdruck durch Gefäßzusammenziehung. Anlaß genug, einen Arzt zu konsultieren.

Zweitens: Unter Zeitdruck eine arithmetische Aufgabe lösen. Etwa innerhalb von drei Minuten von der Zahl 777 jeweils die Ziffer 7 subtrahieren, bis zum Wert Null. Danach sofort den Blutdruck messen. Ist er gestiegen, geschah dies auf Grund einer rascheren Herzfrequenz. Sowohl beim Eiswasser- als auch beim Rechen-Test bedeutet Blutdruckanstieg Stress; im ersten Fall handelt es sich um einen physischen, im zweiten um einen mentalen Stressor. Im ersten Fall wird – um im Bild zu bleiben – auf die Bremse getreten (Gefäßverengung), im zweiten der Motor gepuscht (Herzschlag).

Drittens: Vor einem Videospiel, womöglich daheim am Fernsehapparat, den Blutdruck messen, drei bis fünf Minuten spielen, erneut messen. Wie schon beim Arithmetik-Test wird bei vielen das Herz nach einem mentalen Signal zu härterer Arbeit gezwungen.

Wer den Nerv dazu hat, kann auch auf eine »echte« Stress-Situation warten und seinen Blutdruck während Frust und Ärger messen. Ein Vergleich mit dem Normalwert mag einen überraschenden Einblick ins eigene Innenleben geben und verraten, ob man in der heißen Reaktorzone operiert oder nicht.

Videospiele als Stress-Killer

Viele Millionen sterben alljährlich am Herzinfarkt, in den westlichen Ländern die Todesursache Nummer eins. In den Todesanzeigen ist dann meist von »plötzlich und unerwartet« zu lesen. Plötzlich sicherlich, doch unerwartet?

Oft beschreibt der Herztod nur das Ende eines langen Prozesses – wenn sich die Blutgefäße drinnen zum x-ten Male extrem verengten und es ebenso viele Male draußen unbemerkt blieb. Bis eines Tages das seit Jahren mit ständig steigender Anstrengung kämpfende Herz kapitulieren muß – scheinbar plötzlich, in Wirklichkeit aber nach hinhaltendem Widerstand.

Während für Robert Eliot Videospiele lediglich der Stress-Simulation dienen, sieht Jürgen Fritz von der

Kölner Fachhochschule den Elektronik-Ernst gar schon als Stress-Entlastung an: »Wir haben bei unseren Tests festgestellt, daß sich viele Versuchspersonen nach einer gewissen Zeit umstellten, als sie nämlich merkten, daß sie mit größerer Kühle viel erfolgreicher waren. Ihre gestiegene innere Gelassenheit war Resultat eines Gewöhnungseffektes. Der Stress während des Videospiels wurde ihnen mehr und mehr vertraut. Ich bin sicher, daß Videospiele ein gutes Training sein könnten, um sich auch an Stress-Situationen am Arbeitsplatz zu gewöhnen.«

Videospiele können in der Tat zur Praxis des Stressmanagements dienen. Zwar sieht man auf dem Bildschirm eine imaginative Welt, doch das eigene Engagement ist keineswegs unwirklich, sondern real. So real, als wäre es die Welt auf dem Schirm ebenfalls.

Die Schwierigkeit beim Videospiel ist, sich ständig auf neue Bilder einzustellen, die eine Fülle von Informationen vermitteln. Man muß aus dem Spiel heraus die Regeln lernen, die einen zum Gewinner machen. Dies bedeutet, daß man sich in einem Dauer-Feedback mit der imaginären Umwelt befindet, im schnellen Wechsel agiert und reagiert. Körper und Geist sind gemeinsam gefordert. Und vor allem: Man antizipiert. Beim Videotennis zum Beispiel kommt es darauf an, die Flugbahn des elektronischen Balles vorauszuahnen, um zu treffen.

Durch das Feedback verdrängt man die reale Umwelt, dies ist sogar notwendig, wenn man Fehler vermeiden will. Die Folge ist eine perfekte Konzentration. Das Videospiel verlangt ein Dabeisein, wie man es im Zen-Buddhismus kennt: Der Wille spielt keine Rolle mehr, darf keine Rolle mehr spielen, wenn man erfolgreich sein will. Alles ist Aufmerksamkeit. Ein Zustand, vergleichbar mit dem einer Katze vor dem Mauseloch.

Die amerikanische Psychologin und Soziologin Sherry Turkle, Professorin am Massachusetts Institute of Technology (MIT), ging in ihrem Bestseller *Die Wunschmaschine – vom Entstehen der Computerkultur* auch aufs Videospiel ein. Es vermittele Menschen das Gefühl, am Abgrund zu stehen. »Denn wenn wir uns in einer gefährlichen Situation befinden, bleibt keine Zeit zum Ausruhen, und die Folgen mangelnder Konzentration sind schwerwiegend.«

Das Programm kennt keine Entschuldigung für Fehler, und der Spieler spürt die volle Verantwortung dafür, daß er mit seinen Handlungen über Sieg oder Niederlage entscheidet. Wer seine Gedanken dabei abschweifen läßt, hat verloren. Ein Videospiel kann totale Konzentration ohne die Mobilisation des Willens vermitteln – eine Fähigkeit, die Kinder noch besitzen (weshalb sie auch oft die besseren Videospieler sind), Erwachsene dagegen wiederfinden müssen.

Wie Astronauten den Stress managen

Stressmanagement durch Weltraumschlachten oder Elektronik-Tennis – das mag manchen ebenso lächerlich erscheinen wie der Abschuß eines feindlichen Raumschiffs am Videoschirm. Für Psychologen und Verhaltenstherapeuten bedeutet es indes nichts anderes als eine Form der Desensibilisierungs-Technik. Schon die US-Mondastronauten wurden mit der Desensibilisierung von Angstsituationen auf die Bewältigung von Stress trainiert. Auch mit Hilfe filmischer Angstmacher, ähnlich dem Effekt beim Videospiel.

Die NASA-Psychologen konfrontierten die Weltraumfahrer in kleinen Schritten mit immer kritischeren Situationen, wobei jede Stufe so lange geübt wurde, bis der Astronaut sie stressfrei bewältigen konnte.

Nach dem gleichen Prinzip werden auch Allergiker behandelt. Verträgt jemand etwa keinen Blütenstaub, so wird versucht, ihm mit Kleinstmengen, die man langsam erhöht, an den jeweiligen Pollen zu gewöhnen. Der Patient wird unempfindlicher gemacht, desensibilisiert.

Es gilt inzwischen als psychologisches Gesetz, daß starke Gefühlsbetontheit, wie Angst beispielsweise, durch eine Serie abgestufter Szenarien erheblich reduziert werden kann. Dieses Gesetz war die Grundlage für das Astronautentraining.

Ein alter Römer als Stressmanager

So modern dies klingt – es war alles schon einmal da: Im zweiten Jahrhundert vor Christus wurde das Römerreich von den Horden der Kimbern und Teutonen bedrängt. Deshalb schickte der Senat den Konsul Marius mit seinen Truppen in die bedrohten Gebiete. Doch als die römischen Soldaten die Feinde sahen, nahmen sie Reißaus. Der Anblick der wilden Gestalten, die mit Fellen bekleidet waren, Wisenthörner trugen und mit Blasinstrumenten schaurige Töne erzeugten, hatte sie zutiefst geschockt.

Oberbefehlshaber Marius ließ nun nicht etwa seine Leute wegen Feigheit vor dem Feind bestrafen, sondern führte ein psychologisches Verhaltenstraining mit ihnen durch. Täglich schickte er seine Truppen in Feindesnähe, zog sie aber sofort zurück, wenn sie Angst zeigten. Dies praktizierte Marius so lange, bis die Römer sich an den Anblick der Kimbern und Teutonen gewöhnt hatten. Im Jahre 102 v. Chr. schlugen Marius' Truppen bei Aquae Sextiae und Vercellae die Feinde vernichtend. Der römische Feldherr hatte erkannt, daß man Angst am besten bewältigt, wenn man sich ihr in kleinen Schritten aussetzt. Er nannte seine Methode *approximatio successiva*, schrittweise Annäherung – nichts anderes als ein Desensibilisierungstraining. Wiederentdeckt wurde es erst nahezu 2000 Jahre später, 1953, von dem bedeutenden amerikanischen Verhaltensforscher Frederic Skinner. Er machte das Training des klugen Römers kontrollierbar und aus dem lateinischen *approximatio successiva* den englischen Begriff *successive approximation*.

In den sechziger Jahren sprach man dann vom Stress-Inokkulationstraining (Stress-Impfung) und meinte das gleiche wie Marius und Skinner: Drucksituationen mit erhöhter physiologischer Erregung werden durch praktische, schrittweise Annäherung und angstreduzierende Selbstverbalisationen oder Gedanken unter Kontrolle gebracht. Der Mensch wird gegen Stress immunisiert.

Künftig gehören diese Übungstechniken, schon lange beim Astronautentraining praktiziert, auch zum Standard-Ausbildungsprogramm der internationalen Fluggesellschaften. Forschungsinstitute aus Ost und West haben dazu zuverlässige Studien vorgelegt. In einem Gespräch über Simulationstraining erklärte Dieter Harms, Lufthansa-Flugkapitän und ehemals Leiter der modernsten Verkehrsfliegerschule in Bremen: »Das Desensibilisierungs-Training interessiert uns ganz besonders.«

Panik im Weltall

Am Anfang der Weltraumfahrt, in den sechziger Jahren, fielen diese Übungen wider die Angst noch einigermaßen derb aus. Um sich an die explosiven Wasserstoffsuperoxyd-Schubdüsen unter ihrer Raumkapsel zu gewöhnen, mußten Astronauten mit einer Explosivladung Barium am Hinterteil durch die Gänge des NASA-Übungsgeländes in Houston/Texas laufen. Einige blieben so cool, daß sie sich währenddessen am Automaten noch einen Kaffee holten.

Bald verfeinerten sich die Methoden. Von einem Sessel im Übungsraum aus erlebten und trainierten die künftigen Raumfahrer auf einer großen Leinwand das Gefühl, wie die Erde unter ihnen wegflog, wie Kontinente auf- und wieder abtauchten.

Im Ernstfall könnte eine Panik entstehen, würde man nicht schon im Simulator auf der Erde die unirdische Art der Fortbewegung im luftleeren Raum üben. Als der US-Astronaut Joe Kerwin einmal mit den Füßen zuerst in den drei Stockwerke langen Tunnel von Skylab hineinglitt, ergriff ihn eine irrationale Furcht. Normalerweise schweben die Raumfahrer mit Schwimmbewegungen und dem Kopf voran durch die Kabine. Kerwin wurde die Angst wegtrainiert.

Vor allem wird bei der NASA das Gefühl simuliert, das entsteht, wenn der blaue Erdball mit einem Male über den Astronauten schwebt. Wen dieser Anblick im Weltraum unvorbereitet träfe, der würde womöglich ebenso in Panik geraten wie Kerwin beim Rückwärtsschwimmen, weil ein tiefliegender Angstinstinkt das Gefühl vermittelt, nach unten ins Nichts zu fallen. Die Russen haben deshalb in ihrer Raumstation MIR die Wände zweifarbig gestaltet, um ihren Kosmonauten wenigstens den Anschein von Boden und Decke zu vermitteln.

Auch Reinhard Furrer, nach Ulf Merbold der zweite Bundesdeutsche im Weltall, war auf dieses die Urängste freilegende Schockbild vorbereitet. »Als ich plötzlich beim Flug die Erde über mir sah, war ich kein bißchen überrascht. Ich kannte diesen Anblick vom Training.«

Furrer nannte einmal einen Vergleich dafür, wie man sich die Bewältigung von Angst-Stress vorstellen kann: »Würde man jemandem sagen: Segle bei Windstärke 12 über den Atlantik, würde er dankend ablehnen. Wenn man aber bei Stärke 6 beginnt, dann auf 7 oder 8 geht, wählt man immer das, was man mit genügend Sicherheit noch schaffen kann. Man geht ein Risiko ein, das relativ geworden ist.«

Die NASA-Psychologen entwarfen sogar ein Trainingsprogramm, das Angst und damit Stress auch für den schlimmsten Fall, den Weltraum-GAU, eindämmen soll: Wie reagiert ein Astronaut, der in einem nicht mehr steuerbaren Fluggerät ins unendliche Weltall rast, den sicheren Tod zu einer noch unsicheren Zeit vor Augen?

Um ein Haar wäre die Besatzung der Mondrakete Apollo 13 in diese aussichtslose Lage geraten. Nach einer Panne bestand die Gefahr, daß die drei Astronauten James Lovell, John Swigert und Fred Haise auf Nimmerwiedersehen im All verschwinden würden. »Die Chancen,« berichtete Lovell später, nachdem alles noch einmal gutgegangen war, »standen fifty-fifty.« Auf die Frage, ob er sich, den Tod vor

Augen, das Leben genommen hätte, um den Todes-
flug ins Unendliche abzukürzen, antwortete der
Astronaut: »Keinesfalls! Wir drei hätten bis zu unserem letzten Tag Informationen zur Erde gegeben.
Schließlich wäre keiner so tief ins Weltall vorgedrun-
gen wie wir. Da wären sicher noch sehr interessante
Fakten zu vermelden gewesen. Wir waren auf eine
solche Situation vorbereitet.«

Stress als Ansichtssache

Jeder Mensch kann letzten Endes selbst bestimmen,
ob er in Stress gerät oder nicht, ob er sich vom Stress
auffressen läßt oder nicht, ob der Stresss zu seinem
Freund oder Feind wird.

Dies ist die moderne Auffasssung in der kognitiven
Verhaltenspsychologie. Nach mehr als 50 Jahren Forschung mit über 100 000 Publikationen gilt Stress inzwischen vor allem als eine Frage des Standpunkts.
Es kommt darauf an, wie jemand die Umstände, die
ihn umgeben, erkennt und einschätzt; beurteilt er sie
negativ, versetzt er sich in Stress. Dagegen kommt es
weniger darauf an, ob diese Umstände besonders dra-
matisch sind. Es ist durchaus möglich, daß ein Flug-
gast in einem ruhig und problemlos über den Atlantik
gleitenden Düsen-Riesen durch ein persönliches
Angstgefühl mehr in Stress gerät als ein tatsächlich in
Lebensgefahr schwebender Passagier während eines
dramatischen Sturzfluges.

Stress ist sozusagen Ansichtssache. Er entsteht im Kopf und ist, so sagte einmal Richard Lazarus, einer der bedeutendsten Stressforscher unserer Zeit, eine Art Kampf, den der Organismus gegen ihm bedrohlich erscheinende Vorgänge aufnimmt, und zwar auf allen Ebenen – körperlich, seelisch, geistig.

Der konstruktive Umgang mit Stress kann auf zweierlei Arten geschehen: Entweder man ändert seine Einschätzung einer vermeintlich bedrohlichen Situation, oder aber man entwickelt durch Training die Fähigkeiten und Geschicklichkeiten, die einer Situation das Bedrohliche nehmen. Beide Bereiche gehen ineinander über. Der Stress wird gemanagt.

Als Stress noch Temperatur hatte

Der US-Physiologe Walter Cannon, der den Begriff Stress als erster prägte, hatte 1932 dieses Phänomen noch als schwere Turbulenzen des physiologischen Gleichgewichtes unter den Bedingungen von Hitze oder Kälte, Sauerstoffmangel oder niedrigem Blutzucker definiert. Nur wenn Konditionen dieser Art vorlagen, konnte laut Cannon von Stress die Rede sein. Der Physiologe Hans Selye dagegen, ein Kanadier österreichischer Abstammung und wohl der renommierteste Stressforscher überhaupt, befand in den fünfziger Jahren, man müsse auch Wissenschaften wie die Psychologie mit ins Stress-Konzept einbeziehen.

Anfang der siebziger Jahre machte sich der amerikanische Wissenschaftler Thomas H. Holmes mit seiner Stressindex-Tabelle einen Namen. Er erstellte eine 45 Ereignisse umfassende Skala von Lebensveränderungen, vom Tod des Ehepartners bis zum Strafzettel wegen falschen Parkens. Diese Liste legte er mehreren tausend Personen vor. Je nach Beurteilung bekam jedes Ereignis einen numerischen Wert. Dann versah Holmes die von ihm aufgespürten und für alle Menschen mehr oder weniger wichtigen Lebensveränderungen mit Punktzahlen.

Das Ergebnis: Die schwerwiegendste Veränderung im statistischen Mittel war der Tod des Ehepartners. Deshalb erhielt er als Maßstab die Zahl 100; den geringsten Stress verursachte der Strafzettel fürs falsche Parken (elf Einheiten). Scheidung bekam 73 Punkte, Berufswechsel 36, Ärger mit dem Chef 23. Außerdem legte der Mediziner von der Washington Medical School seine Tabelle Menschen vor, die ihren Lebensstil hatten ändern müssen. Holmes verglich die Ergebnisse mit der Krankheitsgeschichte dieser Personen. Er stellte dabei fest, daß Lebensveränderungen und Gesundheitszustand miteinander zu tun haben. Je mehr einschneidende Ereignisse, desto größer die Wahrscheinlichkeit einer Erkrankung. Wer, so der von dem US-Arzt fixierte Durchschnittswert, mehr als 200 dieser Lebensveränderungseinheiten gleichzeitig zu ertragen hat, muß mit gesundheitlichen Schäden rechnen. Im schlimmsten Falle droht der Stress-Tod.

Stress als Voraussetzung zur Leistung

Wenn Stress sogar tötet – kann er dann überhaupt Teil eines Supertrainings sein? Wie will jemand Spitzenleistungen vollbringen unter dem Einfluß eines Phänomens, das neben Herzinfarkt wohl auch noch die gesamte Palette der psychosomatischen Krankheiten – von chronischen Magenschmerzen über Spannungskopfschmerz bis hin zu Asthma und sogar Infektionskrankheiten – hinter sich herzieht?

Und doch sind die meisten Höchstleistungen, so paradox es auch erscheinen mag, nur unter Stress möglich. Er ist eine Grundbedingung, wenn etwas geleistet werden soll. Denn Stress stellt sich keinesfalls nur negativ dar, sondern auch produktiv und konstruktiv.

Zur besonderen Tat gehören Herausforderung und Aktivität, Offensive und Begeisterung. Jemand, bei dem dies alles zutrifft, wird automatisch mit Druck konfrontiert. Entscheidend ist, ob man diese Konfrontation positiv oder negativ bewertet, ob man den Stress als Freund oder Feind behandelt. Er besitzt Stärken und Schwächen. Nutzt man seine Stärken, kommt es auch der eigenen Stärke zugute. Denn Stress kann den Organismus zur Leistungsfähigkeit stimulieren und mobilisieren. Es kommt nur darauf an, ihm seine guten Seiten abzugewinnen, ihn unter Kontrolle zu halten, ihn beherrschen zu lernen und sich nicht von ihm beherrschen zu lassen – ihn richtig zu managen.

Jeder Mensch besitzt die Fähigkeit, Anspannung zu bewältigen. Die einen müssen dazu viel trainieren, andere weniger, einige überhaupt nicht. Die Letztgenannten glauben und behaupten oft, sie würden ihre Leistungsfähigkeit ganz ohne Stressgefühl erleben. Ein Irrtum. Diese Menschen, mit ihrem Talent zweifellos von der Natur bevorteilt, stehen sehr wohl unter Anspannung. Nur empfinden sie dies durchweg als positives Gefühl. Da Stress aber gemeinhin negativ beurteilt wird, entsteht der – falsche – Eindruck, man sei völlig frei davon, während man tatsächlich Stress mit positivem Vorzeichen erlebt.

Positiver Stress bedeutet Selbstvertrauen und das Bewußtsein, das eigene Schicksal zu meistern, ob im Berufs- oder im Privatleben. Stress ist wie ein Dampfkessel. Nimmt man den Deckel ab, werden seine Energien freigesetzt. Doch es muß im richtigen Moment geschehen. Wer zu oft den Deckel lüftet, vergeudet die Energie. Wer es zu selten tut, hält sie gefangen.

Mit dem Gefühl, Probleme bewältigen zu können, wird die Stress-Energie ins Positive gelenkt. Wer dies beherrscht oder gelernt hat, kann wichtige Entscheidungen auch ohne enervierenden Druck treffen, reagiert nicht ständig mit dem auf Dauer so gefährlichen Bluthochdruck.

Das Ziel: Typ-C-Verhalten

Wissenschaftler in Amerika, die viel eher bereit sind, komplizierte Vorgänge in klare Sprache, einfache Ordnung und praktische Lebenshilfe umzusetzen als ihre Kollegen in Europa und für dieses Verdienst von diesen oft genug als unseriöse Populärwissenschaftler belächelt werden, haben dem richtigen Stressmanagement einen bündigen Namen gegeben: Typ-C-Verhalten.

Als erster prägte den Begriff der Psychologe Robert Kriegel. Er ging von den bekannten Typ-A- und Typ-B-Verhaltensweisen aus, die echten Spitzenleistungen im Wege stehen, und definierte auf dieser Basis das Typ-C-Verhalten. Es bedeutet das Erreichen von Spitzenleistungen unter Druck, aber ohne die gesundheitsschädlichen und frustrierenden Begleiterscheinungen.

Kriegel interviewte gemeinsam mit seiner Frau Marilyn 400 Personen, Chefs führender US-Unternehmen ebenso wie Spitzensportler. C-Typen, ganz gleich aus welcher Branche, weisen laut Kriegel neben ihren individuellen Verhaltensmustern drei konstante Charakteristika auf: Einsatz, Selbstvertrauen und (Stress-)Kontrolle.

Spitzensportler = Spitzenmanager?

Der A-Typ besitzt zwar Einsatzfähigkeit, doch keine Kontrolle. Der B-Typ mag Selbstkontrolle ausüben, doch fehlt ihm das Engagement. An Selbstvertrauen mangelt es oft in beiden Kategorien. Das Ehepaar Kriegel fand bei seinen Untersuchungen heraus, daß mit den drei genannten Konstanten auf jedem Gebiet Spitzenleistungen möglich sind. Dabei erwiesen sich gerade erfolgreiche Sportler auch als erfolgreiche Geschäftsleute. Der Engländer Tony Morgan war Silbermedaillengewinner im Segeln und wurde später Direktor der BBC. Der bekannte US-Basketballer Dave DeBusschere brachte es nach seiner Sportkarriere zum Vizepräsidenten einer Fernsehgesellschaft. Bernd Klinger, Goldmedaillengewinner im Schießen (1968), traf auch im Beruf ins Schwarze und betreibt heute eine Kette mit Textilgeschäften. Der sportliche Höhenflug des Willi Kuhweide, Segel-Olympiasieger (1964), setzte sich fort: Er wurde Lufthansa-Kapitän und Chef des Air Training Center in Phoenix/Arizona, einem wichtigen Piloten-Ausbildungsplatz. Manfred Steinbach, erster Acht-Meter-Springer (1960) in der deutschen Leichtathletik, machte auch nach seiner Karriere große Sprünge und wurde als Ministerialdirektor im Bundesministerium für Jugend, Familie und Gesundheit Leiter der Abteilung Gesundheit. Deutschlands wohl berühmtester Sportler, der frühere Schwergewichts-Weltmeister Max Schmeling, boxte sich nach dem Krieg zum Chef einer Abfüllbetriebsgesellschaft mit Niederlassungen in drei Städten hoch.

Zufälle? Wohl kaum. Die Liste ließe sich fortsetzen. Wer einmal den Erfolg genossen hat, der möchte ihn auch später nicht missen, sondern wiederholen, und sei es in einer völlig anderen Disziplin. Allein schon die Erinnerung an eine herausragende eigene Leistung kann jemanden zu anderen Großtaten veranlassen. Ein psychologisches Phänomen, das im Kapitel über die Visualisationstechniken ausführlich behandelt wird.

Die Probe aufs C-Exempel

Um in einem Test (der natürlich nicht völlig exakt sein kann, weil er von sehr subjektiven Voraussetzungen ausgeht) herausfinden zu können, ob man sich nun im Verhaltensbereich A, B oder C bewegt, entwarf das Psychologen-Ehepaar Kriegel sein C-Zonen-Diagramm. Die sogenannte Panikzone steht für Typ A, die Lethargiezone für Typ B, die erstrebenswerte C- oder Kontrollzone ist zweigeteilt, je nach Art der Aufgabe. Man geht bei dem Test folgenderweise vor: So objektiv wie möglich den Schwierigkeitsgrad einer bevorstehenden Aufgabe einschätzen und auf einer Skala von null bis zehn fixieren. Danach eine Horizontale von dem geschätzten Punkt aus über das Diagramm ziehen. Jetzt wird die eigene Fähigkeit beurteilt, diese Aufgabe zu bewältigen.

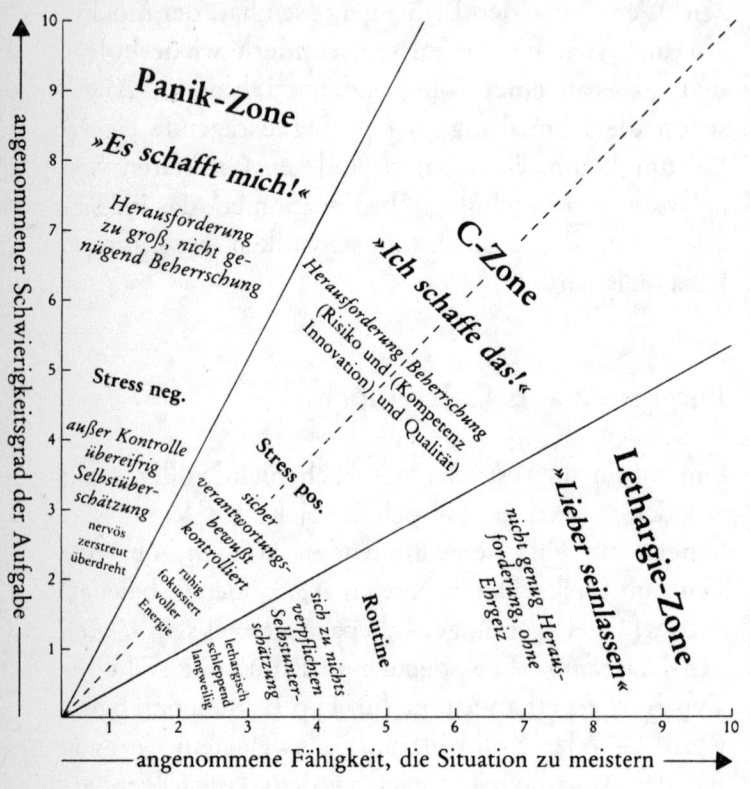

Frei übersetzt nach Kriegel R., Kriegel, N., *The C-Zone*, New York 1984

Wiederum den Schätzpunkt bestimmen und von dort aus eine vertikale Linie ziehen. Der Schnittpunkt beider Linien zeigt an, in welchem Bereich man sich befindet.

Geht es um eine Tätigkeit, bei der es auf Meisterschaft und Können ankommt, sollte man, im Idealfall, den Schnittpunkt in der rechten Hälfte der C-Zone wiederfinden, kommt es mehr auf Risikobereitschaft an, dann eher links der gestrichelten Linie.

Mit Supertraining in die C-Zone

Spitzenleistungen sind nur in der sogenannten C-Zone möglich, in dem Bereich also, wo man die Kontrolle über Zeit und Umfeld behält, den Druck von außen beherrscht und damit inneren Druck verhindert. Supertraining hat das Ziel, die C-Zone zu erreichen, weil nur hier Superleistungen reifen können.

Von zehn durch Zufall ausgesuchten Wall-Street-Managern gehören sieben dem Verhaltens-Typ A an. Von den drei restlichen sind jedoch zwei die erfolgreichsten von allen zehn. Sie haben die C-Zone erreicht, in der sie immer wieder eine Herausforderung erleben, die sie reizt und die sie bewältigen, so daß sie ein hohes Maß an Selbstvertrauen besitzen. Auf den Punkt gebracht, besonders auch in der psychologischen Darstellung und all ihren Konsequenzen, wurde dieser Typ trotz der auch kriminellen Energie in dem amerikanischen Spielfilm *Wall Street* von 1987.

Michael Douglas spielte hierbei die Hauptrolle in einer solchen Perfektion, als hätte ein New Yorker Verhaltensforscher Regie geführt.

Natürlich lassen sich die meisten Menschen keineswegs glatt und ohne Berührungspunkte mit einem anderen Verhaltensbereich in eine der Kategorien A, B oder C einordnen. Oft genug vermischen sich die Verhaltenweisen aus den drei Zonen, kommt es zu Grenzüberschreitungen.

Deshalb ist es wichtig, daß jeder seinen ganz persönlichen Standort findet, um die Auswirkungen von Stress individuell definieren und, falls erforderlich, ein entsprechendes Training einleiten zu können. In den Vereinigten Staaten bieten dazu nicht nur die eingangs erwähnten Stressmanagement-Praxen Hilfe an. Auch in großen Unternehmen wie beispielsweise Lockheed, Coca-Cola, AT & T, Xerox oder Apple-Computer können sich Mitarbeiter auf Stressanfälligkeit untersuchen lassen und einem Trainingsprogramm unterziehen. Man wird, wie im Herbst gegen die drohende Grippe, gegen ungesunden Stress geimpft, zum Beispiel mit Entspannungstechniken.

Der Stress und die Deutschen

Während die Amerikaner schon lange dem krankmachenden und leistungsmindernden Stress den Kampf angesagt haben, stellt man ihn bei uns vielfach als Nachweis besonderer Tüchtigkeit heraus. Wer sich positiv darstellen möchte, erzählt gerne schon mal vom schlimmen Zeitdruck und der bösen Hektik, die einen fast umbrächten. Es gehört quasi zum guten Ton, über seine Belastungen zu klagen, zeigt dies doch, wie geschäftig und beschäftigt man ist. Doch wer sich damit ins rechte Licht rücken will, stellt sich in Wahrheit in den Schatten.

Oder es läuft andersherum, und man weist jedweden Stress weit von sich, wohl um besondere Coolheit zur Schau zu stellen. Bei einer demaskierenden Umfrage unter bundesdeutschen Managern im Frühjahr 1988 geben 60 Prozent zwar zu, permanent unter Unwohlsein zu leiden (Herzstiche, Magen-Darm-Beschwerden), doch legte die überwiegende Mehrheit gleichzeitig Wert auf die Feststellung, man empfinde keinesfalls so etwas wie Stress. Die naheliegende Erklärung, daß die genannten physischen Probleme aus psychischer Belastung resultieren könnten, wurde schlichtweg ignoriert. Körperliche Handicaps darf man schon mal zugeben, seelische offenbar nicht.

Solange man aber bei uns die längst nachgewiesenen Zusammenhänge von Stress und Infarkt für die eigene Person derart hartnäckig leugnet, ob nun aus Unwissenheit oder Eitelkeit, so lange werden beruflich stark beanspruchte Menschen immer wieder »plötzlich und unerwartet« sterben.

In den Vereinigten Staaten zeichnet sich schon eine Veränderung der Lage ab. Dank entsprechender Aufklärungskampagnen und Anti-Stress-Programme innerhalb großer Firmen ging die Zahl der Herzinfarkte unter leitenden Angestellten und Managern in den letzten Jahren um rund ein Viertel zurück. Eine solche Entwicklung ist hierzulande noch in weiter Ferne.

In den nachfolgenden Kapiteln über Relaxation, Positive Gedankenkontrolle, Selbstregulation und Fokussierung sind psychologische Techniken zum Erreichen von Spitzenleistungen beschrieben, die auch zu einem optimalen Stressmanagement verhelfen können. Dabei ist es nicht erforderlich, alle zu praktizieren, um das Ziel, die C-Zone, zu erreichen. Ausschlaggebend sind die individuellen Bedürfnisse, die dem praktischen Training die Richtung weisen.

Relaxation

Marijeanne Liederbach ist die leitende Physiothera-
peutin am Sportmedizinischen Institut des Lenox-
Hill-Hospitals in New York. Zu ihr, die sich auch
wissenschaftlich einen Namen gemacht hat, kommen
Primaballerinen und Tennisprofis der Weltelite. Liederbach arbeitet gerne und viel – zwölf bis vierzehn
Stunden am Tag. Um das durchzuhalten, macht sie
dreimal eine Fünf-Minuten-Pause und entspannt
sich: Dazu setzt sie sich auf einen Schemel, stülpt
sich ein großes Badehandtuch über den Kopf und
schließt die Augen. Dann versucht sie, in der schwarzen Augenhöhle sich auf einen Punkt zu konzentrieren. »Das ist nicht leicht, und wenn ich den imaginären Punkt habe, zieht er mich immer nach unten.«
Gegen dieses Gefühl steuert Marijeanne an, indem sie
ihre Augäpfel nach oben bewegt. Nach wenigen Sekunden befällt sie eine Art Trance. Sie sieht bunte,
überwiegend gelbe Lichtflecken hin- und hertanzen.
Gelassen verfolgt sie das innere Schauspiel. Nach einigen Minuten beginnt die Therapeutin ein wenig zu
schwanken. Dies ist für sie das Signal, in die Alltags-

welt zurückzukehren. Sie nimmt das Handtuch ab und hat, wie sie sagt, wieder unbändige Lust weiterzuarbeiten.

Jeden Mittag um 14 Uhr schloß sich der inzwischen pensionierte Direktor der Inneren Abteilung eines Berliner Krankenhauses in sein Sprechzimmer ein. Seine Sekretärin hatte Anweisung, keinen Besucher vorzulassen und kein Gespräch durchzustellen. Er zog die Schuhe aus, legte sich auf die Couch und schaute auf seine Bücherwand. Dort stand in der zweiten Reihe von oben ein blaues Lexikon. Das fixierte er und schloß die Augen. Als der Mediziner sie nach ein paar Minuten wieder öffnete, fühlte er sich voller Tatendrang.

Um sich zu entspannen, führte der Trainer des mehrfachen brasilianischen Fußballmeisters Flamengo Rio de Janeiro, Claudio Coutinho, seine Mannschaft kurz vor einem Match zum gemeinschaftlichen Urinieren auf die Toilette. Napoleon wiederum legte sich vor jeder Schlacht eine Stunde auf den Boden. Danach fühlte er sich fit für den Feind.

Es ist im Grunde egal, ob man sich auf die eine oder andere der eben beschriebenen Arten entspannt oder aber eine neue kreiert; ob man bei den klassischen Methoden bleibt und dabei zu einem eher passiv angelegten Verfahren neigt (Hypnose, Autogenes Training, fernöstliche Meditationen, Yoga) oder eine der eher aktiven Übungen wählt (Progressive Muskelrelaxation, Biofeedback) – wenn man die verschiedenen

Praktiken von ihrer Ritualisierung und ihrem ideen-geschichtlichen Hintergrund befreit, der zum Beispiel bei den Meditationstechniken bis ins Religiöse reicht, so wird ein gemeinsamer rationaler Kern sichtbar.

Beispielhaft dafür sind die physiologischen Reak-tionen: Bei Untersuchungen an der Harvard-Univer-sität in Boston fand man heraus, daß nach einigen Minuten Entspannung der Sauerstoffverbrauch des Menschen um durchschnittlich 13 Prozent zurück-geht. Die Atemzüge reduzieren sich von 16 auf 11 pro Minute. Der Blutdruck sinkt, und die ruhigen Alphawellen im Gehirn nehmen zu. Zum Vergleich: Bei Stress verlaufen diese physiologischen Erschei-nungen in die entgegengesetzte Richtung. Zu den all-gemeinen psychischen Veränderungen eines Entspan-nungszustandes gehören das Gefühl zunehmender körperlicher und geistiger Frische und Gelöstheit, das Erlebnis von Ruhe, Erholung und Gelassenheit. Da dieser Prozeß umgekehrt zum Stressmechanismus verläuft, nannte ihn Harvardforscher Herbert Benson die »Relaxationsantwort auf Stress«.

Was Entspannung kann und nicht kann

Ein Entspannungszustand soll keine müden Glieder munter machen. Das kann viel besser der Tiefschlaf, der in erster Linie der biologisch so wichtigen Erho-lung organischer Funktionen dient. Entspan-nungsübungen reaktivieren vor allem einen angestrengten Geist. Dabei kommt es darauf an, bei der Gratwanderung zwischen Einschlafen und Wachheit nicht in den einen oder anderen Zustand abzustürzen. Dieser Zwischenbereich ist sehr schmal. Und es bedarf einer gewissen Fertigkeit, sich aus dem Bereich der aktivierten Wachheit herauszulösen, dabei aber das Einschlafen zu verhindern.

Für den Erfolg einer Entspannungsübung ist es notwendig, diese Gratwanderung fünf bis zehn Minuten durchzuhalten. Untersuchungen mit dem Elektroenzephalogramm (EEG) beim Autogenen Training zeigten, daß Kurzzeit-Trainierte viel stärker zwischen den Polen Hellwach und Schlaf pendeln als Langzeit-Trainierte. Entspannen will also gelernt sein. Doch ist dieser Lernprozeß nicht schwieriger, als wenn man Schwimmen oder Radfahren übt.

Nur ein paar Minuten pro Tag . . .

Dauerhafte Spitzenleistungen ohne Entspannungsphasen sind unmöglich. Nun können wir zwar, wenn uns danach verlangt, auf etliche althergebrachte Methoden zur psychischen Auflockerung zurückgreifen, ob Sport und Spaziergehen oder Ferien und Feiern, doch in den Industrieländern fordern Stress und Hektik längst auch Überstunden im Entspannen heraus, mit Sonderlektionen. Im übrigen hat die Wissenschaft nachgewiesen, daß es mit einer großen Pause in Form des Jahresurlaubs oder einer kleineren in Form eines erholsamen Wochenendes nicht getan ist. Unser Psycho- und Biorhythmus verlangt mindestens eine echte Entspannungsphase während des täglichen Arbeitsprozesses. Das gilt vor allem für die Angehörigen jener Berufsgruppen, die gegen einen überfüllten Terminkalender ankämpfen und glauben, ohne Pause für Geist und Seele ihre anstrengende Tätigkeit ohne Substanz- und Gesundheitsverlust bewältigen zu können.

Selbst beim Schlaf unterliegen wir unterschiedlichen Rhythmen. Messungen der Gehirnstromwellen und die systematische Beobachtung Schlafender haben ergeben, daß REM-Phasen (REM = *rapid eye movements* – schnelle Augenbewegungen), also Traumschlaf, mit Nicht-REM-Phasen, dem Tiefschlaf, abwechseln. Tagsüber sind wir uns dieser Biorhythmen weniger bewußt. Nichtsdestoweniger existieren sie auch da, wenn auch in abgeschwächter Form. Im Säuglingsalter ist der kurzfristige Wechsel zwischen Ruhe und Aktivität noch von Bedeutung. Babys ergeben sich auch am Tage den wellenförmigen Phasen, während wir sie mit zunehmendem Alter mehr und mehr überspielen und ignorieren, ohne daß uns das im allgemeinen bewußt ist.

Es bietet sich an, eine Relaxationsübung dann durchzuführen, wenn man gerade ein solches Wellental durchschreitet. Dieser sogenannte tote Punkt äußert sich individuell sehr unterschiedlich, im Einzelfall zeigt er sich allerdings oft in einem bestimmten Rhythmus. Ein zehnminütiges Relaxationstraining während einer Erschlaffungsphase würde nicht nur die Erholung intensivieren und eine Basis für gute Konzentrationsfähigkeit schaffen, sondern auch biologische und psychologische Körperrhythmik mit den Trainingsphasen parallel schalten. Es wäre eine intelligente Nutzung unseres Lebensrhythmus.

Vom Blickwinkel der biologischen Voraussetzungen her, haben wir unseren natürlichen Rhythmus ohnehin bereits manipuliert. Zwar sind wir auf den durch die Geschwindigkeit der Erdumdrehung hervorgerufenen 24-Stunden-Rhythmus von Tag und Nacht seit langem eingerichtet. Aber wenn die natürlichen Umweltbedingungen wie Tageslicht und Uhrzeit wegfallen, pendeln wir uns interessanterweise auf einen 25-Stunden-Tag ein. Dies ergaben langjährige Experimente der Forschergruppe um Prof. Jürgen Aschoff in Erling-Andechs bei München. Die biologischen und psychologischen Funktionen wie Schlaf-Wach-Rhythmus oder Körpertemperatur, für jede Art von Relaxationstraining von großer Wichtigkeit, gehen dann in eine freilaufende Periodik über – jeder unserer Tage verlängert sich um eine Stunde. Diese Beeinflußbarkeit unseres Rhythmus unterstreicht die Einsicht, daß wir unseren schon von vielen Zwängen geformten 24-Stunden-Tag in einen vernünftigen Wechsel von An- und Entspannung gliedern sollten, etwa mit Hilfe einer gezielten Relaxation. Wer sie beherrscht, kann – wie auf Knopfdruck – in Sekundenschnelle regenerieren.

Wie sehr Anspannung von einer intelligenten Entspannung bestimmt wird, zeigt sich zum Beispiel während eines Zehnkampfes. Hier werden den Athleten zwischen den einzelnen Disziplinen Pausen aufgezwungen, die sie sinnvoll ausfüllen müssen. Bei in etwa ebenbürtigen Teilnehmern entscheidet sich oft in diesen Phasen zwischen Relaxation und Konzentration, wer am Ende die meisten Punkte hat.

Der bekannte deutsche Zehnkämpfer Siegfried Wentz lernte deshalb bei seinem Coach Holger Schmidt, einem Psychologen, Autogenes Training. Schmidt: »Eine solche Entspannungsform erhöht die Konzentrationsfähigkeit für die nächstfolgende Übung.« Voraussetzung ist natürlich, daß der Athlet den Grad der Relaxation auf einem Level hält, der ein Abgleiten in einen Erschlaffungszustand verhindert – reine Übungssache.

Die Diskriminierung der Pause

Eine perfekte Relaxation stellt die Energien für ein Supertraining bereit. Doch im Gegensatz zu den meisten östlichen Kulturen haben wir im Westen immer noch erhebliche Probleme, uns für Entspannungsübungen zu motivieren. Ruhephasen werden vielfach als Nichtstun angesehen, bisweilen gar als Indiz für Faulheit. Die westliche Industrialisierung hat es geschafft, die Pause zu diskriminieren. Offenbar mit großem Erfolg: Selbst hinter Klostermauern hat es Entspannung heutzutage schwer, sich zu behaupten.

Bei unserem Besuch im Kloster Maria Laach sahen wir einen Benediktinerpater mit einem Walkie-talkie-Gerät in der Kutte, um für den Bruder in der Telefonzentrale jederzeit erreichbar zu sein.

Man muß in unseren Breitengraden schon einen triftigen Grund nennen können, will man während der Arbeitszeit eine kurze Relaxationsphase einschieben, es sei denn, man ist der Vorgesetzte persönlich. Akzeptiert werden gerade noch Entspannungsübungen im medizinischen und privaten Bereich als Therapie gegen Angstzustände und Migräne, in der Geburtshilfe oder bei Verhaltensstörungen. Jedoch als Sprungbrett für Spitzenleistungen, mal vom Sport abgesehen, nimmt sie noch immer nur eine Minderheit ernst. Hinzu kommt, daß selbst die Relaxationswilligen oft scheitern und aufgeben, nicht eben die beste Grundlage für eine wirksame Mundpropaganda.

Die Gründe liegen indes meist bei den Gescheiterten selbst: Sie betreiben die Übungen mit der gewohnten leistungsorientierten Methodik. Doch Entspannung kann man nicht lernen wie in der Schule Vokabeln. Dabei wäre sie es wert, als Schulfach eingeführt zu werden, und zwar als Basistechnik zum besseren Lernen, nicht als Fach mit Zeugnisnoten. Versuche ergaben nämlich, daß Schüler, die Autogenes Training betrieben, bessere Leistungen vorwiesen als die übrigen Schüler.

Welche Entspannungstechnik ist die beste?

Die bei uns am weitesten verbreitete Relaxationsform ist das Autogene Training. Die geeignetere Methode für westlich orientierte Menschen dürfte allerdings die Progressive Muskelentspannung sein. Sie ist eine eher aktive Form der gezielten Entspannung, läßt sich besser kontrollieren und kommt damit unserem Denken näher als das Autogene Training, dessen Verlauf und Erfolg nicht sofort sichtbar werden. Erfolgserlebnisse stellen sich jedenfalls schneller ein bei der Progressiven Muskelentspannung. Dabei wird eine bestimmte Anzahl von Muskelgruppen erst angespannt und dann gelockert. Der psychischen Entspannung geht eine physiologische Anspannung, also eine Aktivität, voraus.

Muskel für Muskel genießen

Wer, wie die meisten von uns, eine meßbare Leistung schätzt und zu seiner Motivation die Fortschritte beim Entspannungstraining schwarz auf weiß vor Augen haben möchte, mag sich von der Biofeedback-Methode überzeugen lassen. Mit ihr ist es möglich, die Stadien innerer Anspannung abzulesen. Zunächst mißt man den physiologischen Zustand (Herzfrequenz, Hauttemperatur, Muskelspannung, Gehirnwellenstruktur). Danach werden die vorliegenden Daten in akustische und optische Signale umgewandelt, so daß jedermann das Ausmaß seiner physiologischen Reaktionen erkennen und ständig überwachen kann, beispielsweise das Ausmaß der Muskelverspannung. Ein in der Höhe variabler Ton zeigt die Stärke dieser Spannung an.

In Trainingssitzungen kann man nun mit Hilfe des akustischen Signals lernen, die Tonhöhe und damit den Verspannungsgrad zu beeinflussen. Biofeedback ist eine Technik, die auf ungeahnte Weise zwischen Geist und Körper vermittelt. Wem diese Therapie technisch zu aufwendig ist, hat zumindest die Chance, sich über diese Methode eine Verspannungsdiagnose stellen zu lassen, um sich für Übungen wie Progressive Muskelrelaxation oder Autogenes Training zu motivieren.

Die von dem US-Physiologen Edmund Jacobson in den zwanziger Jahren entwickelte Progressive Muskelrelaxation war lange Zeit in Vergessenheit geraten. Ende der fünfziger Jahre, mit der Entwicklung der Verhaltenstherapie, wurde sie wiederentdeckt. In den Vereinigten Staaten ist sie heute die populärste aller Entspannungsformen. Alle größeren Muskelgruppen – insgesamt 16 – werden nacheinander für etwa sieben Sekunden willentlich angespannt, ehe man sie, Muskel für Muskel, gezielt lockert. Dabei beobachtet man genau, was passiert. Man wird sich der Anspannung beziehungsweise Verkrampfung einzelner Partien bewußt und genießt dann das angenehme Gefühl bei der Lockerung.

Während der Anspannungsphase wird nicht Arbeit im physikalischen Sinne geleistet, sondern lediglich intensive Spannung erzeugt, isometrisches Muskeltraining. Es kommt zu einer Kompression der Blutgefäße. Das mit Sauerstoff beladene Blut erreicht nicht die Gewebe, die Ermüdungsstoffe werden nicht abtransportiert. Die Folgeerscheinung: schnelle Ermüdung. Wer ein schweres Buch in die Hand nimmt und den Arm dabei ausstreckt, spürt, wie schnell er schlapp wird. Wer den ganzen Tag sitzt, erlebt etwas Ähnliches. Er ermüdet, weil er nicht umkippen darf.

Beim Lockern weiten sich die Gefäße, alles wird mit Blut versorgt, ein Entspannungsgefühl breitet sich aus. Dieser harte Gegensatz von unterschiedlichen Muskulaturzuständen innerhalb weniger Sekunden führt zu einer Sensibilität von An- und Entspannungsgefühlen, eine für die meisten von uns völlig neue Erfahrung. Anfangs benötigt man für die Entkrampfung der 16 Muskelgruppen noch rund eine halbe Stunde pro Tag, wobei es wichtig ist, sich auf eine bestimmte Muskelabfolge festzulegen und sie dann beizubehalten. Schon nach einigen Wochen kann man bei täglichem Training bereits mehrere der 16 Gruppen zusammenfassen. Die Entspannung stellt sich immer schneller ein. Mit fortschreitendem Üben gelingt die Relaxation sogar auf Anhieb, ohne jede vorherige Anspannung. Es ist die Phase, in der sich der Effekt der Progressiven Muskelentspannung dem des Autogenen Trainings angleicht. Hier wie da gelingt dem Geübten eine erfolgreiche Relaxation mit innerem Knopfdruck.

Dank des bedingten Reflexes ist es im Endeffekt möglich, innerhalb von Sekunden den gesamten Organismus zu entspannen – bei ständigem Training in sechs bis acht Wochen erreichbar. Allein ein einziger Gedanke an Entspannung löst einen ähnlichen Vorgang aus wie bei Pawlows Hund, dem ein Gong als Signal für die nächste Mahlzeit das Wasser im Mund zusammenlaufen ließ. Der gesamte Organismus – Körper, Seele und Geist – ist in Sekundenschnelle relaxiert und hat damit einen optimalen harmonischen Zustand erlangt, der Wohlbefinden erzeugt, Aufnahmebereitschaft weckt und Energien verfügbar macht.

Relaxation gegen Kopfschmerzen

Kopfschmerzpatienten können von einem solchen Entspannungstraining oft mehr profitieren als von Tabletten. Nahezu in jedem zweiten Fall werden Kopfschmerzen – die zu 95 Prozent psychischen Ursprungs sind – durch Spannungszustände in den Muskeln hervorgerufen. Ursachen sind emotionale Probleme, Hetze und Hektik, Stress also. Die angespannten Muskeln werden nicht mehr ausreichend mit Sauerstoff versorgt, die Blutbahnen weiten sich, um mehr Blut und damit Sauerstoff abzuliefern. Die Folge sind Kopfschmerzen.

Auch bei der Migräne sind plötzlich anschwellende Blutbahnen die Schmerzursache. Entspannungsübungen profilierten sich als das beste nicht-chemische Mittel gegen solche von Verkrampfungen und Verspannungen herrührenden Kopfschmerzen. Werden die richtigen Muskeln gelockert, können die Beschwerden verschwinden, bei Migräne- ebenso wie bei Stress-Opfern.

Relaxation im Sport

In keinem Bereich ist die Wirkung von Relaxationstraining so gut ablesbar wie im Sport. Im Osten werden seit jeher Entspannungstechniken eingesetzt, beispielsweise um vor einer turnerischen Übung die besonders geforderten Muskelpartien mit Sauerstoff zu versorgen und sie besser zu durchbluten. An der Hochschule für Sport und Körperkultur in Moskau ist der Unterricht in Entspannung für die russischen Athleten fester Bestandteil des Lernprogramms. Im Westen sind es einzelne Sportler, die auf Relaxationstraining schwören: etwa der US-Golfer Jack Nicklaus oder der berühmteste Quarterback im US-Football, Joe Namath. Für andere stellt es einen wichtigen Teil ihrer Psycho-Vorbereitung auf den Wettkampf dar.

Vor allem die Schützen profitieren von Entspannungsübungen. Im Training treffen viele von ihnen fast zu hundert Prozent ins Schwarze, im Wettkampf jedoch bleiben die meisten oft weit unter diesen Leistungen. Wohl keine andere Sportart hat so viele Trainingsweltmeister und Wettkampfversager hervorgebracht wie diese. Wenn man die Diskrepanz zwischen Übungs- und Ernstfall aufheben will, muß die Angespanntheit der Nerven im Wettkampf auf Traininigsniveau gebracht werden. Relaxation ist die dafür geeignete Technik, besonders – je nach individuellem Bedürfnis – in Verbindung mit anderen Disziplinen des Supertrainings wie Selbstprogrammierung (Autosuggestion), Selbstregulation, Visualisation und Fokussierung.

Nachdem der US-Psychologe Richard Suinn der amerikanischen Biathlon-Staffel bei den Olympischen Winterspielen 1976 in Innsbruck nicht zuletzt dank eines mit Visualisationsübungen kombinierten Relaxationstrainings zum bis dahin größten Erfolg der US-Biathleten verholfen hatte, meldeten sich bei ihm auch moderne Fünfkämpfer und Schützen aus Mexiko und Kanada. Sie wollten sich mit Hilfe der Progressiven Muskelentspannung auf die Sommerspiele im selben Jahr in Montreal vorbereiten.

Suinn, der als erster diese Art von Training bei westlichen Sportlern anwandte, war für die Athleten mit einem Male ein gefragter Mann. Bis dahin hatte der Psychologe aus Hawaii unter anderem redegehemmte Firmenmanager mit Progressiver Muskelrelaxation sprech-fit getrimmt.

Nach Suinns Methode ließen sich auch Österreichs Biathleten auf die Winterspiele 1988 in Calgary vorbereiten; und zwar von einem Deutschen, dem Baden-Badener Hans-Jürgen Schellbach, der ebenfalls Mitarbeiter großer Firmen mental schult. Er betreute in den siebziger Jahren schon erfolgreich die österreichischen Skispringer mit autosuggestiven Praktiken (siehe Kapitel Selbstprogrammierung).

Sportler aus der alten Bundesrepublik meldeten sich kaum einmal. Wie eifersüchtig und mißtrauisch hierzulande die »richtigen« Trainer über ihre Schützlinge wachten, schildert Hans-Jürgen Schellbach an einem Beispiel: »Als einer der besten deutschen Bogenschützen zu mir kam, um sich mit Hilfe der Progressiven Muskelrelaxation wettkampfstabiler trimmen zu lassen, legte sein Trainer ein Veto ein. In Österreich habe ich 30 Trainer in diesen Dingen ausgebildet. Das ist bei uns noch undenkbar.«

Die Progressive Muskelrelaxation

Nachfolgend haben wir, nach Edmund Jacobson, den Ablauf der Muskelentspannung in 16 Schritten zusammengefaßt.

1. Rechte Hand und rechter Unterarm (Linkshänder beginnen links): Mit der Hand eine feste Faust machen und dadurch Muskeln von Hand und Unterarm anspannen. Die Spannung wird spürbar und zieht über die Knöchel in den Unterarm. Nach sieben Sekunden dieselben Muskeln langsam lockern, sich da-

bei genau auf die eintretende Entspannung nur in diesem Bereich konzentrieren. Dann etwa eine halbe Minute lang bewußt die angenehmen Gefühle dieser Muskelrelaxation wahrnehmen.

2. Rechter Oberarm: Der Anspannungseffekt wird am besten erreicht, wenn man den Ellbogen fest auf eine harte Unterlage (Armlehne) drückt. Die Muskeln von Unterarm und Hand dürfen dabei nicht in die Spannung mit einbezogen werden. Kleine Hilfe: Ellbogen abwärts drücken und dabei zum Rumpf herausziehen wollen. Nach sieben Sekunden die Entspannung einleiten und, wie oben, eine gute halbe Minute lang bewußt erleben.

3. Linke Hand und Unterarm: entsprechend.

4. Linker Oberarm: entsprechend.

5. Stirn: Augenbrauen stark hochziehen, auch Stirn- und Scheitelregion sollen gespannt sein. Bei der Entspannung etwas mehr Zeit als sonst aufwenden, die Muskulatur am besten in Fünf-Sekunden-Etappen schrittweise lockern. Danach auch länger als üblich die Entspannung unter der Oberfläche erleben.

6. Obere Wangenpartie und Nase: Die Augen fest zukneifen, gleichzeitig die Nase rümpfen und Spannung im gesamten mittleren Gesichtsbereich erzeugen. Sie muß vor allem um die Augen herum spürbar sein. Entspannung ...

7. Untere Wangenpartie und Kiefer: Um die Muskulatur des unteren Gesichtsdrittels zu aktivieren, die Zähne fest zusammenbeißen und die Mundwinkel stark zurückziehen (über die Qualität der Übung entscheidet kein Schönheitspreis). Entspannung . . .

8. Nacken und Hals: Das Kinn so weit wie möglich auf die Brust ziehen, gleichzeitig aber verhindern, daß es die Brust berührt. Die Muskeln der vorderen durch die der hinteren Nackenanteile gegenhalten lassen. Beim Anspannen ist ein leichtes Zittern zu spüren. Wenn dies so nicht funktioniert, den Kopf rückwärts gegen eine Lehne pressen; dabei die Nackenmuskeln einsetzen. Da beim Ungeübten die Relaxation noch unvollkommen ist, kommt es während der Entspannungsphase häufig zu Unbehagen oder gar Schmerzen. Nach etwa einer Woche weicht das Unbehagen einem Wohlgefühl im Nacken.

9. Brust, Schultern und obere Rückenpartie: Tief einatmen, die Luft anhalten, Schultern zurückziehen und versuchen, die Schulterblätter sich berühren zu lassen. Man stelle sich vor, zwei an den Schultern befestigte Seile würden einen nach oben ziehen. Dabei sollte ein starkes Spannungsgefühl in den Schultern, der Brust und der oberen Rückenpartie eintreten. Entspannung . . .

10. Bauchmuskulatur: Den Bauch hart machen. Am besten bildet man sich ein, der Box-Weltmeister im

Schwergewicht wolle einem im nächsten Moment in den Bauch schlagen. Entspannung . . .

11. Rechter Oberschenkel: Der große Muskel an der Vorderseite des Oberschenkels sollte von den beiden hinteren gegengehalten werden. Dabei wird der große Muskel hart. Notfalls ganz langsam das Bein liften. Entspannung . . .

12. Rechter Unterschenkel: Man erreicht die Anspannung, indem man die Zehen in Richtung des Kopfes hochzieht. Entspannung . . .

13. Rechter Fuß: Den Fuß strecken, nach innen drehen und gleichzeitig die Zehen beugen. Man darf dabei die Muskeln allerdings nicht zu stark verkrampfen, es genügt, ein Straffheitsgefühl im Fußgewölbe und im Fußballen zu spüren. Entspannung . . .

14. Linker Oberschenkel: entsprechend.

15. Linker Unterschenkel: entsprechend.

16. Linker Fuß: entsprechend.

Es ist nicht gerade leicht, als Anfänger alle Muskelpartien gleich richtig anzuspannen und wieder zu lockern. Damit sich keine Fehler einschleichen, ist es ratsam, als Kontrollinstanz einen Fachmann heranzuziehen, am besten einen Verhaltenstherapeuten.

Dies gilt auch für das Autogene Training. Es wurde in den zwanziger Jahren vom Berliner Nervenarzt Johannes Heinrich Schultz entwickelt. Hier entsteht seelisches und körperliches Wohlbefinden durch im Training erworbene Ruhe, Gelassenheit und Wärme.

Das Autogene Training

Für Autodidakten geben wir auch hier das Muster eines Trainingsprogramms weiter. Geübt werden sollte mindestens einmal täglich fünf bis zehn Minuten. Eine Selbstüberwachung sollte jedoch nicht der Regelfall sein.

1. Die Schwere-Übung: Man legt sich aufs Bett oder setzt sich auf einen Hocker oder lehnt sich in einen Sessel zurück und schließt die Augen. Dabei konzentriert man sich auf nichts anderes als darauf, wie schwer der rechte Arm ist (Linkshänder beginnen mit dem linken). Innerlich, ohne die Lippen zu bewegen, spricht man sich sechsmal vor: *Mein rechter/linker Arm ist ganz schwer* ... Danach zweimal: *Ich bin vollkommen ruhig* ... Dann wieder sechsmal: *Mein rechter Arm ist ganz schwer* ... Nach einer halben Minute Pause wird alles wiederholt. Anschließend erfolgt die gleiche Prozedur mit dem anderen Arm.

Nach einigen Tagen, wenn sich das Schweregefühl eingestellt hat, bezieht man die beiden Beine mit ein.

Um sich aus dem konzentrierten Zustand zu befreien, führt man am Ende des Trainings stets die Übungen zurück. Das heißt, Arme und Beine werden mit energischem Ruck gebeugt und gestreckt, und nach einem tiefen Ein- und Ausatmen öffnet man die Augen.

2. Die Wärme-Übung. Sie schließt sich an die Schwere-Übung an. Man sollte damit erst dann beginnen, wenn man den ersten Teil des Autogenen Trainings beherrscht. Die Wärme-Formel lautet entsprechend: *Mein rechter/linker Arm ist ganz warm* (sechsmal). Es folgt das gleiche Muster wie beim Erlernen der Schwere-Übung.

Wenn man beide Übungen wie vorgesehen hintereinander absolviert, findet am Ende eine gemeinsame Rückführung statt. Je schneller sich Schwere und Wärme einstellen, desto mehr können die Übungen verkürzt werden. Wie bei der Progressiven Muskelrelaxation sind gut Trainierte in der Lage, den Effekt des Autogenen Trainings in nur wenigen Sekunden zu erreichen – per konditionierten Reflex.

Dies gelingt, wenn man sein Entspannungstraining oft genug mit einem Signalwort wie etwa *ruhig* oder *entspannt* gekoppelt hat. Später genügt eines dieser Signalwörter, ob laut oder im Geiste gesprochen, um die Relaxation herbeizuführen. Wir geben uns also selbst die Signale, auf die unser Körper mit Entspannung reagiert, und balancieren unser vegetatives Nervensystem aus, das im Normalfall, also ohne Training, auf solche Signalwörter nie reagieren würde.

In Manhattan, wo überdurchschnittlich viele Menschen an Verkrampfungen, Muskelverspannungen, vor allem Rückenbeschwerden, dem Schmerzproblem Nummer eins in den USA, oder Migräne leiden, bekämpfen immer mehr Betroffene ihr Problem ohne Medikamente. Statt dessen suchen sie eine der zahlreichen Entspannungskliniken auf und lassen sich dort von einem Verhaltenstherapeuten für ein paar Dollar in der Mittagspause in Muskelrelaxation unterweisen.

Das Ende der Schwarzen Kunst

Auch Hypnose zählt in den USA zu den seriösen Entspannungsmethoden. An etlichen Universitäten, darunter die renommierte Stanford University in Kalifornien, kann man Hypnose als Studienfach belegen. Aus der Schwarzen Kunst der Schausteller wurde das, was sie im Osten schon lange ist, bei uns aber noch lange nicht: eine ernsthafte Kunst. In New Orleans existiert eine »Gesellschaft zur Förderung moralisch einwandfreier Hypnose«. Eines ihrer Mitglieder, Professor Arons, setzte bei Sportlern, die den Wettkampfstress nicht aushielten, Hypnose schon mehrfach als Entspannungstherapie ein.

Es gibt in Amerika auch schon Kurse für Do-it-yourself-Hypnosen. Zuerst lernt man, sich zu entspannen, danach das Know-how, wie man ohne fremde Hilfe in Hypnose gleitet. Die Techniken sind verschieden. Die einen lehren eine Atemmethode, die mit Rückwärtszählen kombiniert ist, die anderen ein Verfahren, wobei man Punkte an der Zimmerdecke zählt oder fixiert.

Am Ende des Kurses erfahren die Teilnehmer, wie sie sich selbst Kommandos geben können, die unmittelbar von ihrem Unterbewußtsein aufgenommen werden. Der Transport von Leitformeln wie *Gegen Stress immun* oder *Ruhig und ganz locker* ins Unterbewußtsein wird möglich, weil im entspannten Zustand das Denken im Sinne rationaler Blockaden keine Rolle mehr spielt.

In der hypnotischen Relaxation ist das Unterbewußtsein offen und empfänglich für einfache Leitsätze, Werbesprüche quasi, mit denen man sich selbst programmiert. Ist man wieder bei vollem Bewußtsein, beginnen diese Formeln vom Unterbewußtsein aus ihre motivierende Wirkung auf Denken und Verhalten auszuüben.

Die Werbung hat sich diesen Vorgang längst zunutze gemacht. Schon in den fünfziger Jahren machte Coca-Cola den Versuch, versteckte Reklame zu treiben, indem man sehr kurze, bewußt nicht wahrnehmbare, aber direkt über Auge und Ohr im Unterbewußtsein sehr wohl registrierte Botschaften optisch und akustisch in Nicht-Werbefilme einstreute. Der österreichische Psychologe Pötzl war 1917 diesem Phänomen als erster auf die Schliche gekommen. Die Coca-Cola-Werbung wurde später verboten. Reklame sollte sichtbar sein. Doch es ist sicherlich nicht besonders schwierig, gegen dieses Verbot zu verstoßen. Das wäre, als würde jemand stets standhaft im Kaufhaus wertvolle Waren unberührt lassen, wenn er die Möglichkeit besäße, sich mit einer Tarnkappe unsichtbar zu machen.

Neuerdings wird versucht, Relaxation auch unhörbar, zwischen Klängen versteckt, zu vermitteln. Clevere Geschäftemacher bringen mehr und mehr Musikkassetten mit verborgenen Botschaften auf den Markt. Eingebettet in funktionale Entspannungsmusik sollen Slogans wie etwa *Ich bin ganz ruhig, entspannt und konzentriert* ins Unterbewußtsein vordringen und von dort aus Gutes tun. Ein zwar erlaubtes Geschäft, weil die Absicht deutlich gemacht wird. Dennoch ist Skepsis angebracht: Zum einen wurde bei Stichproben auf manchen Kassetten außer säuselnder Musik nichts gefunden – reiner Betrug also; zum anderen ist die Wirkung umstritten – im Gegensatz zu den gesicherten und beschriebenen Techniken zur Relaxation.

Wobei wir nichts gegen Musik als probates Mittel zur Entspannung sagen wollen ...

Wann Musik entspannt

Im alten China wurde Musik als schlimmste Form der Todesstrafe angewandt. Unter dem pausenlosen Einsatz bestimmter Klänge und zermürbender schneller Rhythmen brachen die vegetativen Funktionen des Organismus irgendwann zusammen, die Folge war ein grausamer Tod.

So gewaltig der negative Einfluß von Musik auf Körper, Geist und Seele sein kann, so potent ist auch die positive Wirkung: Musiktherapeuten rehabilitieren Infarkt- und Schlaganfallpatienten, kurieren Stotterer, behandeln Neurotiker und psychosomatisch Gestörte.

Erst recht kann man mit Musik entspannen. Wohl jeder von uns hat diesen relaxierenden Effekt schon einmal erfahren. Inzwischen ist sogar erforscht, wann wir welche Musik zum Relaxieren benötigen. Der Augsburger Musiktherapeut Heiner Gembris wies in einem Experiment mit mehr als 100 Versuchspersonen nach, daß man in angespanntem Zustand besser bei schneller Musik entspannen kann; geht's weniger hektisch zu, eher bei langsamerer Musik. Aktivierte Menschen, so der Forscher, bevorzugten flotte Rhythmen, erschöpfte mehr getragene.

Anders ist es, wenn man von der momentanen Stimmung ausgeht, vom emotionalen Befinden. Bei empirischen Studien kam heraus, daß die Versuchspersonen häufig gerade nicht die Musik bevorzugen, die ihrer gegenwärtigen Stimmungslage entspricht, sondern solche, die ihrer Emotion entgegengesetzt ist. Den Hektiker verlangt es beispielsweise nach dem Largo von Händel, den Stoiker nach quickem Rock.

Das Bedürfnis nach Entspannung ist erwiesenermaßen die Hauptmotivation, Musik zu hören. Sie wird bisweilen schon eingesetzt, um Relaxationsübungen wie Autogenes Training zu unterstützen. Bei Operationen erklingt Musik, um Angst und damit die Medikamentendosis zu mindern.

Auch was die alten Chinesen weiland instinktiv auf die Todesfolter brachte, ist heute erforscht: die physiologischen Folgen von Musik. Experimente mit Testpersonen zeigten, daß Klänge und Rhythmen den Herzschlag beeinflussen und auch Blutdruck, Kreislauf, Organdurchblutung, Gehirnwellen und Verdauung verändern.

Neurophysiologen bestätigen, daß das neurovegetative System des Menschen auf akustisch-musikalische Reize besonders empfindlich reagiert. Das Gehör übertrifft in punkto Empfindlichkeit andere Sinnesorgane bei weitem. Untersuchungen brachten zutage, daß die Hörzellen schon auf Reizenergien reagieren, die zehnmillionenmal kleiner sind als die beim Berühren. »Außerdem«, so schrieb der Präsident der Hamburger Hochschule für Musik und darstellende Kunst, Hermann Rauhe, in seinem Buch *Schlüssel zur Musik,* »ist das Hören aufgrund der neurophysiologischen Beschaffenheit unseres Wahrnehmungssystems stärker mit Gefühlen verknüpft als das Sehen.« Zwischen Ohr und Gefühlszentrum im Gehirn besteht eine direkte Verbindung; ein Rudiment aus den Zeiten der Menschheitsgeschichte, als das Gehör noch eine lebenswichtige Warnfunktion hatte.

Wenn Bach Beta schlägt

Der bulgarische Forscher Georgi Losanov, ein Arzt und Psychologe, der sich mit Entspannungstechniken beschäftigt hat, machte bei psycho-akustischen Experimenten in den sechziger Jahren höchst interessante Entdeckungen: Eine spezifische Art von Musik mit einem ganz spezifischen Rhythmus führt zu einem Entspannungszustand, der den Geist hellwach, konzentrationsfähig und aufnahmebereit für anspruchsvolles Lernen macht.

Losanovs Testpersonen reagierten ganz besonders entspannt bei getragener Barockmusik von Bach, Händel und Telemann. Ihr Herzschlag verlangsamte sich um durchschnittlich fünf Schläge pro Minute und glich sich sogar dem Metrum der Musik an.

Der Blutdruck sank, die ruhigen Alphawellen vertrieben im Gehirn die quickeren Beta-Wellen. Kurzum: perfekte Entspannung à la Barock. Verursacher waren die langsameren Adagio- und Largo-Sätze mit etwa 60 Schlägen pro Minute, alle im Vierviereltakt, mit einer durchlaufenden Kontrapunkt-Melodie als Baßstimme. Andere Musikwissenschaftler wie Lecourt und Teirich bestätigten den von Losanov entdeckten Barock-Effekt.

Ein langsamerer Herzschlag, etwa im Gleichklang mit dem Sekundenschritt, bedeutet offensichtlich Erholung für den Organismus.

Der bulgarische Wissenschaftler stellte darüber hinaus fest, daß in Verbindung mit der richtigen Musik sich auch unsere Geisteskapazität erweitert. Versuchspersonen konnten im barock-relaxten Zustand wesentlich besser Lernstoffe pauken, Vokabeln etwa. Im allgemeinen steigen bei intensiver geistiger Arbeit Puls und Blutdruck, erreichen die Hirnwellen die unruhige Betastufe.

Doch Losanovs Untersuchungen demonstrieren, daß es auch anders und besser geht – nach dem Motto: Bach schlägt Beta und hält wach.

Selbstprogrammierung

Der BASF-Manager Jochen Jung, verantwortlich für Planung und Kontrolle, plante vorsichtig, um die Kontrolle nicht zu verlieren: Zuerst schickte er seine Sekretärin in den fünftägigen Kursus. Als sie begeistert zurückkam und alles erzählt hatte, meldete sich Jung persönlich an, nahm auch seine Frau mit. Der Manager war ebenfalls tief beeindruckt. Er habe, berichtete er hinterher, in seinem Geist Ecken entdeckt, die ihm bislang gänzlich unbekannt gewesen seien. Danach schickte der BASF-Mann seine Mitarbeiter in den Kursus. »Auch die«, erkannte er, »waren später wie umgewandelt und hochmotiviert.«

Was war geschehen? Eigentlich nichts Besonderes. Das Schellbach-Institut hatte für die Damen und Herren von BASF ein Seminar abgehalten mit dem Titel: »Mentale Dynamik und Positives Denken – Erfolgs-Philosophie und seine Grundlagen / Erfolg und Ursachen / Der Weg zu Spitzenleistungen.« Leiter Hans-Jürgen Schellbach referierte unter anderem darüber, eine Grundlage für Erfolg sei es, den beruflichen Sektor gleichwertig neben den privaten, persönlichen Bereich zu stellen. Schließlich könne keiner, wenn er morgens die Firma betrete, seine privaten Gedanken auf der Fußmatte abstreifen; genausowenig gelinge es, am Abend die beruflichen Sorgen in den Schreibtisch einzusperren. Schellbach fragte die BASF-Leute nach ihrem Lebensziel und forderte sie auf, dies schriftlich zu formulieren.

»Wir alle mußten dabei feststellen«, berichtete Manager Jung, »daß wir keine oder bestenfalls nur vage Lebensziele im Kopf hatten, obgleich es sich doch eigentlich um die wichtigste aller Fragen handelt.« Der Seminarleiter legte seinen Zuhörern außerdem nahe, nicht nur immer ihren logischen Verstand zu benutzen, die linke Hirnhälfte also, sondern auch mal die andere Seite zu aktivieren, im übrigen den genialen Bereich des Unterbewußtseins nicht brachliegen zu lassen und dies alles für das tägliche Leben zu nutzen, beruflich und privat.

Im praktischen Teil wurden die BASF-Mitarbeiter im Entspannungstraining unterrichtet; es wurde ihnen beigebracht, sich selbst zu programmieren – per Autosuggestion. Zuerst mußten die Kursusteilnehmer ihre Schwächen aufzählen, die sie gerne in Stärken umwandeln würden, und dann in positive Slogans umsetzen. Wie etwa *Ich will selbstbewußter werden* oder *Ich will Ruhe ausstrahlen, es geht auch ohne Ärger und Aufregung.* BASF-Manager Jung wählte folgenden Leitsatz: *Alles, was ich mir für heute vornehme, erledige ich auch.*

Dann mußte jeder, mit überzeugender Stimme, seine Suggestivsätze auf eine Endlos-Kassette sprechen. Die Tonbandaufnahme sollte daheim und unterwegs, beim Fernsehen oder im Autoradio immer wieder als Hintergrundgeräusch leise abgespielt werden. Außerdem wurde jedem aufgetragen, sich seine Formeln mit festem Vertrauen auf deren Wirkung mehrmals am Tag selber vorsagen, konzentriert und schnell, zwanzig- bis fünfundzwanzigmal hintereinander, um keinen anderen Gedanken Raum zu geben.

Die Eigen-Befehle, so hörten die Mitarbeiter des Chemie-Giganten aus Ludwigshafen im Seminar, setzten sich im Unterbewußtsein fest; denn unser Gehirn sei wie ein Tonband, das alles festhält, besonders gut ständig wiederholte Aussagen. Am Ende gingen die Kassetten-Formeln ins Bewußtsein über.

Von diesen Effekten, sagte sich BASF-Manager Jung, können Firma und Mitarbeiter nur profitieren und schickte weitere Kollegen zu Seminaren. Sein Fazit: »Inzwischen wurden auch andere Abteilungen neugierig, denn man hat offenbar Veränderungen bei meinen Leuten registriert. Insgesamt ist die Motivation gewachsen, und es geht entspannter zu. Sicherlich werden künftig noch mehr Mitarbeiter an einem solchen Psycho-Training teilnehmen, zumal man ja auch privat daraus Nutzen ziehen kann. Meine Frau beispielsweise hat mit Hilfe der Suggestionsübungen ihren chronischen Heuschnupfen fast völlig zurückgedrängt. Und ich erledige wirklich alles, was ich mir für den Tag vornehme.«

Der autosuggestive Mensch

Selbstprogrammierung durch Suggestion – Methoden dieser Art rufen bei vielen noch immer Skepsis hervor. Alles Humbug, denken sie, und die meisten Ärzte dachten lange Zeit genauso. Bis die moderne Placebo-Forschung unsere autosuggestiven Kräfte aufdeckte. Die Pharmakologen wiesen nach, daß Krankheiten, deren Ursachen im psychovegetativen Bereich liegen, mit Schein-Medikamenten, Placebos also, geheilt werden können. Die Versuchspersonen gehen davon aus, echte Präparate zu schlucken, regulieren ihren Genesungsprozeß durch den festen Glauben an die Wirkung des medizinisch wirkungslosen Mittels und beeinflussen ihr Unterbewußtsein in der Weise, daß es nicht mehr durch ein Krankheits-Bewußtsein gestört wird. Kein Lebewesen ist so autosuggestibel wie der Mensch, der sich nachhaltig durch Gedanken, Vorstellungen und Deutungen beeinflußt und beeinflussen läßt. Es gibt Selbstsuggestionen, die sich so sehr verfestigt haben, daß dadurch unsere Leistungsfähigkeit, ja sogar unsere gesamte Persönlichkeit in Mitleidenschaft gezogen wird. Zum Beispiel Minderwertigkeitskomplexe, Resultate ständig wiederholter Negativ-Botschaften an uns selbst.

Umgekehrt gilt das gleiche: Führungsqualitäten etwa sind oft von Autosuggestionen und nicht von rationalen Fähigkeiten wie hoher Intelligenz abhängig. Wer andere führen will, braucht Selbstvertrauen.

Und Selbstvertrauen ist nichts anderes als die Erfolgs-
bestätigung von Autosuggestionen, ständig wieder-
holten Positiv-Botschaften an uns selbst.

Suggestion ist ein Prozeß, bei dem eine Reaktion
erzeugt wird, die unkritisch, also ohne weitere Refle-
xion, erfolgt, und kommt meist durch einen sozialen
Einfluß zustande, der unkontrollierbar und unüber-
prüfbar ist. Viele Einstellungen und Überzeugungen
bilden sich erst unter den Bedingungen einer erhöhten Suggestibilität.

Wenn wir uns nun selbst, sozusagen eigenhirnig, in
einen solchen Zustand der Suggestibilität versetzen,
kann dies auf zweierlei Arten geschehen: Entweder
wir geben uns Motivationen und Überzeugungen ein,
die wir uns unkritisch einreden, oder – viel besser –
wir suchen sie nach kritischer Prüfung aus.

Wir können den Zustand der Suggestibilität durch
Trainingstechniken erreichen. Wir programmieren
uns selbst. Weil dies bei kritischer Selbstreflexion jedoch nur schwer realisierbar ist, wählt man am besten
die Kombination einer Selbstreflexion, die das gewünschte Ziel absteckt, und einer Suggestion, die das
Ziel verwirklicht.

Über Emotion zur Suggestion

Die Wissenschaft unterscheidet heute Heterosugge-
stion (Fremdbeeinflussung) und Autosuggestion
(Selbstbeeinflussung). Doch die Forscher sind sich

nicht darüber einig, wo die Unterschiede liegen. Fest steht: Es ist keine Suggestion von außen möglich, wenn ihr nicht eine von innen entgegenkommt. Und es gibt keine von innen, wenn nicht durch äußere Einflüsse Affekte erregt werden.

Renommierte Suggestionsforscher im deutschsprachigen Raum wie die Mediziner Berthold Stokvis und Eckart Wiesenhütter haben das Phänomen so erklärt: »Wir verstehen unter Suggestion die Beeinflussung eines Menschen unter weitgehender Umgehung der rationalen Persönlichkeitsbereiche, also in Form affektiver Resonanz auf dem Boden eines zwischenmenschlichen Grundvollzugs.« Etwas einfacher ausgedrückt: Die Suggestion ist ein Transportband und läuft über die Emotion. Die Ratio wird zurückgedrängt. Empfindungen, Vorstellungen, Gefühle, aber auch Willensantriebe können von einem zum anderen Menschen übertragen werden.

Bestes Beispiel für zwischenmenschliche Suggestion ist das Verhältnis von Kindern zu Eltern. Die Kleinen übernehmen als Folge der affektiven Beziehung, also der Gefühlsbindung, viele Dinge der Großen automatisch und kritiklos, quasi ohne Verstand. Je mehr jemand mit einem anderen Menschen in einer positiven affektiven Kommunikation steht, um so eher übernimmt er auch dessen Willen, Verhalten und Meinung. Beim negativen Affekt ist es umgekehrt. Wer voller Haß und Mißtrauen steckt, lehnt schnell Ansichten des Gegenübers ab, auch wenn sie richtig sein mögen.

Beeinflussung vollzieht sich zwischen Senden und Empfangen. Auch bei der Selbstsuggestion: Unser Ich, unser Verstand also, ist der Sender, unser Selbst der Empfänger: Es akzeptiert die Botschaft, die in Emotionen und Affekten ankommt. Ein Tonbandgerät, wie es die BASF-Mitarbeiter benutzten, stellt dabei sogar ein recht gutes Übertragungsmittel vom Ich zum Selbst dar. Fast jeder, der seine Stimme auf Band hört, ist von ihrem Klang überrascht. Man weiß, daß es die eigene Stimme ist, doch sie kommt einem fremd vor. Darin liegt eine suggestive und überraschende Wirkung. Wenn man nun eine Kassette mit Botschaften an sich selbst bespricht, dann scheint es, als spräche eine andere, affektiv dominierende Person mit einer fremd klingenden Stimme zu uns. Die Kommunikation wird kurzgeschlossen.

Wie man eine Suggestion erreicht

Am Anfang einer gezielten Suggestion steht die rationale Erkenntnis, etwas ändern zu wollen, der Wille also, sich auf ein Ziel zu programmieren. Wer die Beeinflussung ablehnt, erreicht keinerlei Effekt. Danach folgt das eigentliche Training, bei dem die Ratio weitgehend ausgeschaltet werden muß. Ein Vorgang, der mit Willensanstrengung oder erhöhter Aufmerksamkeit kaum zu erreichen ist, weil solche rational gesteuerten Vorgänge den Weg zum Unterbewußtsein verbauen. Faktoren, die dagegen eine Suggestibilität erleichtern, sind zum Beispiel fester Glaube und Vertrauen auf den Erfolg.

Zur Technik zählen alle Formen von Hypnose, ob Fremd- oder Selbsthypnose, sowie eine Weiterführung des Autogenen Trainings, wobei die Befehle der Schwere- und Wärme-Übung durch individuelle Leitsätze und Formeln erweitert werden (wie am Anfang dieses Kapitels am Seminar-Beispiel beschrieben). Ohnehin schafft Relaxation eine gute Grundlage für Suggestion, weil sie Widerstände beseitigen hilft.

Selbstbeeinflussung als Lebensretter

Welche Höchstleistungen mit Hilfe von Selbstbeeinflussung möglich sind, zeigen Beispiele aus den verschiedensten Bereichen. Mitte der fünfziger Jahre segelte der deutsche Arzt Hannes Lindemann in einem Einbaum von Liberia aus in 65 Tagen über den Atlantik nach Haiti. Zwar kam er physisch, technisch und navigatorisch ganz gut zurecht, aber er hatte nicht mit den psychischen Problemen dieses lebensgefährlichen Unternehmens gerechnet. Lindemann geriet in viele Krisensituationen, in denen Panik, Angst und Verzweiflung aufkamen. Und der Mediziner machte die Erfahrung, daß die Psyche leichter aufgibt als der Körper.

Bald darauf unternahm Lindemann mit einem Serienfaltboot eine zweite Atlantik-Überquerung. Diesmal trainierte er mit Akribie seine Psyche. Er absolvierte Autogenes Training und erweiterte es um Suggestivformeln: etwa *Ich schaffe es, Ich fühle mich sehr wohl, Ich bin ausgeruht.* Selbst auf den Begriff *Kurs West* konditionierte sich der Mediziner.

Als er lospaddelte, war er mental bestens präpariert. Das zeigte sich bald in kritischen Situationen: Am 57. Tag kenterte sein Boot. Lindemann mußte eine lange Sturmnacht auf der glitschigen Unterseite liegen, ehe er es wieder aufrichten konnte. »Trotz der schwierigen Lage wußte ich stets, ich würde es schaffen«, erzählte er hinterher.

In den letzten 18 Tagen, als sein Schlafdefizit immer größer wurde und ihn Halluzinationen und Trugschlüsse heimsuchten, führte der Arzt immer wieder Scheingespräche: »Welche Richtung fahren wir?« – »*Kurs West!*« Die selbst gegebene Antwort machte ihn, dank des damit verbundenen antrainierten bedingten Reflexes, stets hellwach. Lindemann: »Ich hörte das Wort *West* sogar in den zischenden Wellen, wenn sie ›Wescht‹ riefen.« Hannes Lindemanns Fazit: »Daß ich dieses Unternehmen bewältigen konnte, habe ich vor allem der systematisch eingesetzten Selbstbeeinflussung zu verdanken.«

Mit Hypnose an unsere Ressourcen

Formelhafte Leitsätze, wie sie sich Lindemann ins Unterbewußtsein trieb, können ebenso nachhaltig wirken wie die durch zahllose Experimente nachgewiesenen posthypnotischen Suggestionen. Sie zeigen am besten und schlichtesten die Existenz des Unterbewußtseins auf; zum Beispiel, wenn Personen einen im Hypnosezustand erteilten Auftrag später im Bewußtseinszustand ausführen, ohne den Hintergrund zu kennen.

Ein seriöses Hypnose-Zentrum hierzulande ist die Münchner Milton Erickson Gesellschaft für klinische Hypnose e. V. in München, benannt nach dem 1981 verstorbenen Psychologen und Psychiater aus Amerika, der Hypnose als Therapie bei neurotischen und organischen Störungen einsetzte. Ein beliebter Satz von Erickson lautete: »Dein Unbewußtes ist viel klüger als dein Bewußtes!« Burkhard Peter, einer seiner Schüler und klinischer Psychologe und Psychotherapeut in München, geht davon aus, daß wir bei der Lösung eines Problems mit dem Bewußtsein nur einen schmalen Prozentsatz unserer vorhandenen Fähigkeiten erreichen und erst durch die Mobilisierung des Unbewußten, etwa mit Hilfe suggestiver Techniken wie der Hypnose, unsere Ressourcen voll ausschöpfen. Dazu bedürfe es allerdings einer fachkundigen Anleitung.

Weniger in der Bundesrepublik als vielmehr in den angelsächsischen Ländern wird Hypnose heute in der Chirurgie und bei Verbrennungen, in der Geburtshilfe, in Schmerzkliniken, Allgemein- und Zahnarztpraxen eingesetzt. »Bei uns in Deutschland«, erklärte Hypnose-Experte Peter, »wurde die Hypnoseforschung lange Zeit diskriminiert, zum einen, weil sie Psychoanalytiker wie Freud ablehnten, zum anderen durch die schlimmen Erfahrungen während des Dritten Reiches, als Hitler nicht zuletzt mit suggestiver Kraft die Massen hinter sich brachte. Erst Ende der siebziger Jahre hat sich bei uns die Hypnose als Therapie entwickeln können. Doch Russen und Angelsachsen haben noch einen riesigen Vorsprung.«

Suggestionstraining im Spitzensport

Suggestionstechniken werden in manchen Ländern auch gezielt und systematisch zum Erreichen sportlicher Spitzenleistungen eingesetzt, vor allem in der Sowjetunion. Aus den westlichen Ländern dagegen sind lediglich Einzelfälle bekannt. So ließen sich die Footballspieler des Profiklubs Dallas Cowboys im hypnotischen Zustand einmal Leitsätze suggerieren, um vor einem wichtigen Match mehr Selbstvertrauen zu gewinnen.

Einer der aufgeschlossensten Sportlehrer im deutschsprachigen Raum war der Österreicher Baldur Preiml, einer der besten Skisprung-Trainer der Welt. In den siebziger Jahren ließ er vor großen Wettkämpfen seine Schützlinge von Hans-Jürgen Schellbach psychologisch betreuen. Einer der Skispringer, Karl Schnabl, hatte stets Gewichtsprobleme. Er schien für die Sportart, in der meist die Leichtgewichte dominieren, zu schwer; da half auch kein Abnehmen. Das

Hauptproblem aber war: Schnabl glaubte fest daran, daß nur sein Gewicht die Leistungsbremse sei.

Schellbach kehrte die Schwere-Übung des Autogenen Trainings um. Er suggerierte dem Springer, er hätte keine schweren, sondern ausgesprochen leichte Gliedmaßen. Bald erledigte der Athlet die mentale Übung autosuggestiv, ohne Hilfe. Der Psycho-Trainer: »Natürlich wurde der Karl Schnabl davon nicht plötzlich zehn Pfund leichter, sein Körper blieb schwer wie vorher, doch in seinem Kopf wurde es leichter. Dank dieser Übung sah er bald nicht mehr sein Körpergewicht als Handicap an.« 1976 wurde Schnabl, der heute als Wissenschaftler an der Universität Innsbruck die psychologischen Möglichkeiten im Hochleistungssport erforscht, Olympiasieger.

Sein damaliger Mannschaftskamerad Toni Innauer, der anfangs von diesem Suggestionstraining nichts wissen wollte, nun aber die psychischen Ursachen des Schnabl-Erfolges hautnah miterleben konnte, absolvierte vor den nächsten Olympischen Spielen ebenfalls ein Suggestionstraining. Ein wettkampfstabiler Innauer gewann 1980 die Goldmedaille.

Der preiswerte Rat eines Apothekers

Die allgemeinen formelhaften Sätze des Autogenen Trainings eignen sich in der Tat gut zur Erweiterung um individuelle suggestive Leitsätze. Denn Autogenes Training funktioniert über reine Autosuggestion.

Der Berliner Nervenarzt Johannes Heinrich Schultz hatte die Entspannungsübung in den zwanziger Jahren aus der autosuggestiven Psychotherapie des französischen Apothekers Emile Coué entwickelt, der als erster die Technik der Selbstbeeinflussung zu einem Heilverfahren erhob; damals, zur Zeit des Ersten Weltkrieges, noch gegen allergrößten Widerstand der Ärzteschaft. Denn Emile Coué riet allen Kranken: »Lernen Sie es, sich selbst zu heilen. Rufen Sie Ihren Geist zu Hilfe!« Als Therapie empfahl er formelhafte Suggestiv-Wendungen wie *Mir geht es täglich besser* oder *Ich werde gesund*! Ein für einen Apotheker ungewöhnlich kostensparender Rat.

Coués Heilmethode ist auch heute noch aktuell, wenngleich – im Prinzip durch ein Mißverständnis – oft erheblich teurer geworden: Viele Menschen kaufen Medikamente und Pillen, die nichts als einen Placebo-Effekt erfüllen: Nicht das Mittel kuriert, sondern der feste Glaube daran – Suggestion.

Der Apotheker Coué hätte sich auch nicht träumen lassen, daß einmal ein deutscher Fußballklub namens Bayern München seine »Suggestionspillen« schlucken und damit, Ende Mai 1975, sogar Europapokalsieger der Landesmeister werden würde. Erst viereinhalb Monate vor diesem Triumph war Trainer Dettmar Cramer, ein Mann mit Sinn für Psychologie, zum krisengeschüttelten FC Bayern gekommen. »Ich übernahm eine sterbende Mannschaft«, erzählte uns der Fußball-Lehrer, »in der Bundesliga lag sie auf Platz 14, bei vielen Stars war ein Formrückgang eingetreten. Ich konnte nichts anderes tun, als den Spielern einzeln und in Gruppen beschwörend zu sagen, daß mehr in ihnen steckte. Und ich griff dabei auf Coués Suggestionsformeln zurück. Es gelang mir damit, die Profis von mangelndem Selbstbewußtsein zu befreien. Nur mit psychologischen Mitteln war es damals möglich, die Mannschaft in so kurzer Zeit so weit zu bringen. In allen Bereichen, nicht nur im Sport, achtet man zuwenig darauf, daß Leistungssteigerung vor allem auch durch mentales Training erreicht wird.«

Suggestionen bei jedermann

Wer wie wir im total rationalen Mitteleuropa aufwächst, findet zur Suggestion als Form eines geistigen Trainings zunächst nur schwer Zugang. Beeinflussung – das riecht nach Manipulation. Und wer dies geschickt auszunutzen versteht, kann sogar Millionenscharen in seinem Sinne lenken, wenn diese die Grundvoraussetzung für eine Suggestionswirkung erfüllen: an etwas glauben und einer Autorität vertrauen. Bestes und zugleich schlimmstes Beispiel für Massensuggestion ist die Herrschaft des Naziregimes, als es einer Minderheit gelang, in Hirn und Herz einer Mehrheit einzudringen. Wie gezielt zum Beispiel Hitler die kollektive Beeinflussung einsetzte, beweisen seine Übungen vor dem Spiegel, mit denen er seine Suggestionskraft bei Reden trainierte.

Vor diesem Hintergrund erscheint die Skepsis hierzulande gegenüber den Möglichkeiten der Suggestion verständlich. Wenn überhaupt, so möchte man sich schon lieber selbst programmieren. Doch oft können wir uns angesichts des Phänomens der Beeinflussung nur schwer zur Wehr setzen, zum Beispiel bei unerwarteten Bildern auf dem Fernsehschirm. Sie wirken heterosuggestiv, pflanzen sich schockartig bis in unser Innerstes fort, setzen sich im Unterbewußtsein fest und verfolgen uns bis in die Träume.

Wenn Zuschauer von haarsträubenden Kriegsbildern oder schrecklichen Robbenjagden überrascht werden, reagieren viele mit überhöhtem Blutdruck oder gar Ohnmacht. Die Nebennierenhormone Adrenalin und Noradrenalin werden in die Blutbahn ausgestoßen, der Organismus bereitet sich wie beim Urmenschen auf Kampf oder Flucht vor. Es werden Energien mobilisiert für ein Verhalten, zu dem es gar nicht kommt, weil der Zuschauer weder kämpft noch flüchtet, also weder den Fernseher kaputtschlägt noch wegläuft. Als Folge davon wenden sich die mobilisierten Energien gegen den eigenen Körper.

Doch wir verleihen solchen Bildern nur dann Suggestionskraft, wenn sie uns überraschen können, wenn wir uns passiv verhalten. Anders sieht es aus, wenn der Betrachter vorbereitet ist. Wer vorher weiß, daß in einer Fernsehsendung etwa eine Gehirnoperation gezeigt wird, kann sich auf die Bilder einstellen. Die Situation ändert sich für ihn psychologisch grundlegend: Er wird aktiv, ist fasziniert statt geschockt, verfolgt die Ereignisse wissentlich. Dadurch verblaßt die suggestive Wirkung der Bilder, aus Bedrohung wird Bewältigung. Die unseren Organismus belastende Suggestion hat keine Chance mehr, weil der Verstand sie nicht zuläßt.

Entsprechend gilt: Wer sich mit Hilfe von Hetero- oder Autosuggestion auf ein bestimmtes Ziel hin programmieren und Verhaltensweisen ändern möchte, muß in gewisser Weise seinen Verstand ausschalten können und einen passiven Zustand erreichen, jedoch ohne dabei zu erschlaffen. Eine solche Situation, so behaupten die Suggestionsforscher Stokvis und Wiesenhütter, würde die Mehrheit von uns ohnehin Tag für Tag erleben; der Mensch bewege sich nie sehr lange im Bereich der Rationalität, befinde sich oft in einer suggestiblen Lage – wie beim Fernsehen.

Das Selbstprogramm im Extremfall

Geraten Menschen in extreme Situationen, bleiben wenige Herr der Lage. Nur eine Minderheit verfügt über ein Eigenprogramm, das der Beherrschung außergewöhnlicher Umstände dient. US-Wissenschaftler haben untersucht, wie sich Betroffene bei Flugzeugentführungen, Erdbebenkatastrophen, Terroristenüberfällen und in den Nazi-Konzentrationslagern verhielten. Das Ergebnis: Denjenigen, die solche Krisen gut meisterten, ist es stets gelungen, nach dem plötzlichen Schock sehr schnell zur Tagesordnung überzugehen. Sie behandelten die extreme Situation fast so wie eine normale.

Leute, die eine Bergsteigerkatastrophe überlebten, wiesen die gleichen Eigenschaften auf wie Vietnam-Soldaten, welche die Kriegsgefangenschaft am besten überlebten. Sie alle besaßen Führungsqualitäten, ein hohes Selbstwertgefühl, Selbstvertrauen und eine mentale Zähigkeit, die das innere Gleichgewicht aufrechterhielt. Es sind die gleichen Eigenschaften, die – wie eine Untersuchung bei 700 amerikanischen Unternehmensmanagern ergab – auch Führungskräften im Berufsleben zugeordnet werden.

Menschen, die von einer Lawine verschüttet waren und weiterlebten, erzählten sich, unter lebensbedrohenden Schneemassen liegend, Geschichten aus guten Zeiten, als säßen sie gemütlich in einer verschneiten Skihütte zusammen. Terroristengeiseln flüsterten sich während der Flugzeugentführung Witze zu.

Um »normal« zu bleiben und das innere Gleichgewicht zu behalten, programmieren sich selbst hochtrainierte Raumfahrer bei starken psychischen Belastungen darauf, an Alltägliches zu denken. Der sowjetische Kosmonaut Juri Romanenko, der 1987/88 mit 326 Tagen einen neuen Rekord für Langzeitaufenthalt im Weltraum aufgestellt hatte, gab in einer für ihn besonders schwierigen psychischen Phase aus dem All seiner Frau Anweisungen für die Renovierung der Wohnung. »Bei den Besatzungen von Raumschiffen kann es zu großen seelischen Problemen kommen«, berichtete Romanenko später. Der

Kosmonaut lenkte sich davon noch mit einem anderen Programm ab: Er schrieb während seines Raumfluges 20 Lieder. Der deutsche Astronaut Reinhard Furrer erkannte: »Wir sind die Versuchskaninchen für extreme Situationen, in die Menschen geraten.«

Mancher wird sich beim Einstieg ins Flugzeug schon gefragt haben, wie er wohl im Falle einer Geiselnahme reagieren, sich verhalten, wie dies seine Psyche beeinflussen würde. Tatsächlich sind die meisten von uns, im Gegensatz zur Minderheit der Naturbegabungen, ohne Vorbereitung einem derart nachhaltigen Ereignis seelisch nicht gewachsen. Das beweisen die notwendigen intensiven psychotherapeutischen Nachbehandlungen von Personen, die noch Jahre nach einer Geiselnahme unter Ängsten, Alpträumen, Übelkeit, Kopfschmerzen, Paranoia, Halluzinationen und Depressionen litten und oft noch immer leiden.

Mit Spielen gegen Terror

Doch selbst äußerste Krisenlagen lassen sich durch psychologisches Training bewältigen. Zum einen kann man sie, auch wenn dies nicht eben einfach ist, im Geiste vorwegnehmen, ein ähnlicher Vorgang wie bei der Bewältigung schockartiger Fernsehbilder; zum anderen besteht die Möglichkeit, sich durch Relaxation oder suggestives Vorstellungstraining auf Ruhe zu programmieren. Man parkt seine kritische

Lage wie ein Auto, steigt aus und macht im Geiste schöne Spaziergänge in Vergangenheit oder Zukunft. Dies alles hält die vegetative Erregung unter Kontrolle.

Der holländische Psychiater Jan Bastiaans von der Universität Leiden hat aus der Befragung und Betreuung von Terroristengeiseln wertvolle Schlußfolgerungen gezogen. Er rät jedem, der in eine ähnlich schwierige Lage gerät, sich auf einen geregelten Tagesablauf zu programmieren, mit zeitlich fester Struktur, einem bestimmten Rhythmus von Essen und Schlafen, praktischen Spielen ebenso wie Gedankenspielen. Je normaler man die Situation ansehe, desto realistischer könnten alle Beteiligten die Lage einschätzen.

Suggestiv behandelte der Münchner Psychologe Wolfgang Salewski im Oktober 1977 die Terroristen der entführten Lufthansa-Maschine in Mogadischu. Er benutzte dazu die sogenannte non-direktive Gesprächstechnik. Sie wurde von dem Amerikaner Carl Rogers entdeckt und bewirkt, daß man für die Situation eines Erpressers Verständnis entwickelt und dieses Verständnis den anderen auch klar vermitteln kann. Salewski gab der Unterhaltung mit den Geiselnehmern in Mogadischu damit einen fast normalen Anstrich. Die Art seines Gesprächs entschärfte das Drama und reduzierte es zu einem realistischen Dokumentarspiel. Der Erfolg war, daß die Gegenseite sich umgänglich zeigte. Den Terroristen wurde suggeriert, daß sich die Probleme zwar nicht in aller

Freundschaft, aber doch in aller Ruhe lösen lassen würden.

Suggestionstechniken helfen auch bei der Nachbehandlung von Geiseln, die über den Schock des Ereignisses nicht hinwegkommen. US-Therapeuten bringen Betroffenen bei, die störenden und quälenden Erinnerungen an die schlimmen Stunden mit kurzen Befehlen wie *Hör auf!* oder *Genug damit!* abzuschneiden, per Gedanken-Stopp *(thought stopping)*. Dies wurde zum Beispiel bei einer Frau praktiziert, die jeden Abend, wenn sie von der Arbeit kam, beim Betreten ihrer Wohnung von panischer Angst befallen wurde, einer der Geiselnehmer lauere womöglich in irgendeinem Versteck auf sie.

Suggestion als Kulturgut

Eine ganz besondere Intensität erfährt die Suggestionskraft vor dem Hintergrund religiöser und animistisch-spiritistischer Rituale. In Afrika und Lateinamerika hat man einige der hier behandelten Phänomene seit langem schon institutionalisiert. Die Kräfte des vegetativen Nervensystems sind in der Kultur verankert und haben Tradition. Jeder kennt sie, viele praktizieren sie. In Brasilien versammeln sich Menschen zu kollektiven Autosuggestionen. Man trifft sich zum Umbanda- oder Macumba-Kult; Rituale, die einst afrikanische Sklaven in Lateinamerika einführten. Sie helfen vielen Brasilianern, ihr Innenleben zu stabilisieren. Immerhin ein Drittel der Bevölkerung pflegt Umbanda und Macumba.

Wir haben eine Macumba-Session in Catumbi, einem Vorort von Rio, miterlebt. Die Kultstätte, *terreiro* genannt, glich einem ausgedienten Tanzsaal, wie man ihn gelegentlich in alten Dorfwirtschaften findet. Darin war eine Art Altar aufgebaut mit Dutzenden von brennenden Kerzen. Auf dem Terreiro befanden sich, zu mitternächtlicher Geisterstunde, rund 60 Personen, die meisten zwischen 20 und 30, aber auch Ältere und Kinder.

Über das ganze Ritual wachte der Kultchef Pai Jerónimo. Er war ganz in Weiß gekleidet und überragte alle an Größe (über 1,80 Meter) und Alter (über 80 Jahre). Die Menge klatschte, sang, tanzte zu schnellen Trommelrhythmen. Dabei rief jeder mit unterschiedlichen Beschwörungsformeln diejenigen Geister an, von denen er sich Hilfe versprach. Der eine verlangte nach Jemanjá, einer Art Meeresgöttin, die angeblich die Lust am Sex steigert. Andere baten die Caboclos um Hilfe. Diese Geister sollen selbstsicher, stark und aufrichtig machen. Auch der Kampfgeist Ogum wurde heraufbeschworen, ebenso die spiritistischen Helfer, die für die Heilung von Krankheiten zuständig sind.

Geschenke, entkorkte Schnapsflaschen und Zigarren, auf dem Altar zwischen den Kerzen aufgebaut, sollten die Geister freundlich stimmen. Alle Teilnehmer der Veranstaltung bewegten sich barfuß, um den Geistern unter der Erde den Kontakt zu erleichtern.

Pai Jeronimo entpuppte sich derweil als glänzender Gruppentherapeut. Bisweilen korrigierte er bei einzelnen Tanz, Gesang oder Bewegungsablauf. Er lobte hier, kritisierte da, beruhigte diesen und motivierte jenen. Trommelwirbel und Tanzrhythmen übernehmen bei solchen Ritualen die Funktion von Reizen, die die erwarteten seelischen Zustände auslösen. Es ist ein einfacher Lernprozeß.

Jeder Teilnehmer der Macumba-Session brachte sich mit einstudierter Motorik auf ein bestimmtes emotionales Niveau, den Punkt, an dem man sich die helfenden Kräfte der Geister suggeriert. Wenn solche Rituale vielen Beteiligten spontan helfen, so ist das vor allem auf die Kraft der Suggestion zurückzuführen. Die Beeinflussung erfolgt, indem der starke Glaube an die Geisterhilfe die Energien des vegetativen Nervensystems mobilisiert. Hilfe kommt, wenn sie kommt, sicher nicht von außen, sondern von innen, aus einem selbst. Die magischen Praktiken sind nichts anderes als ein psychologisches Stärkungsmittel.

Eine Macumba-Session kann in verschiedenen Bewußtseinsformen ablaufen, zwischen Hypnose, Konzentration, Trance und Ekstase. Doch wir sind noch weit davon entfernt, die seelischen Auswirkungen zu verstehen. Während man bei uns erst seit kurzem damit begonnen hat, die emotionalen Belastungen des Menschen mit psychologischen Praktiken aufzufangen, funktioniert in Brasilien Macumba als anerkanntes Training für die Seele; übrigens mit Bewilligung der Ärzteschaft und der katholischen Kirche, die sogar einige kultische Gesänge der Macumba-Rituale in die christliche Liturgie aufgenommen hat.

Die Macht der Beeinflussung im Fußball

Welch große Rolle die Suggestion im Leben der Brasilianer spielt, beweisen die Vorgänge in ihrer Lieblingssportart Fußball. Die folgenden Beispiele erzählten uns die beiden früheren Nationaltrainer Coutinho und Saldanha, die über die Kraft der Beeinflussung auf Menschen ein ganzes Buch schreiben könnten:

Einmal zitierte der frühere Trainer von Corinthians São Paulo, Brandão, kurz vor einem wichtigen Spiel gegen Ponte Preta den Geist des besten gegnerischen Stürmers Avelino in die Umkleidekabine. Vor den Ohren seiner Kicker beschimpfte er den Unsichtbaren mit wüsten Worten als Versager. Auf dem Feld wurde Avelino entsprechend respektlos behandelt. Die Corinthians-Spieler hatten die Angst vor ihm verloren.

Flamengo Rio de Janeiro spielt in den Farben des Teufelsgeistes Exu: Rot und Schwarz. Alle Exu-Gläubigen werden damit zu Menga-Fans. Menga ist die Abkürzung von Flamengo und bedeutet Opferblut. Als die Mannschaft von Corinthians in Rio gegen Vasco da Gama antrat, erschien ihr Präsident Vicente Mateus im Flamengo-Trikot. So glaubten die Spieler Exu auf ihrer Seite. Dennoch verlor Corinthians. Die Unterlegenen hatten schnell eine Erklärung parat: Die Vasco-Kollegen hätten den Macumba-Kampfgeist Ogum ins Stadion gelockt. In der Tat gab Roberto, der Mittelstürmer von Vasco da Gama und fünffacher Torschütze, hinterher zu, er habe Ogum erfolgreich um Beistand gebeten.

Einen extremen Fall von Beeinflussung schilderte uns der deutsche Fußballehrer Josef Piontek. Er trainierte vor seiner erfolgreichen Zeit als Betreuer der dänischen Nationalmannschaft einmal die Auswahl Haitis. Vor einem entscheidenden WM-Qualifikationsspiel in Mexiko hatte Piontek für seine Mannschaft eine ausgeklügelte, vorsichtige Defensivtaktik entwickelt. Doch im Aztekenstadion von Mexico City taten die Haitianer genau das Gegenteil und stürmten hemmungslos drauflos. Piontek schrie von außen vergebens auf seine Spieler ein. Er war machtlos. Mexiko siegte 4:1.

Der deutsche Trainer hatte nicht mitbekommen, daß sich seine Kicker in der Nacht vor dem Match von einem Voodoo-Magier hatten suggerieren lassen, sie würden 2:0 siegen, falls sie eine bedingungslose Offensivtaktik wählten. Die Spieler hatten ihrem Trainer den Voodoo-Mann im Bus und in der Kabine als Sicherheitsbeamten untergeschoben. Josef Piontek machte, trotz seiner Diplomarbeit über die Macht des Aberglaubens, die Erfahrung, daß magische Suggestionen wirkungsvoller sein können als die intelligentesten Instruktionen – wenn auch die eigentliche und unrealistische Verheißung, der 2:0-Sieg, sich nicht bewahrheitete. Magie schlägt Taktik.

Teufelsgott auf deutsch

Wer an dieser Stelle über das irrationale Verhalten einiger Fußball-Exoten schmunzelt, kann damit fortfahren, wenn er die Marotten abergläubischer bundesdeutscher Kollegen erfährt: Der Bremer Torwart Burdenski betrat den Rasen prinzipiell zuerst mit dem rechten Fuß (»sonst hätte ich mich im ganzen Match unwohl gefühlt«). Der frühere Nationalspieler Hans Müller, im Grunde ein properer Mensch, trug seine Fußballsocken stets so lange ungewaschen, bis er mit ihnen verlor. Ein anderer bekannter Spieler bekämpfte den Gegner stets in den Unterhosen seiner Frau.

Aberglaube, bei Bundesliga-Profis sehr verbreitet, ist eine Selbstsuggestion, die nicht als solche erkannt wird. Dazu darf es auch nicht kommen: Würde sie rational erfaßt, verlöre sie jede Wirkung. Nicht auf den Verstand kommt es an, sondern auf den Glauben – ob er sich nun auf einen Geist fixiert oder auf einen Damenslip. Aberglaube funktioniert auch als Anti-Stressmittel, entlastet von einem seelischen Druck, der sich gerade vor wichtigen Ereignissen aufbaut.

Doch nicht nur im Fußball läßt sich eine Brücke schlagen von afrolatinen Kulten zu unserer Kultur. Ersetzt man die Funktion der Macumba-Geister durch Begriffe aus der Psychologie, dann verschwimmen die Unterschiede: Ob ein Deutscher unter einem Komplex leidet oder ein Brasilianer sich ständig vom Teufel Exu irritiert fühlt – der Vorgang ist der gleiche.

Beide Phänomene beeinflussen die Leistungsfähigkeit. Und jeder muß sehen, wie er sich davon befreit. Die einen versuchen es mit selbst besprochenen Tonbandkassetten, die anderen bemühen den Geist Ogum. Und Ogum garantiert sogar, wie man sieht, bisweilen den schnelleren Erfolg.

Positive Gedankenkontrolle

Gedanken als Störfaktoren

»Was unterscheidet den Gewinner vom Verlierer?«
fragt der amerikanische Verhaltenstherapeut und
Sportpsychologe Richard M. Suinn und gibt selbst
die Antwort: »Es sind die Gedanken, die ihre Aktionen mehr beeinflussen als man glaubt. Schon wer den
Gedanken hegt, einen schlechten Tag erwischt zu haben, wird verlieren.« Das gilt nicht nur im Sport.

Wie sehr negative Gedanken die eigene Leistungsfähigkeit beeinflussen, kann ein kleines Experiment
zeigen: Erinnern Sie sich an eine sehr unangenehme
Situation, in die Sie einmal geraten sind und die Sie
stark irritiert hat. Bei dem Gedanken daran werden
Sie wahrscheinlich Unruhe oder Ärger, vielleicht
auch Aggressivität oder gar Angstgefühle registrieren.
Sollten Sie nun diesen Gedanken nachhängen, wird
dies mit Sicherheit Ihr allernächstes Handeln beeinflussen – und damit auch Ihre Leistung.

Das bedeutet nicht, daß man negative Gedanken
prinzipiell verdrängen oder leugnen sollte. Man muß

mit ihnen umgehen können. Nicht selten sind Selbstzweifel nur eine psychologische Reaktion auf ein nichtpsychologisches Problem; etwa wenn jemand eine bestimmte Fähigkeit nicht beherrscht, ohne sich darüber klar zu sein.

Wir kennen den Fall eines renommierten Torhüters der Fußball-Bundesliga, der eine Zeitlang bei hohen Flanken eine ihm unerklärliche Angst zeigte. Jedesmal, wenn der Ball in seinen Strafraum segelte, zitterte der Torwart und griff oft genug daneben. Der Spieler vermutete seelische Ursachen als tieferen Grund. Er analysierte sein Privatleben, bat einen Psychologen um Hilfe. Doch es stellte sich heraus, daß der Torwart bei hohen Bällen schlichtweg motorische und taktische Fehler beging. Das Handicap stellte sich als fußballerisches Trainingsproblem heraus und war kein Fall für den Psychologen.

Man kann sich negative Gedanken auch angewöhnen. Dann entfalten sie isoliert vom eigentlichen Leistungsgeschehen ein Eigenleben. Sie werden zu Störfaktoren, haben sich als Tatsachen im Gehirn eingenistet, obwohl sie nichts als ein künstliches Gebilde sind.

Für moderne Unternehmen ist es von großer Bedeutung, über Mitarbeiter zu verfügen, die mit negativen Gedanken umgehen können; gerade in Branchen, in denen der direkte Umgang mit dem Kunden das Auf und Ab bestimmt: im sich immer weiter ausbreitenden Dienstleistungsbereich. Das gilt auch für Staatsunternehmen. Bester Beweis: Die verantwortlichen Manager der Deutschen Bundesbahn, offenbar durch jahrelange Beschwerden ihrer Kunden weichgeklopft, schicken ihre Beamten vom Verkaufssektor neuerdings in Seminare, um die weit verbreitete negative Einstellung zur Arbeit umpolen zu lassen.

Dazu wandte man sich an das Baden-Badener Schellbach-Institut. In einem ersten Schritt wird den Beamten klargemacht, wie wichtig positive Gedanken für ihr privates Leben sind. Wurden sie davon überzeugt und haben von dem Training persönlich profitiert, fällt der zweite Schritt leichter, mit dem über den persönlichen Nutzeffekt auch das Unternehmen erreicht wird – und damit der Bahnkunde.

Der erfolgreiche amerikanische Geschäftsmann Mark McCormack beschäftigt keine Leute mehr, die neue unternehmerische Initiativen stets mit Skepsis begleiten und permanent die negativen Folgen eines Mißerfolges fürchten. Der Unternehmer argwöhnt, solche Menschen trügen nicht das Wohl der Firma im Herzen, sondern seien nur daran interessiert, für sich selbst eine Nicht-Verlierer-Situation zu schaffen. Aber »nicht verlieren« bedeutet noch lange nicht »gewinnen«.

Im Sport erkennt man die Nicht-Verlierer relativ leicht: im Fußball zum Beispiel, wenn Trainer vor einem Auswärtsspiel ihren Spielern sagen, ein Unentschieden sei schon ein Erfolg. Größere Chancen auf ein Unentschieden hat man nur dann, wenn der Trainer seine Kicker vor jedem Spiel mit Siegesgedanken vertraut macht, sie wirklich positiv auflädt. Für diese Psychologie sprechen die vielen Triumphe, die der Fußballehrer Udo Lattek in seiner Trainerlaufbahn feiern konnte. Lattek, der wegen seiner vielen Meistertitel gar schon als erfolgreichster Trainer der Welt bezeichnet wurde, sagte einmal: »Ich habe meine Spieler nie auf Unentschieden eingestellt, immer auf Sieg, ihre Gedanken sollten stets positiv sein. Wer Spitzenleistungen vollbringen soll, darf keine Halbheiten wie Unentschieden anstreben.«

Suinns Konzept – nicht nur für Sportler

Jeder von uns ist negativen Gedanken ausgesetzt. Dies läßt sich nicht verhindern. Und nur eine Minderheit besitzt von Natur aus die Begabung, Selbstzweifel automatisch in Stimulanzien umzuwandeln. Doch wir verfügen heute über Techniken, mit deren Hilfe man negative in positive Energie umsetzen kann.

Aus seinen Erfahrungen der psychologischen Vorbereitung von US-Olympia-Athleten hat der Verhaltenstherapeut Richard Suinn ein Übungsprogramm entwickelt, das sich ebensogut auf nichtsportliche Bereiche übertragen läßt.

1. Teil: *Negative Gedanken müssen in positive Gedanken umstrukturiert werden* (Suinn). Oft bieten erst pessimistische Überlegungen die Chance zum

Optimismus. Ein negativer Gedanke kann einen positiven auslösen und im Umkehrschluß dessen Inhalt bestimmen. Wer sich dies vor Augen hält, begeht nicht den Fehler, seinen Pessimismus zu verdrängen, sondern entwickelt daraus Optimismus, behauptet der US-Verhaltenstherapeut.

Um sich dies klarzumachen, ließ Suinn Spitzensportler aufschreiben, welche negativen Gedanken ihnen während eines Wettkampfes durch den Kopf gingen. Danach mußten sie die entsprechenden positiven Gedanken formulieren. Sie sollten in dem Moment ausgelöst werden, wenn sich die »zugehörigen« pessimistischen Überlegungen einstellen wollten. Der Wissenschaftler konstatierte eine »beruhigende und leistungssteigernde Wirkung« als Folge dieses Trainings.

2. Teil: *Negative Gedanken müssen kontrolliert werden* (Suinn). Selbstzweifel verselbständigen sich gerne und schalten sich dann willkürlich in unser Denken ein. Um die Kontrolle über sie zu gewinnen, bietet Suinn mehrere Varianten an:

Wenn es nicht möglich ist, die negativen Statements in positive umzuwandeln, sollte man nach der Quelle suchen: Woher kommen sie? Was geschah, bevor sie sich einstellten? Es kann passieren, daß ein negativer Gedanke auf Anspannung oder Stress folgt. In diesem Falle helfen Relaxation und Stressmanagement.

Auch die Gestaltung von Zukunftsplänen kann als

Mittel gegen negative Gedanken dienen. Man steckt sich kleinere realistische Ziele, die einen Erfolg garantieren. Bei Sportlern, die eine Krise in Selbstzweifel gestürzt hat, bedeutet dies, den nächsten Versuch auf jeden Fall zu einem Erfolg zu machen: Er soll, so die zunächst bescheidene Zielsetzung, lediglich zeigen, was vorher falsch gemacht wurde, und helfen, den folgenden echten Wettkampf besser zu bestehen.

»Regt euch nicht auf, Jungs!«

Hilfreich ist auch oft die Konzentration auf den Gegner (im Sport) oder Konkurrenten (im Beruf): Womöglich belasten den anderen viel größere Probleme als mich . . . Sein Selbstbewußtsein könnte ebensogut nur eine Tarnkappe sein, unter der sich Unsicherheit versteckt. Ein Gedanke, der die Angst vor dem anderen wegwischen kann. Dazu ein sporthistorisches Beispiel:

Im November 1953 kam es im Londoner Wembleystadion zum sogenannten »Match des Jahrhunderts«, dem Spiel zweier Fußballgroßmächte: England, seit 90 Jahren im eigenen Land ungeschlagen, empfing mit Ungarn die seinerzeit weltbeste Elf, die viereinhalb Jahre unbesiegt blieb. Den Gästespielern, unter ihnen Berühmtheiten wie Puskas, Hidegkuti und Lorant, schlug die Siegesserie der Engländer derart auf den Magen, daß sie am Abend vor dem Spiel nie gekannte Stressanfälle bekamen. Die meisten konnten nicht schlafen und bekamen Magenkrämpfe. Kurz vor Beginn des Spiels zitterten einige Ungarn so sehr, daß sie ihre Schnürsenkel nicht zubinden konnten. Da begab sich Mannschaftskapitän Ferenc Puskas zum üblichen Höflichkeitsbesuch in die Umkleidekabine der Engländer. Nach ein paar Minuten kehrte er mit strahlender Miene zurück und verkündete: »Regt euch nicht auf, Jungs, die Engländer sind noch aufgeregter als wir!«

Der ungarische Abwehrspieler Gyula Lorant, später ein erfolgreicher Trainer in der deutschen Bundesliga, erzählte Jahre später einmal, was in diesem Augenblick geschah: »Die Stimmung bei uns schlug um. Plötzlich waren Ungewißheit und Angst vor dem Gegner wie weggeblasen. Negative Gedanken waren positiven gewichen. Wir gingen raus und putzten die Engländer weg, wie es ihnen noch nie passiert war – 6:3!«

Gedankenstopp als Hauruck-Technik

Suinn empfiehlt Sportlern, die der Gedanke an einen vermeintlich besseren Gegner verfolgt, sich auf eigene Stärken zu besinnen. Auch dies sei ein probater Weg, die positive Kontrolle zu behalten. Wenn gar nichts mehr hilft, bleibt noch der Gedanken-Stopp. Eine psychologische Hauruck-Technik zwar, aber bisweilen wirkungsvoll. Verhaltenstherapeuten in Ost und West praktizieren diese Behandlungsmethode bei Ängsten oder Zwangsvorstellungen. Bei hartnäckig-pessimistischen Überlegungen, die die Leistungsfähigkeit hemmen, soll durch ein gesprochenes oder gedachtes *Stopp* ein störender Gedanke durch Vollbremsung abgewürgt und dabei gleichzeitig auf einen anderen umgestiegen werden.

Obwohl kein Mensch bislang die Zusammenhänge erklären konnte, hat sich die Methode vielfach bewährt. Der bekannte US-Verhaltenstherapeut Joseph Wolpe übte Gedankenstoppen einmal sogar im Selbstversuch aus – mit Erfolg. Beschrieben hat er diese persönliche Erfahrung in seinem Buch *Praxis der Verhaltenstherapie:* Bei einem Rechtsstreit vor Gericht glaubte Wolpe, sich einmal höchst unglücklich ausgedrückt zu haben. Als er seine sorgen- und angstvollen Gedanken danach nicht mehr los wurde, versuchte er es mit Gedanken-Stopp und erkannte: »Aufgrund dieser persönlichen Erfahrung vermute ich, daß jeder erfolgreiche Versuch eine Gewohnheit der Gedankenhemmung verstärkt.«

Das Training der vielen Ichs

In der oberen Halle des Bremer Rathauses sind 280 ehrenwerte Männer versammelt: Kaufleute, Kapitäne, Ehrengäste. Sie haben sich zur traditionsreichen Schaffermahlzeit getroffen. Seit 450 Jahren findet dieses Ereignis, ursprünglich das feierliche Abschiedsessen der Reeder und Schiffer nach der winterlichen

Ruhepause, einmal im Jahr in Bremen am zweiten Freitag im Februar statt. Schaffer zu werden ist für einen Kaufmann der Hansestadt die größte Ehre. Nur Schaffer dürfen auch ihr Leben lang am jährlichen Festessen teilnehmen, ein normaler Ehrengast dagegen, wie etwa das Staatsoberhaupt der Bundesrepublik Deutschland, nur einmal. Dafür ist es dem Bundespräsidenten allerdings erlaubt, eine großzügige Spende für Ehrengäste zu zahlen.

Alljährlich werden drei neue Schaffer in den erlauchten Kreis aufgenommen. Für diese Anerkennung zahlen sie gerne die rund 150 000 DM für die Bewirtung der ganzen Gesellschaft. Zu den unerläßlichen Pflichten eines neuen Schaffers gehört es, zu einem vorgegebenen Thema eine Rede zu halten. Für viele ist die Rede der Auftritt ihres Lebens. Sie bereiten sich monatelang darauf vor, konsultieren Freunde aus der Politik, um sich bei Formulierungen und Gestik helfen zu lassen.

Als dem angesehenen Kaufmann N. N. die Schaffer-Ehre angetragen wurde, war er ebenso erfreut wie erschrocken. Denn er konnte, wie er glaubte, keine Rede halten. Was er sprach, reichte zwar, um seine Firma gut zu führen, aber seiner Meinung nach auf keinen Fall, um heil eine Schaffer-Ansprache zu überstehen. In der Tat verhaspelte sich N. N. beim normalen Gespräch ständig, brachte kaum einen Satz in sauberer Sprache zu Ende. Hemmungen?

Er suchte Hilfe bei dem Bremer Psychologen Fritz Stemme. Als er ihm gegenüberstand, brachte N. N.

nicht einmal die Bemerkung »Ich habe noch nie reden können« fehlerfrei bis zum Satzende. Es entwickelte sich folgender Dialog:

St.: Was würde denn geschehen, falls man Ihnen sagte: Wenn Sie nicht reden können, können Sie auch kein Schaffer sein?

N. N.: Ich weiß, worauf Sie hinaus wollen. Ich soll das gar nicht so wichtig nehmen. Aber das geht nicht. Bisher konnte ich dem Problem immer ausweichen. Jetzt kann ich es nicht. Ich bin so oder so blamiert.

St.: Vielleicht wären Sie blamiert. Aber eine Katastrophe wäre das doch wohl auch nicht.

N. N.: Sie haben gut reden. Ich würde alles verlieren. Ein Leben lang würde man sagen, der sollte mal Schaffer sein, aber er hat versagt.

St.: Sie legen in diese Rede Ihre ganze Existenz hinein. Sie reden doch auch vor Ihren Mitarbeitern, vor Behörden, in der Familie, vor den Kindern. Sie reden immer und überall. Also stimmt es nicht, wenn Sie sagen, Sie könnten überhaupt nicht reden.

N. N.: Ich kann es auch nicht.

St.: Es ist ein großer Unterschied, ob Sie sagen, ich kann nicht reden, oder ob Sie glauben, dies nur in einer ganz bestimmten Situation nicht zu können. Sie haben Angst, Ihr ganzes Ich aufs Spiel zu setzen. Aber es ist möglich, Ihr einheitliches Ich von den vielen Situationen in Ihrem Leben zu dissoziieren.

N. N.: Das verstehe ich nicht.

St.: Das bedeutet, Sie gehen einfach davon aus, daß

nicht Sie in Ihrer ganzen Person es sind, der eine Rede hält, sondern nur eines von Ihren vielen Ichs, das Sie mal in dieser, mal in jener Situation einsetzen. Es ist eine Art positive Gedankenkontrolle. Sie sagen sich nicht: Ich muß eine Rede halten, sondern Sie sagen sich: Mein Ich Nr. 1 muß eine Rede halten, meine anderen Ichs sind davon nicht betroffen.

N. N.: Und wie soll das praktisch funktionieren?

St.: Wir trainieren das.

Der russische Naturwissenschaftler und Psychologe Ouspensky, ein profunder Kenner sowohl der westlichen europäisch-amerikanischen als auch der östlichen asiatischen Kulturen, hatte als erster in der ersten Hälfte unseres Jahrhunderts diesen Gedanken voneinander unabhängiger Ichs entwickelt. »Jedes dieser vielen Ichs« behauptete er, »repräsentiert in einem bestimmten Augenblick nur einen sehr kleinen Teil unserer Funktionen, aber jedes von ihnen glaubt, das gesamte ganze Ich zu vertreten. Wenn jemand Ich sagt, meint er, von sich als einem Ganzen zu sprechen. Auch wenn derjenige meint, daß dies zutrifft, ist dies nicht der Fall.«

Ouspenskys Theorie wurde bei dem Bremer Kaufmann in ein Training zur positiven Gedankenkontrolle umgesetzt. Es bestand darin, für unterschiedliche Lebenssituationen unterschiedliche Ichs anzuerkennen und deren Funktion positiv beeinflussen zu wollen. N. N. wurde klargemacht, daß es eine maßlose Übertreibung seiner Person sei, wenn er seine

Existenz, sein Fortkommen, sein Selbstbewußtsein, praktisch sein ganzes Leben von dieser einen Rede abhängig mache. Die Rede wäre nichts weiter als ein Job für sein Ich Nr. 1, und dieses spezielle Ich sei, wie die anderen Ich-Facetten auch, im positiven Sinne manipulierbar.

Der Kaufmann machte sich diese Überlegungen zu eigen, und das Training entwickelte sich vielversprechend. Die Rede wurde so eingeübt, daß sich am Ende N. N. auch von bewußt tuschelnden Zuhörern, die eigens zur Generalprobe geladen worden waren, nicht stören ließ.

Nach diesem Trainingsprinzip verfuhr vor Jahrzehnten auch der Fußballehrer Georg Knöpfle mit anderen Bremern: der Mannschaft des SV Werder. Seine Spieler litten seinerzeit unter einem Auswärts-Komplex, fühlten sich in gegnerischen Stadien allein schon durch die schreienden und pöbelnden Zuschauer als Unterlegene. Um Auswärtsspiele zu gewöhnlichen Begegnungen zu machen, schrie Knöpfle jeden Nachmittag nach dem Training seine Spieler an. Er beschimpfte sie so lange, bis sie sich daran gewöhnt hatten und ihnen Pöbeleien nichts mehr ausmachten – weder durch den Trainer noch durch die Zuschauer.

Die Rede des Bremer Kaufmanns N. N. auf der Schaffermahlzeit wurde übrigens ein Erfolg. Er trug sie flüssig und überzeugend vor und glaubte danach: »Vielleicht kann ich ja doch reden.«

Howard Gardner, Professor an der Boston University School of Medicine, ein Psychologe und Gehirnforscher, hat Ouspenskys Ich-Gedanken auf das geistige Ich übertragen. Er kam dabei zu dem Schluß, daß wir über mindestens sieben verschiedene multiple Intelligenzen verfügen, die ziemlich unabhängig voneinander funktionieren: Eine sprachliche, musikalische, logische-mathematische, räumliche, körperlich-kinästhetische, eine intrapersonale und eine interpersonale Intelligenz. Diese Erkenntnis hat eine entlastende Funktion. Sie bedeutet, daß man Defizite sicherer anpacken und beseitigen kann.

Der Gehirnforscher versucht auch abzuschätzen, wie hoch oder niedrig die eine oder andere Intelligenz bei jemandem ist und wie man sie trainieren kann. Gardner vermutet sogar, daß den unterschiedlichen Intelligenzen eine entsprechende Nervenorganisation des Gehirns zugrunde liegt. Die einzelnen Gruppen sollen ziemlich unabhängig voneinander funktionieren, und deshalb beherrschten viele Menschen ein bestimmtes Gebiet besonders gut, ein anderes dagegen wesentlich weniger gut. Es kommt nur darauf an, das im einzelnen herauszufinden. Dann stellen die weniger starken Bereiche der sogenannten multiplen Intelligenz keine so große Belastung mehr dar:

Intelligenz 1 (sprachlich) mag etwas nicht können, was dafür Intelligenz 2 (musikalisch) um so besser gelingt. Intelligenz 3 (logisch-mathematisch) geht vielleicht eine Kombination mit Intelligenz 6 (intrapersonal) ein. Bei großen Sportlern hängen vermutlich oft

Intelligenz 4 (räumlich) und 5 (körperlich-kinästhe-tisch) zusammen. Verkaufsgenies mögen im besonde-ren über Intelligenz 7 (interpersonal) verfügen.

Dies alles ist im einzelnen noch nicht erforscht. Aber die Theorie der verschiedenen Intelligenzen verspricht ebenso wie die der verschiedenen Ichs ei-nen starken Schub der Persönlichkeitsentwicklung, weil Mißerfolge nicht mehr zu Lasten des ganzen Ichs gehen.

Gedanken, die den Tod bedeuten

»Das Gehirn ist in der Lage, mit dem Körper ein Ge-spräch zu führen, das zum Tode führt.« So lautet ein russisches Sprichwort, bezeichnend für die im Osten seit jeher verankerte Überzeugung, daß Geist und Körper in enger Beziehung stehen, ein Ganzes bil-den.

Jeder führt mit sich ständig Selbstgespräche, inter-pretiert unentwegt, was ihm widerfährt. Vieles im Leben hängt von dieser Selbstkonversation ab. Ver-langt man von uns eine besondere Leistung, die aber nicht erbracht wird, reden wir uns oft selbst in Grund und Boden. Wir klagen uns an. Dies aber macht Leistung erst recht unmöglich. Konstruktive Selbstgespräche halten das Selbstvertrauen aufrecht, zerstörerische Eigenkonversationen untergraben es und werden, meist von uns unbemerkt, zu einer Quelle des Stresses.

Die Forscherin Jana Mossey von der Yale-Universität in New Haven/Connecticut hat festgestellt, daß jemand, der positive Selbstgespräche führt, offenbar Aussichten auf ein längeres Leben hat. Während einer siebenjährigen Testdauer wurden 3000 ältere Kanadier untersucht. Diejenigen unter ihnen, die eher pessimistisch eingestellt waren, wiesen innerhalb des kontrollierten Zeitraumes eine höhere Todesrate auf als die positiv ausgerichtete Gruppe – wobei hinsichtlich des Gesundheitszustandes keine relevanten Unterschiede bestanden.

Der US-Mediziner Dr. Robert Eliot sorgt in seiner Stress-Klinik dafür, daß Patienten, die lieber negativ als positiv denken, ihre Einstellung ändern. Positive Selbstgespräche nehmen in Eliots Trainingsprogramm für die Herzinfarkt-Geschädigten einen breiten Raum ein. Als der Kardiologe in seiner Klinik selbst einen Herzinfarkt erlitt – dem Ereignis, das ihn zur Stressforschung motivierte (vergleiche Kapitel Stressmanagement) –, lieferte er ein Musterbeispiel für die Positive Gedankenkontrolle. Eliots erste Worte nach kurzer Bewußtlosigkeit lauteten: »Was bin ich glücklich, daß dies in meinem eigenen Krankenhaus passiert ist. Hier bin ich in den besten Händen.«

Positive Statements als
Herzinfarkt-Prävention

Noch einen Schritt weiter ging der Mediziner Meyer
Friedman, wie Eliot Kardiologe, als er von der Reha-
bilitation zur Prävention umschwenkte. Der Wissenschaftler untersuchte und analysierte eine große Anzahl von Geschäftsleuten im Raum San Francisco, leitende Angestellte und Manager, eine Risikogruppe
für Herzinfarkt durch Stress, Leute vom Typ A also.
Der an psychophysiologischen Prozessen sehr inter-
essierte Herzforscher fand heraus, daß unter großem
Zeitdruck arbeitende Menschen ihre Persönlichkeit
auf eine stark begrenzte Anzahl negativer
Selbst-Statements einengen, die keinerlei Interpreta-
tion mehr zulassen, wie etwa: »Ich habe keine Zeit,
mich um Nebensächlichkeiten zu kümmern.« Oder:
»Ich bin zu sehr eingespannt, um mich mit anderen
Menschen zu beschäftigen.«

Es handelt sich dabei um irrationale Sätze und
Überzeugungen, die das Bewußtsein so steuern, daß
im Kopf nur noch Raum und Zeit für die Konzentration auf Zahlen und Daten bleibt, so als sei das Gehirn tatsächlich nur ein digitaler Computer. Alles,
was unsere Redeweise farbig, anschaulich und ge-
fühlsorientiert erscheinen läßt, ist aus dem Sprechen
und Denken verbannt, eine für die im Schlußkapitel
beschriebene Visualisationstechnik unerläßliche Voraussetzung. Alle Interessen, die sich auf persönliche
und private Dinge richten, sind verschwunden. Posi-

tive Gedanken, stellte Meyer Friedman bei seinen Gesprächen darüber hinaus fest, finden sich in solchen Fällen nicht mal mehr in den Träumen: Stressgeplagte Herzinfarktanwärter werden vorwiegend von Alpträumen verfolgt.

Nach seiner deprimierenden Bestandsaufnahme schulte Meyer Friedman eine Reihe von einsichtigen kalifornischen Geschäftsleuten um. Zunächst hielt er ihnen die negativen Statements vor, die er auf Tonband aufgenommen hatte. Danach wurden positive Statements erarbeitet. Zu diesem Zweck forderte der Wissenschaftler die Klienten auf, gute Erinnerungen aus der Vergangenheit hervorzukramen. Über diesen Umweg versuchte Meyer Friedman, den Betroffenen den Wert positiver Gedanken klarzumachen. Auch Träume wurden gemeinsam besprochen und analysiert, auf positive Lösungen überprüft, nach dem Motto: Kein Alptraum ist so schrecklich, daß er nicht einen optimistischen Ansatz böte.

Ein gutes Beispiel, wie man aus Alpträumen positive Überlegungen ableiten kann, steht schon in der Bibel. Indem Joseph von Ägypten im Traum des Pharao die sieben fetten und die sieben mageren Kühe als sieben gute und sieben schlechte Erntejahre erkannte, bewahrte er das Land vor einer Hungersnot.

Wie man aus negativen Träumen
positive macht

Zu einer Lebensaufgabe haben die Senoi im Dschungel von Malaysia das Umpolen ihrer Träume erkoren, die sie einander in der Gruppe erzählen. Bei negativen, angsterzeugenden Inhalten suchen sie gemeinsam nach einem Weg zur positiven Umdeutung und schaffen so die Grundlage für ein entsprechendes Umträumen. Die Münchner Psychologin Gerda Cramer hat die Traumkultur der Senoi erforscht und eindrucksvolle Beispiele aus Malaysia mitgebracht, wie etwa das folgende:

Einmal träumte ein Senoi-Junge, daß er am Bach nach den Fischfallen sehen wollte. Er trug einen Korb auf seinem Weg, um den Fang nach Hause transportieren zu können. Unterwegs aber kam ein Riesenskorpion auf ihn zu, so daß er vor Schreck den Korb fallen ließ und schnell zurück ins Dorf rannte. – Wie üblich wurde der Traum in der ganzen Familie diskutiert.

Der Vater des Jungen befand: »Dein Traum geht uns alle an. Du hast Angst. Du läufst vor einem Skorpion weg. Du läßt den Korb fallen und die Fische zurück. Wir wollen nun sehen, welche Möglichkeiten du hast, mit der Angst fertig zu werden. Irgendwo wirst du dem Skorpion wieder begegnen, vielleicht in einer anderen Gestalt, und dann mußt du dich mit ihm auseinandersetzen.«

Nun machte der Junge Vorschläge, was er tun könnte: den Skorpion ansehen, nicht vor ihm weglaufen, den Korb über das Tier stülpen oder darüber hinwegspringen, und so weiter ... Anschließend legte er sich mit geschlossenen Augen hin, um – im entspannten und halbwachen Zustand – den belastenden Traum umzuträumen. Der Junge sprach zu sich: »Ich gehe zum Bach und will Fische holen. Ich sehe einen riesigen giftigen Skorpion. Ich will weglaufen, bleibe aber stehen. Ich habe Angst, sehe mir aber das Tier genau an. Ich rufe meinen älteren Bruder zu Hilfe und lasse mir zeigen, wie man Skorpione anfaßt, ohne gestochen zu werden. Wir nehmen das Tier mit und geben es dem Ältesten. Der macht aus dem Gift eine Medizin. Danach holen wir die Fische aus dem Bach.«

Meyer Friedman berichtete vom Traum eines seiner Herzinfarkt-Patienten. Ein 40 Jahre alter Ingenieur litt unter seinem Vorgesetzten, der ihn zu immer schnellerer und umfangreicherer Arbeit antrieb. In den Wochen vor seinem Herzinfarkt träumt der Ingenieur stets das gleiche: Er stapfte durch eine tiefe, sumpfige Wiese, um nachzuschauen, ob sich Enten in den ausgelegten Fallen verfangen hätten. Von Schritt zu Schritt sank er tiefer in den Boden. Schließlich traf ihn ein gewaltiger Schlag. Doch er konnte nie erkennen, wo der Hieb herkam.

Der Traum verschwand mit dem Herzinfarkt. Doch vier Jahre später, als der Ingenieur in eine andere Abteilung versetzt werden sollte, der inzwischen sein früherer Vorgesetzter vorstand, war der Traum plötzlich wieder da. Das erschreckte den Mann so sehr, daß er kündigte und die Firma verließ.

Solche Träume sind ohne Zweifel verschlüsselte Botschaften des Unterbewußtseins. Dorthin gelangen sie, wenn im wachen Zustand gegen die Gesundheit verstoßen wird. Wem es gelingt, die Warnschilder, die in den Träumen auftauchen, zu erkennen, kann womöglich Schlimmes verhindern.

Wenn es möglich ist, Ziele und Absichten ins Unterbewußtsein zu befördern (vergleiche Kapitel Selbstprogrammierung), so muß auch der umgekehrte Weg existieren: vom unbewußten Traumzustand ins Bewußtsein. In den USA nutzen heute selbst Kardiologen die Technik der Traumanalyse. Eine postume Genugtuung für Sigmund Freud, der eingangs des 20. Jahrhunderts von den Ärzten noch für seine Traumdeutung gescholten worden war, die man seinerzeit als unwissenschaftlich ablehnte.

Nicht das Ereignis schadet, sondern unser Kommentar dazu

Hätte der Mann knapp 2000 Jahre später in Amerika gelebt, wäre ihm wohl eine Karriere vom Tellerwäscher zum berühmten Verhaltensforscher vergönnt gewesen. Denn das, was Epiktet um 50 nach Christus in einem Satz zusammengefaßt hat, war für den US-

Psychologen Albert Ellis die Grundlage seiner sogenannten rational-emotiven Therapie (RET) und machte den Amerikaner zum einflußreichsten Psychotherapeuten in den USA. Immerhin: Auch Epiktet aus Phrygien brachte es zu etwas, nämlich vom Sklaven zum bekanntesten stoischen Philosophen. Was er auf den Punkt formulierte, trifft den Kern der positiven Gedankenkontrolle:

»Nicht die Dinge selbst beunruhigen die Menschen, sondern die Vorstellung von den Dingen.« Als Beispiel nannte Epiktet den Tod. »Nicht er ist etwas Furchtbares, sondern die Vorstellung, er sei etwas Furchtbares, das ist das Furchtbare.«

Albert Ellis weitete Epiktets Philosophie zu einem ganzen Programm im Umgang mit negativen Gedanken aus. Nicht die Ereignisse, die uns widerfahren, spielen danach die entscheidende Rolle für die Färbung unserer Gedanken und Gefühle, sondern die dadurch ausgelösten Selbstgespräche, Kommentare, Selbststatements. Es liegt demnach an unserer Bewertung, ob ein Vorgang für uns zum Problem wird oder nicht. Wer die Kontrolle über seine Eigenkonversation behält, gewinnt sie auch über seine Gedanken und Gefühle. Da die Emotionen aber vielfältige hormonale und vegetative Veränderungen des Organismus zur Folge haben, ist es möglich, die sonst als autonom geltenden Nervenprozesse auch auf diese Weise zu beeinflussen.

Der Prozeß der Beeinflussung vollzieht sich über drei Stufen:

1. *Das Ereignis*:

Nahezu alle Vorgänge, vom Kopfschmerz bis zur wichtigen Entscheidung im Beruf, lösen bei uns Selbststatements aus.

2. *Der innere Kommentar*:

Er stellt sich automatisch ein. Bei einem negativen Statement, selbst bei einem relativ harmlosen, wie vielleicht anläßlich eines unerwarteten Besuchs (*Hätten die sich nicht vorher anmelden können*), besteht die Gefahr, daß es sich zu einer irrationalen Gewohnheit entwickelt (*Man sollte nie unangemeldet einen Besuch machen*). Wir fangen dann eine Situation nicht auf, sondern verstärken sie im negativen Sinne.

Oft genug schleppen wir solche Statements seit unserer Kindheit mit uns herum. Irgendwann haben sie sich von realen Situationen völlig losgelöst. Der Ärger kommt von selbst. Um beim Besuchsbeispiel zu bleiben: Sogar ein im Grunde uns angenehmer Überraschungsgast würde dann erst einmal ein negatives Gefühl bei uns hervorrufen.

3. *Das Verhalten*:

Es ist das Ergebnis aus Ereignis und Kommentar. Wir unterliegen meist dem Irrtum, wir reagierten auf einen Vorgang als solchen, während unser Verhalten in Wahrheit aus unserem Kommentar darauf resultiert. Da wir solche Selbstgespräche nur selten in die richtige Zwischenstellung von Ereignis und Reaktion bringen, erkennen wir auch nur entsprechend selten die Irrationalität unserer Kommentare.

RET als Gedanken-Retter

Die rational-emotive Therapie (RET) hat zum Ziel, daß man mit den richtigen Gedanken auf ein Ereignis reagiert. Danach sind nur mit unseren rationalen Überzeugungen (Kognitionen) Erfolge möglich, nicht mit den irrationalen. Grundsätzlich können Kognitionen zwei Ebenen zugeordnet werden: der beschreibenden und der wertenden. RET-Vater Albert Ellis unterscheidet kalte, warme und heiße Kognitionen, wobei die warmen und heißen sowohl positiv als auch negativ ausfallen können. Mit dem folgenden Beispiel kann man diese Unterscheidungen verdeutlichen:

Der Mitarbeiter eines großen deutschen Speditionsunternehmens bekam das Angebot, die Generalvertretung für Fernost mit Sitz in Hongkong zu übernehmen. Die Offerte bedeutete auf der Karriereleiter zwar einen Schritt nach oben, barg jedoch auch Ungewißheit in sich: das Verlassen der Heimatstadt, für die Ehefrau den Verlust ihres Arbeitsplatzes, die Klimaumstellung, dazu einen unsteten Markt, wodurch ein berufliches Scheitern nicht unmöglich war.

Dem neuen Fernost-Manager eröffneten sich nun verschiedene Möglichkeiten von Selbststatements:

Eine kalte Kognition wie etwa: »Ich werde nach Hongkong versetzt.« Eine warme Kognition mit positiver Bewertung: »Ich freue mich auf Hongkong. Ein Traum geht für mich in Erfüllung!« Eine warme, aber negative Kognition: »Na ja, mal sehen, ob das was wird!« Eine heiße oder irrationale Kognition mit positiver Bewertung: »Ich wußte, daß ich den Job kriege. Den konnte man auch nur dem besten Mann antragen.« Oder eine heiße irrationale Kognition mit negativer Bewertung: »So ein Pech. Nun muß ich sehen, daß ich die Zeit irgendwie rumkriege.«

Kalte und heiße Gedanken sind nicht gerade leistungsfördernd. Die kalten, weil aus ihnen nur Routine und keine Begeisterung strömt; die heißen, weil sie entweder Selbstüberschätzung oder übertriebene Ängste freisetzen, so oder so irrationale Gedanken und Gefühle ausdrücken. Unser neuer Fernost-Manager reagierte übrigens optimal: mit einer warmen, positiven Kognition.

Das RET-Konzept will die unterschiedlichen Kognitionen bewußt machen und auf diese Weise Positive Gedankenkontrolle ermöglichen. Dies kann zum einen durch einen sogenannten sokratischen Dialog zwischen einem Experten und einem Klienten geschehen, zum anderen durch eine rationale Selbstanalyse.

Im sokratischen Dialog, dessen Vorgehensweise sich nach dem klassisch philosophischen Streitgespräch orientiert, interviewt man einen Klienten so, daß seine zu kühlen oder zu heißen Interpretationen irgendeines Ereignisses oder Projektes entlarvt werden, und zwar nicht mit vorgegebenen, sondern mit selbst gegebenen Antworten. Bei der rationalen Selbstanalyse dagegen kommt es darauf an, daß der Betreffende den sokratischen Dialog ganz mit sich allein führt.

In der Bundesrepublik existierten bis Ende 1987 drei Institute, die das RET-Konzept von Albert Ellis praktizierten. Eines von ihnen wurde in Würzburg eingerichtet, wo der Diplom-Psychologe, Psychotherapeut und Ellis-Schüler Dieter Schwartz diese Form Positiver Gedankenkontrolle mit seinen Klienten trainiert, darunter auch einige Spitzensportler und Manager.

Schwartz griff für uns den exemplarischen Fall eines 33jährigen Angestellten eines großen Unternehmens heraus, der in eine lukrative Managerposition aufrücken und mit einem Male die Verantwortung für eine wichtige technische Abteilung tragen sollte. Der Mann zweifelte, ob er diese Aufgabe würde erfüllen können. Nach dem Angebot der Firmenleitung entwickelte er plötzlich deutliche psychosomatische Symptome, wie nächtliches Herzrasen, Ohrensausen, Schweißausbrüche in Verbindung mit Panikanfällen.

Hier einige Auszüge aus dem Gespräch, das Dieter Schwartz (D. S.) mit diesem Klienten (Kl.) nach den Methoden der RET-Fragetechnik geführt hat; Kommentare des Psychotherapeuten sind in Klammern angefügt:

D. S.: Was läßt Sie an Ihren Fähigkeiten für diesen Job zweifeln?

Kl.: Ich glaube, es ist so etwas wie die damit verbundene emotionale Belastung.

D. S.: Welcher Art?

Kl.: Daß ich unter große Anspannung geraten könnte.

D. S.: So etwas wie Angst?

Kl.: Ja, wohl Angst.

(Ich frage den Klienten nicht sofort, wovor er Angst hat – zweifellos ist es die Angst vor dem Versagen –, sondern, was diese Angst für ihn bedeutet. Denn das Problem des Mannes besteht darin, daß er Angst vor der Angst hat, was nichts anderes als Panik bedeutet.)

Kl.: Ich denke, daß man auf so einem Posten mit Angst nicht am richtigen Platz ist.

D. S.: Weil . . .?

Kl.: Nun, was hielten Sie von einem ängstlichen Manager?

D. S.: Beantworten Sie sich die Frage selbst!

Kl.: Ja, ich finde, das geht nicht. Auf diesem Posten darf ich keine Angst haben.

(Dies ist der entscheidende Punkt. Der Klient fordert von sich, keine Angst zu haben. Das verursacht seine Angst vor der Angst – die Panik. Nicht die Situation an sich führt zur emotionalen Blockade und damit zu den körperlichen Reaktionen, sondern das, was der Mann über die Situation denkt. Die absolutistische Forderung, er müsse ein angstfreier Manager sein, hat ihn so blockiert, daß er schon drauf und dran war, den Manager-Job auszuschlagen.)

Nachdem Schwartz seinem Klienten klargemacht hatte, wie er seine irrationale Forderung in Frage stellen und gegen eine neue, rationale Anschauung auswechseln konnte, war der Weg frei zur Bearbeitung seiner Angst vor dem Versagen, die ebenfalls auf irrationale Einstellungen zurückzuführen war. Der 33jährige Angestellte verlor seine psychosomatischen Beschwerden sehr rasch und übernahm mit großem Elan seine neue Aufgabe.

Selbstregulation

Ein dreiviertel Jahr vor den Olympischen Sommerspielen 1988 in Seoul – die bundesdeutschen Spitzensportler befanden sich beinahe geschlossen auf dem Tiefpunkt – bekam der Sportfunktionär Josef Nekkermann den engagierten Brief eines Geschäftsmannes aus Bremervörde. Der Mann beklagte, daß die Leistungssportler hierzulande einen sehr wichtigen Teil des Trainings offenbar stark vernachlässigten: den geistig-psychologischen.

Der Briefschreiber glaubte seine Zeilen bei Neckermann, früher selber Olympiasieger und Weltmeister im Dressurreiten, am besten aufgehoben. Setzte sich Neckermann doch als Vater der Stiftung Deutsche Sporthilfe e. V. jahrelang für finanzielle Unterstützung talentierter Athleten ein, um ihnen bei ihrem zeitaufwendigen und kostenintensiven Training zu helfen. Und wer so viele Millionen zusammenbettelt, dachte sich der Briefschreiber, müßte auch ein Interesse daran haben, daß dieses Geld entsprechend in Leistung umgesetzt wird. Indes: Der Geschäftsmann aus Bremervörde erhielt keine Antwort.

Dabei wußte der Mann, wovon er schrieb. Sein Name: Bernd Klingner, einst bester Sportschütze der Welt. Bei den Olympischen Spielen 1968 in Mexico City gewann er die Goldmedaille im Kleinkaliber-Dreistellungskampf mit einem neuen Weltrekord im sogenannten Kniend-Anschlag (396 Ringe).

»Es waren nicht allein meine Technik und das Quentchen Glück, die mir den Erfolg brachten«, erinnert sich Klingner heute, »ich habe damals auch dem psychologischen Training vertraut. Nicht zuletzt dies gab den Ausschlag. Ich war meiner Zeit wohl um einige Jahre voraus. Und wie es aussieht, bin ich es noch immer.«

Bernd Klingner trainierte seinerzeit, Körper und Geist im entscheidenden Augenblick auf ein positives Lampenfieber zu bringen, das sogenannte Arousal (*to arouse* = aufrütteln). Es ist ein wichtiger seelischer Zustand beim Zustandekommen sportlicher Höchstleistungen: nicht zu aufgeregt zu sein, aber auch nicht zu gelassen. »Ohne diese besondere Erregung vor dem Start läuft nichts; nichts läuft aber auch, wenn die Erregung zu stark wird und in übergroße Nervosität ausschlägt«, stellte der kalifornische Psychologe Bruce Ogilvie fest, der sich seit vielen Jahren mit geistigen Trainingsprogrammen für Spitzensportler beschäftigt und Tausende von Stars betreut hat, darunter auch Edwin Moses, jahrelang bester 400-m-Hürdenläufer.

Man kann das Arousal mit dem Starten eines Wagens vergleichen. Man darf das Gaspedal weder zu stark noch zu schwach treten. Im ersten Fall wird zuviel Energie verbraucht, im zweiten Fall springt der Motor vielleicht gar nicht erst an. Auf die richtige Dosierung kommt es an. Da sie individuell sehr verschieden ist, kann Arousal nicht in der Gruppe trainiert werden. Es setzt ein hohes Maß an Intelligenz, eigener Mitarbeit und Introversion, also Innenbeobachtung voraus.

Mit Formeln in Form gebracht

Bernd Klingner war als Schütze in einer besonders schwierigen Situation. »Ich mußte auf der einen Seite voll unter innerer Spannung stehen, um die richtige Wettkampfstimmung zu haben, auf der anderer Seite aber meinen Puls möglichst niedrig auf 50 Schlägen halten, um mit ruhiger Hand schießen zu können. Beides geht normalerweise nicht.«

Am Sportmedizinischen Institut in Mainz ließ sich der Schütze lange vor den Spielen in Mexico City erklären, wie dies dennoch funktioniert. Klingner: »Ich schaffte es mit autosuggestiven Formeln. Das trainierte ich so lange, bis ich meinen Puls mit nur einem einzigen Satz beruhigen konnte. Ich regulierte mein vegetatives Nervensystem selbst.«

Bruce Ogilvie, einer der angesehensten Sport-Psychologen in den Vereinigten Staaten, stellte bei seinen Untersuchungen von Leichtathleten, Schwimmern, Autorennfahrern und Golfern fest, daß die letzten

Sekunden vor dem Start die entscheidenden sind. »Der Augenblick der Wahrheit erfolgt nicht nach, sondern vor dem Startschuß.« Der kalifornische Wissenschaftler erfuhr bei stundenlangen Interviews mit Olympiasiegern, daß ihre Siegeszuversicht *vor* dem Wettbewerb den Ausschlag gab.

Die seelische Stabilität dieser Gewinner-Typen drückt sich auch durch große Selbstsicherheit im Privatleben aus: Sie sind überzeugt, alle Probleme und Ziele meistern zu können – und dies sogar mit Vergnügen. Es bereitet ihnen offenbar Spaß, sich übermäßig anzustrengen, gegen Konkurrenten anzutreten und Hindernisse aus dem Weg zu räumen. Dagegen sehen sie Niederlagen als Fehler an, die es auszumerzen gilt.

Wer so denkt und fühlt, verhält sich in den entscheidenden Sekunden vor dem Startschuß automatisch richtig, denkt nicht an eine mögliche Niederlage, nicht ans schlechte Wetter, nicht an den Krach mit der Freundin. Er läßt sich in diesen Momenten nicht von Angst oder Unsicherheit aus dem Gleichgewicht bringen. Aber dieses Verhalten muß keineswegs angeboren sein. Man kann es auch erlernen. Durch Selbstregulation.

Die falsche Fehlerforschung

Den Begriff Selbstregulation gibt es noch nicht lange. Bis vor relativ wenigen Jahren glaubte man, das vegetative Nervensystem sei durch keinerlei Trainingstechniken positiv beeinflußbar. Das Umdenken begann erst im Rahmen der Luft- und Raumfahrtforschung bei Amerikanern und Russen. Selbstregulation bezeichnete zunächst einen Zustand, den man gerne errreichen wollte: Vorausdenken, ein Raumschiff sicher fliegen, keine Fehler machen. Dieses Kosmo- und Astronautenprogramm war anfangs noch unzulänglich und bedurfte einer weiteren Spezifizierung. Dazu wurden die modernsten Erkenntnisse der Psychologie und Physiologie herangezogen.

In der Raumfahrt kommt es darauf an, daß weder Mensch noch Maschine der kleinste Fehler unterläuft, weil schon der eine Fehler eine Katastrophe auslösen kann. Dies stand der traditionellen amerikanischen Auffassung vom Lernen zunächst entgegen. Sie hatte den Fehler lange Zeit als sinnvollen Lernschritt angesehen und damit aufgewertet in dem Sinne: Aus Fehlern kann man nur lernen.

Bei der Raumfahrt aber mußte umgedacht werden. Waren für die Fehler der Maschine die Ingenieure verantwortlich, so wurden nun Psychologen und Physiologen beauftragt, die Fehlerquote des Menschen zu minimieren. Raumfahrttechnik und Astronautentraining fanden bald auch eine sprachliche Annäherung. Psychologen und Physiologen sprachen von Fehlsteuerungen des vegetativen Nervensystems und des gesamten Organismus, Ingenieure und Techniker von Fehlsteuerungen der kybernetischen Regelkreise hochkomplizierter, sich selbst ausgleichender technischer Systeme mit eingebauten Instumenten, die wie bei einer Zentralheizung durch den Thermostat alles regulieren.

Selbstregulation, das heißt zum einen Steuerung zahlreicher Regelkreise des menschlichen Organismus, zum anderen die Steuerung autonomer technischer Systeme; in beiden Fällen ein ständiges Balancehalten, wie beim zirzensischen Drahtseilakt. Schon die kleinste Abweichung muß ausgeglichen werden.

Also richtete die Forschung ihr Augenmerk darauf, bei Raumfahrern Trainingstechniken zu entwickeln, wie man die für eine optimale Steuerung eingesetzte Energie unter Kontrolle bringen kann. Im vegetativen Bereich des menschlichen Organismus kommt es ständig zu Ausschlägen, mal sind sie leichter, mal heftiger. Herzschlag, Blutdruck und Pulsfrequenz kreisen um einen Mittelwert, der permanent ein wenig über- oder unterschritten wird. Unter extremen Bedingungen können die Ausschläge so massiv sein, daß sie sich nicht wieder einpendeln.

Wenn das Vegetativum außer Kontrolle gerät

Die Nutzung unserer Energien und Fähigkeiten hängt von einer intakten Funktionsweise des vegetativen Nervensystems ab; ein entsprechendes Training kann den Einsatz dieser Energien regeln – eine Kunst, die erlernt werden muß. Kein Kunststück ist es dagegen, die Fälle aufzuzählen, wo jemand die Kontrolle über seine Energien verlor; besonders gut ablesbar im Sport: Jeder weiß, welche Streiche eine übergroße Nervenanspannung einem Athleten spielen kann. Die Goldmedaille vor Augen, versagte der deutsche Zehnkämpfer Jürgen Hingsen bei den Olympischen Spielen in Los Angeles 1984 im Stabhochsprung. Plötzlich verlor er völlig das Gefühl für die Motorik dieser Disziplin. Es schien, als würde hier ein bewegungsunbegabter Mensch zum ersten Male in seinem Leben eine sportliche Übung absolvieren.

Hingsen hatte die Kontrolle über sein vegetatives Nervensystem verloren. Arousal wurde von ihm meist nur halbherzig angestrebt. So brachte sich der Athlet zwar immer auf der Autofahrt ins Stadion mit stimulierender Musik in Wettkampfstimmung, etwa mit der Titelmelodie aus »Die Stunde des Siegers«, einem Film, in dem die harte Vorbereitung britischer Leichtathleten auf die Olympischen Spiele 1924 in Paris mit dem entsprechenden sportlichen Höhepunkt geschildert wird; doch im Stadion angekommen, driftete die gute Stimmung meist schon beim Anblick seines langjährigen Konkurrenten Daley Thompson ab in unkontrollierbares Nervenflattern.

Auch der Ausschlag nach der anderen Seite endet meist mit Mißerfolgen. Der 3:2-Sieg der deutschen Fußball-Nationalelf gegen Ungarn im Endspiel um die Weltmeisterschaft 1954 in Bern gilt bis heute als eine der größten sportlichen Überraschungen. Der ungarische Spieler Gyula Lorant erklärte später einmal, in Wahrheit hätten seine Landsleute und er dieses Endspiel nicht durch Rahns entscheidendes Tor ein paar Minuten vor dem Abpfiff verloren, sondern bereits ein paar Minuten vor dem Anpfiff.

Zu dem Zeitpunkt machte ein Funktionär in der Umkleidekabine der Ungarn die Bemerkung, daß ihr bester Akteur Ferenc Puskas wegen einer Verletzung wohl nur 70 bis 80 Prozent seines Leistungsvermögens würde bringen können. Woraufhin einer der Spieler unter dem Beifall der Kollegen in leicht hochnäsigem Tonfall meinte: »Das wird gegen die auch genügen.« »Die«, die Deutschen, waren ein paar Tage zuvor von den Ungarn in einem Vorrundenspiel noch mit 8:3 abgefertigt worden. Lorants späte Erkenntnis: »Wir waren vor dem WM-Finale nicht in der richtigen Wettkampfstimmung. Das hat uns das Genick gebrochen.«

Arousal kann aber auch ansteckend sein – dann, wenn es für den Gegner zur Herausforderung wird. 1975 fand zwischen den Cincinnati Reds und den Boston Red Sox ein Baseballspiel statt, das Experten später als das beste aller Zeiten bezeichneten. Die beiden Teams trieben sich gegenseitig in eine immer höhere Wettkampfstimmung. Die Spieler wurden vollkommen ins Geschehen eingebunden. Die Mobilisierung der Fähigkeiten der einen Mannschaft geriet zur Herausforderung der Fähigkeiten der anderen

Truppe. Schließlich gab es keine Taktik mehr, sondern nur noch ein gegenseitiges Sichhochschaukeln.

Eine ähnliche Situation entwickelte sich beim Halbfinalspiel der Fußball-Weltmeisterschaft 1970 in Mexico City zwischen Italien und der Bundesrepublik, das die Südeuropäer nach einem fulminanten Schlagabtausch in der Verlängerung mit 4:3 gewannen.

Selbstregulation vor dem Start

Arousal, dies zeigen die Beispiele, kann die Energien für die Leistung bündeln, aber auch zerstreuen. Es ist sicherlich der schwierigste Teil des Supertrainings. Um dabei die richtige Balance zu finden, ist man in der Vorbereitung auf dieses positive Lampenfieber auf Techniken wie Relaxation, Autosuggestion, Simulation und Visualisation angewiesen. Wobei die einzelnen Zutaten natürlich individuell zu mischen sind.

Der DDR-Flüchtling Frank Hoffmeister etwa, später einer der besten bundesdeutschen Schwimmer, führte sein Entspannungstraining mehrere Stunden vor einem Wettkampf durch. »Schließlich kann ich kurz vor dem Start keine totale innere Ruhe gebrauchen, da muß man das richtige Maß an Aufgeregtheit haben. Das verschaffe ich mir durch Visualisation, indem ich mir bildhaft den kommenden Wettkampf vorstelle.«

Selbstregulation, die Erweckung des Arousals, ist Sportlern der Ex-DDR unter dem Begriff aktivtherapeutisches Trainingsprogramm bekannt. Im Osten Deutschlands erkannte man sehr schnell, daß Entspannungsübungen wie Autogenes Training kurz vor dem Wettkampf mit der notwendigen Anspannung kollidieren können. Relaxation sollte Stunden vorher stattfinden und dient dazu, Energien zu sammeln und die Durchblutung des Organismus zu regulieren. Abgelöst wird sie von Aktivitäten wie Autosuggestion zur bevorstehenden Steuerung der psychosomatischen und emotionalen Prozesse.

Durch tägliches Üben im Zusammenhang mit dem sportlichen Trainingsprogramm entfallen die sogenannten Fremdheitsreaktionen. Das bedeutet: Weil Kopf und Nerven alles bekannt ist, wird die Wettkampfsituation nicht mehr zur Ausnahmesituation. Der Athlet fühlt sich gleichermaßen sicher, ob im Training oder wenn es drauf ankommt.

Ungeübte können den Umkehreffekt erleben. Der in psychologischer Wettkampfvorbereitung untrainierte bundesdeutsche Kanu-Weltmeister Reiner Scholl berichtete uns, er würde das Arousal bisweilen während seiner täglichen Trainingseinheiten in Form von Schweißausbrüchen und leichtem Unwohlsein erleben, ausgelöst durch Gedanken an Wettkampf und Ergebnis. Dann färbt die Wettkampfbelastung auch aufs Training ab. Scholl ließ sich vor Olympia in Seoul psychologisch beraten, um sein Wettkampffieber auf normale Temperatur drücken zu können.

Der Fußballehrer Dettmar Cramer, der seine Mannschaften immer mit viel psychologischem Einfühlungsvermögen trainierte, hat erkannt: »Wir haben im Sport heute so ziemlich alles in der Hand. Wir wissen alles über die Muskulatur bis hin zu den Anabolika. Doch wie man Willenskraft und Wettkampfbereitschaft so trainiert, daß man praktisch und sicher damit umgehen kann, das wissen wir noch nicht genau.«

Arousal – irgendwo zwischen 0 und 100

US-Psychologen, schon immer etwas praktischer veranlagt als ihre europäischen Kollegen, haben sich auch nicht bei einem so schwierig zu timenden Phänomen wie dem Arousal gescheut, handfeste Tips zu geben. Richard Suinn etwa, einer der Avantgardisten des geistigen Trainings für Spitzensportler, empfahl Athleten folgende Erkennungstechnik:

»Um dein Arousal zu messen, gehe von einer gedachten Skala zwischen 0 (= absolut ruhig) und 100 (= übererregt) aus. Schätze dich täglich danach ein und gib dir eine Benotung. Vergleiche sie dann mit deinen Bestleistungen. Was war da dein bestes Arousal? 50, 70, 85? Dies gibt dir Auskunft über dein optimales Arousal. Auch am Wettkampftag verfährst du so. Ist das Arousal zu hoch, mußt du dich beruhigen, ist es zu niedrig, muß du dich aufputschen.«

Glaubt der Athlet, sein Wettkampffieber sei zu hoch, rät Suinn: »Setze dich ruhig irgendwohin, entspanne dich. Stell dir vor, wie es ist, wenn du dein optimales Arousal hast. Erinnere dich an eine ruhige, zufriedenstellende Erfahrung.«

Der wohl größte japanische Judoka Okano hat einmal geschildert, wie er seine Aufregung reduzierte: »Je wichtiger der Kampf war, desto größer war das Unbehagen, das ich vorher fühlte. Ich hatte immer Angst vor dem Gegner. Wenn ich die Halle betrat, empfand ich ein unbestimmtes Gefühl von Leere. Ich nehme an, es war eine geistige Reaktion, die auftrat, nachdem ich einen gewissen Grad der Aufregung, bedingt durch Spannung, überwunden hatte. Mein Gesicht wurde bleich, und mir traten Tränen in die Augen. Ich begann, an mir selbst zu zweifeln. Doch ich wußte, daß ich meine Angst nicht zeigen durfte. Oft sehnte ich mich in diesen Augenblicken danach, etwas anzubeten. Tatsächlich riß ich mich oft von den Leuten um mich herum los, suchte mir einen stillen Platz und betete irgendeine Macht an.« Okanos Anspannung war so groß, daß er eine Gottheit bemühen mußte, um sich auf ein optimales Arousal herunterzudrücken.

Ist die Arousal-Temperatur zu niedrig, empfiehlt Suinn: »Ziehe deine Schultern hoch und lockere sie wieder, ebenso Arme und Beine! Mache einige schnelle Schritte. Richte deine Aufmerksamkeit auf die Umgebung. Identifiziere zum Beispiel, so schnell du kannst, die Farben. Dreh dich plötzlich um: Welche Farbe hast du eben zuerst gesehen? Spiele das Spiel ›Ich sehe was, was du nicht siehst‹ mit dir allein. Du fühlst schnell, wie du durch diese Übungen wacher und aktiver wirst. Wiederhole die eben beschriebenen Übungen, bis du auf deinem optimalen Arousal-Niveau angelangt bist!«

Um sich aufzuputschen, versetzen sich manche auch in Aggression. Der amerikanische Fünfkämpfer Neil Glenesk gab einmal zu, gegenüber seinen schärfsten Konkurrenten Haß aufzubauen, um die für ihn notwendige Wettkampfbereitschaft zu erlangen.

Ali und die Stanislawski-Methode

Der bekannteste Sportler, der sein Arousal mit Aggressionen auflud, war der frühere Boxweltmeister im Schwergewicht Muhammad Ali. Er bedachte den Gegner schon lange vor einem Kampf mit künstlichen Schimpftiraden. Sie waren gespielt. Doch je näher das Ereignis rückte, desto echter schien Alis Wut zu werden. In der Tat wurde ihm später oft unterstellt, daß er mit solchen Aggressionsaktionen seine eigene Angst aufheben wollte. Wut und Angst vertragen sich nicht. Wer wütend ist, kennt keine Angst. Wut ist oft genug ein Resultat von Angst, Angst aber die schlimmste Arousal-Stufe vor einem Wettkampf.

Ali half beim Aufbau der Aggressionen zweifellos

seine große schauspielerische Begabung. Damit praktizierte er, sicherlich ohne es zu wissen, die sogenannte Stanislawski-Methode.

Konstantin Stanislawski war der Künstlername von Konstantin Sergejewitsch Alexejew, einem russischen Schauspieler und Theaterleiter in Moskau, der 1938 starb. Aus eigener Erfahrung kannte er die Probleme vieler Bühnenschauspieler bei der Aufgabe, sich zur Abendvorstellung in die richtige Stimmung ihrer jeweiligen Rolle zu versetzen. Wie kann sich ein friedfertiger Mime nach einem harmonischen Tag mit seiner Frau plötzlich am Abend in einen vor Eifersucht rasenden Othello verwandeln? Oder wie bringt es ein Schauspieler fertig, im Stück einen ständig lächelnden Optimisten zu spielen, wenn er gerade einige ausgesprochen unerquickliche Stunden hinter sich hat?

Im Prinzip handelt es sich um das gleiche Arousal-Problem wie beim Spitzensportler. Stanislawski lehrte Schauspieler, auf simulierte Emotionen so autonom zu reagieren, daß die Funktionen ihres vegetativen Nervensystems dem Rollenverhalten entsprachen. Dann beschleunigte sich bei einem den Othello mimenden Schauspieler der Herzschlag so, als sei er wirklich in diese Situation geraten.

Stanislawski erreichte diesen Effekt durch Autosuggestionen und Visualisationen. Er führte den Nachweis, daß über Vorstellungen und simulierte Verhaltensweisen auch autonome Reaktionen zustande kommen können. Dies gilt sowohl für Ruhe als auch für Aufregung, für Friedfertigkeit wie für Wutanfälle. Der Lehrer Stanislawski hätte an dem Schüler Muhammad Ali bestimmt seine helle Freude gehabt.

Als erster nutzte der US-Psychiater Jacob L. Moreno diese Erkenntnisse für die Psychotherapie. Er erfand das sogenannte Psychodrama und brachte Patienten, darunter auch Gewaltverbrecher aus dem berühmten Sing-Sing-Gefängnis, durch intensive Rollenspiele und die damit verbundenen autonomen Reaktionen dazu, neue oder ungewohnte Emotionen und Denkweisen zu entwickeln. Während einer Demonstration in Bremen zeigte Moreno einmal ein umstrittenes Experiment: Bei einem Rollenspiel setzte er eine Versuchsperson, einen unbescholtenen Lehrer, derart unter Druck, daß er drauf und dran war, mit einem Messer zuzustechen. Am Ende zitterte der Mann am ganzen Körper.

Wie auch immer wir uns vor einem Ereignis regulieren – in vielen Fällen hinterläßt unser Verhalten Wirkungen auf unser Umfeld. So irritierte Muhammad Ali mit seinen Anfällen die Gegner öfter, als sie es sich eingestehen wollten. Der britische Zehnkämpfer Daley Thompson, jahrelang Jürgen Hingsen immer eine Psycho-Nase voraus, entdeckte für sich als beste Form des Arousals, den deutschen Konkurrenten mit Nichtbeachtung oder spöttischem Lachen zu strafen. Mit Erfolg.

Noch sensibler verhalten sich Lebewesen, deren Reaktionen nicht durch den Filter der Ratio gebremst werden: Tiere. Ein Dompteur berichtete in einem

Fernsehinterview einmal, er müsse sich vor jeder Vorführung in eine bestimmte positive Stimmung bringen. Die empfindsamen Raubtiere machten nur dann mit, wenn er gut gelaunt sei. Es sei notwendig, die Kontrolle über sein Vegetativum zu behalten, weil die Tiere beispielsweise Nervosität sofort über die Veränderungen des Schweißgeruchs registrierten. Deshalb müsse er seine inneren Vorgänge auf den richtigen Stimmungspunkt bringen – Selbstregulation also.

Tritte ins Hinterteil

Selbstregulation ist jedoch nicht allein vor einem wichtigen Ereignis von Bedeutung. Einem Marathonläufer beispielsweise nutzt es wenig, wenn er mit der richtigen Startstimmung in den Wettbewerb geht, aber nach 25 Kilometern psychisch am Ende ist. Der US-Autor William P. Morgan erzählte in einem Bericht über die Geheimnisse des Marathonlaufes von einer Bostoner Athletin, die sich ihre Lauflust durch Gedanken an zwei ihr unsympathische Arbeitskolleginnen erhielt, denen sie im Geiste bei jedem Schritt wechselweise kräftig ins Hinterteil trat.

Auch bei Marathonsitzungen in Vorstandsetagen, ob bei langwierigen Tarifverhandlungen oder anderswo, ist es wichtig, die anfängliche Spannkraft zu konservieren. Nur sind hier Tritte im Geiste sicherlich weniger angebracht als eine gekonnte Relaxationstechnik (um Ruhe zu bewahren und Kraft zu sammeln) oder Konzentrationsübungen (siehe Kapitel Fokussierung).

Die gekonnte Kontrolle über die eigene Sprache hält ebenfalls das richtige Maß an Spannung aufrecht. Wer selbst in der Hitze einer Auseinandersetzung ruhig weiterspricht, spart nicht nur Energie und praktiziert ein optimales Arousal, sondern gewinnt auch Einfluß über Verhandlungspartner.

Um eine bestimmte Aufgabe in der richtigen Stimmung anzugehen, kann man sich auch mit Ausdauertraining wie Jogging oder Aerobic vorbereiten. Die dabei freigesetzten Endorphine aktivieren Körper und Seele, wenn auch zunächst nur kurzfristig. Sie wirken wie Antidepressiva, Medikamente also, die die Stimmung aufhellen.

Außerdem nimmt beim Ausdauertraining die Dichte der Zentren ab, von denen aus das Stresshormon Adrenalin seine Wirkung entfaltet, so daß der Organismus weniger Möglichkeiten hat, den Körper unter Stress zu setzen. Deshalb leiden Trainierte oft weniger unter Stress und sind besser gelaunt.

Schon vor dem Olympiasieg in Stimmung

Der Bremervörder Geschäftsmann Bernd Klingner, Olympiasieger 1968 im Schießen, profitiert noch heute von den psychologischen Techniken, die ihn auf dem Weg zum sportlichen Triumph erfolgreich begleiteten. »Ich kann damit sowohl mein Berufs- als auch mein Privatleben stabilisieren.« Selbstregulation ist Klingner nach wie vor vertraut. Im Sport hat er gelernt, wie man mit Hilfe des Geistes eine optimale innere Balance finden kann, aus der heraus Selbstbewußtsein und Erfolgszuversicht erwachsen, ganz gleich für welchen Bereich. Klingner hat uns geschildert, wie er sich für Olympia 1968 stimulierte.

»Neun Monate vor Eröffnung der Spiele las ich in einer Statistik, daß 1964 alle Olympiasieger bei den Schützen 28 Jahre alt waren. Zum Zeitpunkt der Spiele 1968, dachte ich sofort, war auch ich 28.« Klingner stellte sich auf den Olympiasieg ein und unterrichtete seine Familie über sein Ziel, machte es sozusagen offiziell. Er trainierte wie besessen; Technik, sicherer Anschlag, eben das Handwerkszeug eines erstklassigen Schützen. Gleichzeitig kultivierte er sein inneres Stimmungsbarometer. Drei Monate vor Beginn der Spiele legte er sein zukünftiges Ergebnis fest: 1165 bis 1167 Ringe, darunter ein Weltrekord mit 396 Ringen im Kniend-Anschlag.

Einen Monat vor dem olympischen Wettkampf schoß Bernd Klingner mit 1173 Ringen Jahresweltbestleistung. Das machte ihn zum Favoriten, für viele in seiner Lage eine schwere Hypothek. Doch der Schütze empfand das Resultat nicht als Belastung, sondern als Bestätigung seiner Ambitionen. Die Favoritenbürde drückte ihn nicht.

Als ihn auf dem ermüdenden Flug nach Mexiko ein deutscher Journalist nach seinen Erfolgserwartungen fragte, geriet Klingner in die Klemme. »Um ein Haar hätte ich damals geantwortet, ich wolle natürlich die Goldmedaille gewinnen. Aber ich konnte den Satz gerade noch runterschlucken. Schließlich wollte ich mein Ziel nicht an die große Glocke hängen.« In Mexiko wurde der Deutsche von ausländischen Funktionären freundlich mit einem taktischen »Hallo, Favorit« begrüßt. »Die wollten mich damit belasten, aber meine Gedanken waren nur: Ich gewinne trotzdem. Am Tag vor der Entscheidung besprach ich ein Tonband mit Grüßen an meine Frau und sagte dabei: ›Morgen werde ich Olympiasieger.‹ Ich wußte es so genau, als wäre der Wettkampf schon vorüber und ich der Sieger. Doch es war kein Gefühl, das mich zur Überheblichkeit hätte verleiten können. Überhaupt nicht. Es erzeugte nur eine ungeheure Freude auf den folgenden, den entscheidenden Tag.«

Der Speerwerfer Klaus Wolfermann empfand vor seinem Olympiasieg 1972 in München das gleiche: »Tags zuvor wußte ich genau, daß ich die Goldmedaille holen würde. Es gab keinen Zweifel.« Vier Jahre vor Wolfermanns Triumph, am 21. Oktober 1968, holte Bernd Klingner aus Bremervörde die Goldmedaille im Kleinkaliber-Dreistellungskampf. Daß er sein geplantes Gesamtergebnis um ein paar Ringe verfehlte, hing mit der dünnen Höhenluft von Mexico City zusammen, welche die Flugbahn der Geschosse aller Teilnehmer beträchtlich beeinflußte. Den von ihm prophezeiten Weltrekord im Kniend-Anschlag mit 396 Ringen traf Bernd Klingner dagegen exakt.

Fokussierung

Weites Blickfeld – enger Brennpunkt

Der Chefarzt der Chirurgie wird nachts in die Klinik gerufen. Bei einer Unfalloperation sind Komplikationen aufgetreten. Die Ärzte des Nachtdienstes sind überfordert. Während der 15 Kilometer langen Autofahrt ins Krankenhaus achtet der Chirurg weniger auf den Straßenverkehr, er denkt vielmehr an den bevorstehenden Eingriff, hat die geöffnete Brust des Unfallopfers vor Augen. Ein enges Gesichtsfeld also, während beim Autofahren eigentlich eine möglichst breite Fläche überblickt werden muß, damit man auf alles reagieren kann, was auf einen zukommt. Die gebotene Aufmerksamkeit im Straßenverkehr und die verlangte Konzentration während der Operation kollidieren.

Da dies ein konstruiertes Beispiel ist, können wir gerne auf die Schilderung drohender schlimmer Folgen für Chefarzt oder Unfallopfer verzichten. Es geht lediglich darum, die Bedeutung einer richtigen Fokussierung aufzuzeigen: In dem einen Fall, während einer Autofahrt, ist die Optik unserer Wahrnehmung und unseres Denkens wie beim Weitwinkelfokus scharf auf ein großes Feld eingestellt, beim chirurgischen Eingriff dagegen ist sie auf einen kleinen Ausschnitt gebündelt. Dieses Zielfeld gerät manchmal so winzig, daß der Arzt eine Vergrößerungslinse braucht; etwa damit er bei Herzfehler-Operationen an Säuglingen ein Herzkammerloch mit einer sauberen Naht schließen kann.

Fokussierung bedeutet, die Konzentration, die gebündelte Aufmerksamkeit also, auf ein bestimmtes Ziel zu richten, nur darauf auszutarieren und andere Gedanken auszuschalten. Das ist trainierbar. Zum Beispiel mit Hilfe von Tennis und Golf. Diese Sportarten führen nicht nur einen körperlichen und seelischen Ausgleich zum Beruf herbei, sondern können sozusagen spielend die allgemeine Konzentrationsfähigkeit verbessern.

»Wenn man sich beim Tennisspielen zu konzentrieren lernt, entwickelt man eine Fähigkeit, die die eigene Leistung auf jedem anderen Gebiet des Lebens steigern kann«, schreibt der amerikanische Tennislehrer Timothy Gallwey in seinem Buch *Tennis und Psyche*. Nicht zufällig betreiben viele Menschen mit konzentrationsstarken Berufen Tennis und Golf.

Spitzenleistungen sind oft eine Funktion des beruhigten Denkens, der Konzentration und einer Entspannung, die mit geballter Aufmerksamkeit einhergeht. Erreichbar wird dies am leichtesten, wenn man all seine Wahrnehmungen auf einen Zielpunkt fixiert, einen Tennisball etwa. Gallwey findet dazu die Sätze: »Wenn sich das Denken auf einen einzelnen Gegenstand ausrichtet, wenn es gegenwärtig bleibt, wird es ruhig. Konzentration bedeutet, das Denken im Jetzt und Hier zu halten. Konzentration ist die höchste Kunst, denn keine Kunst kann ohne sie, aber mit ihr kann alles erreicht werden.«

Um das Denken zur Ruhe zu bringen, stellt der Tennisball ein geeignetes Objekt dar, wahrhaftig eine runde Sache. Wer ihn richtig beobachtet, lernt, was es bedeutet, seine Leistung zu fokussieren. Gallwey empfiehlt, nicht nur den Flug des Balles genau zu verfolgen, sondern dabei sogar zu versuchen, Details an dem Objekt zu erkennen.

Zum Beispiel die Naht, die dem Tennisball sein unverwechselbares Muster gibt. Wer versucht, die Naht eines fliegenden Balles ebenso deutlich wahrzunehmen, wie das ein Operateur mit OP-Nähten tun muß, sieht das Objekt nicht nur besser. Der noch wichtigere Effekt: Die Gedanken werden gefangengenommen. Das Denken ist so intensiv mit der Naht des Tennisballs beschäftigt, daß keine Abschweifung möglich ist; es verharrt in der Gegenwart, klebt am Augenblick, kümmert sich weder um Vergangenheit noch um Zukunft, die beiden Todfeinde jeder Konzentration.

Kein Wunder also, wenn beim Tennis und Golf die Pausen zwischen Ballwechseln und Schlägen als die eigentlich kritischen Phasen gelten. Die Gedanken, des fliegenden Konzentrationsobjektes beraubt, beginnen zu wandern, vorwärts oder rückwärts, um hellzusehen oder nachzukarten.

Verhindern kann dies aber zum Beispiel ein Gedankenstrahl auf die Atmung. Richtet man den Geist auf die Beobachtung des Atmens, wird das Denken schnell wieder gefangengenommen. Zusätzliches Öffnen und Schließen der Hand im entsprechenden Rhythmus machen das neue Fokusziel zusätzlich sichtbar.

Gallwey rät auch, die Eigenschaften des Tennisballes genau zu studieren, ihn bewußt zu fühlen, auf seinen Klang, das kurze Plop zu achten. Alles, was das Konzentrationsobjekt auszeichnet, sollte bekannt sein. Daraus resultiere eine bessere Beziehung zu ihm. Man müsse so weit kommen, daß eine Art Zuneigung zum Ball entstünde, daß man sich von ihm angezogen fühle wie von einem sympathischen Menschen.

Als wir den brasilianischen Fußballspieler Paolo Cesar einmal fragten, ob er denn überhaupt noch den Ball sehen könne, wenn er in der Dunkelheit trainiere, antwortete er: »Ich brauche den Ball nicht unbedingt zu sehen, denn er sieht bereits mich.«

Einheit mit dem Objekt bedeutet Konzentration. Dazu kann eine affektive Beziehung nur förderlich sein. Sind die Sinne für all das aufnahmebereit, was den Ball auszeichnet, wird gebündelte Aufmerksamkeit überdies eher Vergnügen als Mühe.

Die entspannte Konzentration

Hochinteressante wissenschaftliche Untersuchungen beweisen, daß sich Sportler auf dem Höhepunkt ihrer Konzentrationsphase eher in einem entspannten als angespannten Zustand befinden. Gerade in den vermeintlich heikelsten Situationen lassen die Hirnstromkurven relaxte Besonnenheit und beruhigtes Denken erkennen. Die beiden Wissenschaftler Hartmut Gabler und Manfred Schrode vom Institut für Sportwissenschaft der Universität Tübingen haben über Funk die Hirnstromwellen (EEG) von Tennisspielern abgeleitet. Tatsächlich verlangsamen sich während der schwierigsten Phasen des Wettkampfes, wenn höchste Konzentration gefordert ist, die Hirnströme, Ausdruck eines herabgesetzten Erregungsgrades im Gehirn.

Bei den Tennis-Assen war der EEG-Rhythmus vor komplizierten Schlägen stärker gebremst als vor Routinebällen. In dem Maße, in dem der Mensch abschaltet, nimmt offenbar auch die Bewegung seiner Hirnwellen ab. Die Tübinger Forscher zogen den Schluß, daß Leistungssportler während der Konzentration aufs Wesentliche einen Zustand innerer Sammlung erreichen, bei dem möglicherweise nicht benötigte Gehirnpartien vorübergehend stillgelegt sind.

Amerikanische Untersuchungen an Gewehrschützen stützen den Tennistest: Bei den Treffsichersten wichen die lebhaften Betawellen im entscheidenden Moment ruhigen Alphawellen; ein Hirnstrombild, wie es wohl auch der Bremervörder Sportschütze Bernd Klingner während der Konzentrationsphase vor seinem Olympiasieg in Mexico City 1968 aufwies.

»Ich fühlte mich in der entscheidenden Phase damals ebenso locker-entspannt wie voll bei der Sache«, erinnert sich der Goldmedaillengewinner im Kleinkaliber-Dreistellungskampf.

Auch die frühere Spitzenschwimmerin und spätere Astronautin Heike Walpot aus Aachen, hat Konzentration stets gleichzeitig als Entspannung empfunden. »Die Entlastung entsteht, indem man durch die Fixierung auf eine Sache von anderen Vorgängen für eine bestimmte Zeit entbunden wird.«

Gabler und Schrode jedenfalls raten, als Folge ihrer Untersuchungen bei Tennisspielern, während einer Konzentration eine Art meditative Haltung anzustreben. Auch Timothy Gallwey stellte an sich selbst wie an seinen Schülern fest, daß Meditationstechniken die Konzentrationsfähigkeit steigerten. Für Spitzensportler der östlichen Hemisphäre, einschließlich Japan, gilt neben Autogenem Training auch Meditation als Konzentrationsübung.

Yoga eignet sich besonders gut. Zum Beherrschen dieser fernöstlichen Kunst gehört es, sich über längere Zeit auf einen äußeren Gegenstand, eine Blume etwa, zu fixieren, das Denken ruhig zu halten und nur auf dieses Objekt zu richten. In der Tat glichen denn auch die Hirnstromwellen eines von Gabler und Schrode untersuchten Tennisprofis unmittelbar vor einem wichtigen Aufschlagsspiel denen eines entrückten Yogis im Trancezustand. Als einmal der bulgarische Wissenschaftler Losanov einem Yogi während der Trance eine konzentrationsintensive Rechenaufgabe stellte und dabei ein EEG abnahm, registrierte er nur ruhige Alphawellen.

Daß totale Konzentration etwas mit Trance zu tun hat, kann jeder selbst nachvollziehen. Wenn ein Fernsehfilm oder ein Hobby uns so fesselt, daß wir alles um uns herum vergessen, befinden wir uns in einer perfekten Konzentration und einem damit verbundenen Trancezustand. Alles ist auf eine Sache gerichtet, ob auf den Film oder das Hobby. Die Gedanken bleiben stehen. Sie ruhen. Nichts kann ablenken, weil alles andere aus unserem Wahrnehmungsfokus ausgeblendet wird. Die gesamte Aufmerksamkeit ist gebündelt und geschärft – fokussiert.

Interessante Selbstbeobachtungen machte Heike Walpot während eines der vielen schwierigen Tests, mit deren Hilfe das Bundesforschungsministerium aus 1800 Bewerbern die geeigneten Kandidaten für den Flug ins All heraussuchte: »Es handelte sich um eine optische und akustische Konzentrationsübung über eineinhalb Stunden. Nicht viele haben sie bestanden. Die es schafften, erlebten in etwa das gleiche Phänomen; wir tauschten hinterher unsere Erfahrungen aus: Es war so, als würde die Konzentration mehr vom Unterbewußtsein übernommen, das aber alles unter Kontrolle hatte.« Ein tranceähnlicher Zustand also.

Auch die hypnotische Trance stellt nichts weiter als einen Konzentrationszustand dar. Der Hypnotisierte ist völlig auf den Hypnotiseur fixiert. Deshalb kommen die Suggestionen an. Fokussierung durch Trance. Trance durch Fokussierung. Es spricht einiges dafür, daß die Verhaltenstherapie künftig mehr und mehr psychologische Techniken wie Desensibilisierung und Dekonditionierung (Löschung bedingter Reflexe) mit einem Zustand konzentrierter Entspannung oder gar der Hypnose kombiniert, um ein fokussiertes Ziel schneller zu erreichen.

Erfolge ohne Verstand

In der Sprache der Sportjournalisten gelten Sätze wie »Sie spielten wie im Traum« oder »Er lief wie in Trance« beinahe schon als Klischee. Sie sollen Situationen beschreiben, in denen Sportler so gut wie alles gelang. Dabei bergen solche Sätze, an der richtigen Stelle angewandt, mehr in sich, als der erste Eindruck vermuten läßt. Sie charakterisieren einen Zustand, in dem der kontrollierende Verstand überwunden wurde.

Die besten Athleten wissen, daß sie nur dann ihre Top-Form erreichen, wenn sie gar nicht über ihre Leistung reflektieren. Ein Gefühl trancegleicher und traumhafter Sicherheit bedeutet totale Konzentration, die Vereinigung des Geistes mit der Bewegung. Statt des Verstandes denkt der Körper.

Bei dem früheren Mittelstürmer der deutschen Fußball-Nationalmannschaft, dem Münchner Gerd Müller, war der Verstand beim Torschuß offenbar in den Füßen verpackt. Er hat einmal gesagt: »Ich denke nie beim Schießen. Bevor ich den Ball ins Tor treten will, ist er schon drin.« Müllers Körper reagierte schneller als sein Geist.

Auf den Gedanken, daß eine sportliche Höchstleistung eigentlich nur dann zu erreichen ist, wenn der Körper in seiner Freiheit seinen eigenen Gesetzen folgen könne, brachte uns ein Schwarzer aus Nigeria während eines Vortrages über Leistungssport. »Wo dem Körper keine Vorschriften gemacht werden, gelingt eine vollkommene Leistung«, hatte der Mann behauptet, »sonst nicht!«

Als er gebeten wurde, seine Auffassung näher zu erläutern, sagte er: »Nehmen Sie ein kleines Kind. Es kann vielleicht gerade drei oder vier Schritte alleine laufen. Wird es zu mehr angetrieben, kommt es in Bedrängnis. Es kann aber bestimmt auch zehn Schritte zurücklegen. Man muß seinem kleinen Körper nur Gelegenheit dazu geben. Der Verstand sollte ihm keine Vorschriften machen. Ein Mensch braucht Selbstvertrauen, wenn er die Distanz zwischen sich und andern überwinden will. Der Erwachsene sollte sich deshalb in die Nähe des Kindes stellen und es mit einem Lächeln einladen, zu ihm zu kommen. Spürt das Kind die Sicherheit, die ihm damit gegeben wird, läuft es los. Am besten ist es, wenn es in diesem Augenblick gar nicht ans Laufen denkt. Denn der

Körper kann längst laufen, nur der Verstand hindert ihn daran.«

Dieses Laufenlassen hat auch im Marathonlauf eine Bedeutung. Untersuchungen am Institut für Aerobische Forschung in Dallas im Jahre 1975 ergaben, daß Langstrecken-Asse im Gegensatz zu Durchschnittsläufern das Phänomen der »Mauer« nicht kennen. Das ist ein Punkt um die 30-km-Marke, wo viele Marathonteilnehmer aufgeben wollen. Die Homöostase bricht zusammen: Die Glykogenvorräte sind verbraucht, das Blutvolumen geht zurück, die Körpertemperatur steigt auf über 40 Grad. Es setzt eine Art Starrkrampf ein. Schwindel und Bewußtlosigkeit drohen.

Überragende Athleten, so fanden die Forscher aus Dallas heraus, überwinden die Mauer, womöglich nur eine mentale Sperre, indem sie den Körper der Kontrolle des Verstandes entziehen. Sie konzentrieren sich darauf, den Organismus einfach weiterlaufen zu lassen. Sie halten den Verstand im Körper gefangen. Mittlerweile gelingt es immer mehr Marathonbegeisterten, die Mauer zu durchbrechen. Der Informationsfluß innerhalb dieser Volksbewegung funktioniert bestens, und die Masse kennt inzwischen ebenfalls die verschiedenen psychologischen Tricks der Elite.

Auch erfahrene Börsenmakler besitzen die Fähigkeit, den Verstand zum Stillstand zu bringen, um ihr tägliches Konzentrationsmarathon zu entlasten. An den meisten großen Börsen laufen alle Informationen über Zinssätze, Kurse, Aktien in Sekundenschnelle über ein Tape, das für alle sichtbar an der Wand hängt. Pro Sekunde müssen die Experten drei bis vier Kurse und Umsätze registrieren.

Ein New Yorker Börsenmarkler erklärte einmal, wie er das schafft: »Es gelingt nur, wenn man gelernt hat, das Tape im Unterbewußtsein mitlaufen zu lassen und es aus den Augenwinkeln zu lesen, während das Bewußtsein ausgeschaltet ist.« Allerdings genügt eine einzige interessante Information, um den Verstand von einer auf die andere Sekunde wieder einzuschalten und die trancegleiche Haltung in hektische Betriebsamkeit umzuwandeln – so als hätte ein Hypnotiseur mit dem Ruf »Aufwachen!« wieder das Bewußtsein zurückgerufen.

Zielsetzung im Management

Fokussierung ist stets mit einer Zielsetzung verbunden. In der Zielsetzung, schreibt Lee Iacocca, einer der erfolgreichsten Unternehmensmanager, in seinem Bestseller *Eine amerikanische Karriere*, liege der Schlüssel zum guten Management. Um seine Führungskräfte möglichst oft auf die Fixierung von Zielen einzuschwören und damit die Konzentration von Energien zu gewährleisten, fordert er von ihnen eine vierteljährliche Leistungsbilanz. Sie zwingt nicht nur zur Rechenschaft, sondern fordert auch zum Brainstorming heraus, wie man seine Ziele am besten erreicht.

Iacocca schaute sich das System von der Wall Street ab: Wenn Unternehmen ihren Aktionären vierteljährliche Leistungsbilanzen vorlegten, warum sollte man dies nicht auch von Führungskräften verlangen ... »Das System der vierteljährlichen Leistungsbilanz funktioniert aus mehreren Gründen«, erklärt der Top-Manager von Chrysler, »erstens gestattet es jedem Mitarbeiter, sein eigener Chef zu sein und sich seine Ziele selbst zu setzen. Zweitens macht es ihn produktiver und motiviert ihn von sich aus. Drittens bringt es frische Ideen zum Sprudeln. Die vierteljährliche Leistungsbilanz zwingt Manager, innezuhalten und sich zu fragen, was sie erreicht haben, was sie als nächstes erreichen wollen und welche Wege sie einschlagen sollten. Ich habe noch keine bessere Methode entdeckt, um neue Ansätze für Problemlösungen zu stimulieren.«

Was Iacocca sagt, gilt nicht nur für die Unternehmens-, sondern auch für die persönliche Lebensplanung, hier natürlich ohne Zwang zum Vierteljahresziel. So oder so – es sind die Ziele, die unmittelbar die Leistung berühren. Sie bündeln die Aufmerksamkeit auf Verhaltensweisen, die zum Erlangen der entsprechenden Ergebnisse notwendig sind, und verlangen vollen Einsatz, Motivation und Ausdauer.

Was mit einer ehrgeizigen Zielsetzung bewältigt werden kann, zeigt das größte Umbauprojekt in der Geschichte der Schiffahrt. Die Lloyd-Werft in Bremerhaven hatte den Auftrag erhalten, innerhalb von nur 179 Tagen das knapp 300 Meter lange englische Passagierschiff »Queen Elizabeth 2« gänzlich umzubauen. Eine Aufgabe, die fast alle anderen Werften der Welt für unmöglich hielten. Das Fünf-Sterne-Hotel auf See, für 1850 Passagiere und 900 Besatzungsmitglieder ausgelegt, sollte sogar ein neues Herz bekommen: die größte Schiffsmaschine der Welt mit einer Leistung von 130 000 PS.

Die Vertragsverhandlungen hatten ein Jahr gedauert. Im Oktober 1985 war der riskante Kontrakt fertig. Als Eckart Knoth, der Generalmanager der Lloyd-Werft, unterschrieben hatte, fragte ihn ein Journalist auf einer Pressekonferenz: »Was passiert eigentlich, wenn der Umbau nicht termingerecht geschafft wird?« Knoths offene Antwort: »Dann sind wir pleite!«

Die 1000 Lloyd-Leute, die am Projekt beteiligt waren, wußten, daß es um ihre Arbeitsplätze ging. Noch nie in seiner 126jährigen Geschichte hatte das Unternehmen vor einer solchen Aufgabe gestanden. Alles mußte klappen. Davon hing die Abnahme durch die Reederei ab. Sonst drohten Konventionalstrafen, die der Werft das Genick gebrochen hätten. Der Generalmanager: »Wir wußten, daß nicht nur unsere Organisationsgabe, unsere Geschicklichkeit und unser Fleiß gefragt waren, sondern vor allem auch unsere Nerven. Alle Aktivitäten mußten sich so konzentrieren, daß alle Zwischentermine erreicht werden. Nichts durfte uns ablenken.«

Bei Ankunft des Schiffes waren alle hochmotiviert. Jeder hatte das Ziel klar und scharf fokussiert vor Augen. Als die Gewerkschaft die Arbeiter überreden wollte, die Wochen-Arbeitszeit wenigstens auf 60 Stunden zu begrenzen, erlebte sie eine Niederlage auf der ganzen Linie. Die Belegschaft pfiff auf das Angebot, schuftete Tag und Nacht, bei bester Verpflegung und Unterbringung an Bord. Eckart Knoth lief immer wieder durch das Schiff und hielt die Mitarbeiter per Mikrofon über den Zeitplan auf dem laufenden. Probleme sprach er offen an. Niemals kam Ungewißheit auf, niemals wurde die Übersicht verloren, niemand geriet in Panik. So konnten sämtliche Pannen und Krisensituationen bewältigt werden.

Das ehrgeizige Ziel wurde erreicht, der Umbau fristgerecht zu Ende gebracht. Eckart Knoths Resümee: »Unsere Gedanken waren total auf die Aufgabe fixiert. Wir hatten ein wunderbares Zusammengehörigkeitsgefühl. Wir haben nie darüber gegrübelt, ob wir es schaffen oder nicht. Wir schauten immer nur auf das, was an diesem Tag zu jener Stunde laut Plan getan werden mußte. Da war die volle Konzentration auf das Material, den Schornstein, die Kajüten, die Maschine, die Drahtseile ... alles zu seiner Zeit ... lauter Zwischenziele, Konzentrationsobjekte, die alle Beteiligten in eine herrliche Stimmung des Gelingens versetzten. Der Abgabetermin, die absolute Dead line, erzeugte keine Panik, sondern Herausforderung.« 1000 Mitarbeiter der Lloyd-Werft hatten sich 179 Tage lang in der sogenannten C-Zone bewegt.

Kampf den schwachen Phasen

Als der frühere DDR-Turner Wolfgang Thüne Mitte
der siebziger Jahre in die Bundesrepublik floh, pro-
phezeite er, kaum angekommen, in einem Interview
mit der Zeitschrift *Psychologie heute:* »Die Sportpsychologie in der DDR wird Fortschritte machen, die
eines Tages nur noch von den begnadetsten aller
westdeutschen Autodidakten erreicht werden können.«

So kam es. Vor allem in der Konzentrationsfähigkeit waren DDR-Athleten bestens geschult und ihren
Kollegen aus dem anderen Teil Deutschlands überle-
gen. Schon sportbegabten Kindern wurden drüben
Tests abverlangt, die darüber Aufschluß geben sollten, wie intensiv die Konzentration bei jedem einzelnen trainiert werden mußte. Thüne erinnert sich, als
Nachwuchsturner den sogenannten Pauli-Test in
leicht abgewandelter Form gemacht zu haben: Hier
müssen einfache Zahlen über einen Zeitraum von
60 Minuten so fehlerfrei wie möglich addiert werden.
Für Sportler hat man die Aufgabe variiert. Sie werden
in der Schlußphase noch einmal besonders gefordert,
um die Endspurtsituation im Wettkampf zu simulie-
ren.

Mit Hilfe dieser Tests lassen sich individuelle
Schwachstellen herausfinden; etwa ob bei jemandem
die Konzentration in der Anfangsphase oder gegen
Ende zu wünschen übrigläßt. Werden sie oft genug
wiederholt, haben solche Verfahren auch einen Trai-

ningseffekt. Sie fördern die Konzentrationsfähigkeit, und zwar allgemein, nicht nur beim Rechnen. Später übernahm die DDR für ihre Sportler sogar einen Konzentrationstest aus der Bundesrepublik, das sogenannte D-2-Verfahren. Es läßt sich bei Athleten aller Altersstufen und für alle Sportarten in Verbindung mit dem physischen Training durchführen. Im Westen wurden damit Lehrstellenbewerber für Banken und Sparkassen getestet.

Der bekannte deutsche Röntgenologe Theo Hornykiewicz achtete ganz besonders darauf, wichtige Entscheidungen nicht in einer schwachen Konzentrationsphase zu treffen. Er galt als Meister der Röntgenbilddiagnostik. Wohl weil er sich Aufnahmen nach einem mehrstündigen Intervall grundsätzlich noch ein zweites Mal ansah. »Es kam durchaus vor, daß ich beim zweitenmal etwas entdeckte, was mir beim erstenmal verborgen geblieben war«, erklärte er seine Praktiken einmal, »schließlich kann es vorkommen, daß man sich gerade, ohne sich dessen bewußt zu sein, in einer nachlassenden Konzentrationsphase befindet.« Auf diese Weise korrigierte Hornykiewicz bisweilen nicht nur sich selbst, sondern auch Kollegen. Nicht selten ging es dabei um lebenswichtige Diagnosen von Krebsgeschwulsten.

Während man im Spitzensport Osteuropas die Methodik zur Konzentrationssteigerung mehr theoretisch-systematisch entwickelt hat, verlegten sich die US-Psychologen mehr auf die Auflistung praktischer

Ratschläge. Die folgenden Tips zur Kontrolle der Konzentrationsfähigkeit gibt Richard Suinn in seinem Handbuch für Sportler:

1. Beim Betreten des Stadions sich im Rund umsehen, alles auf sich wirken lassen, die Geräusche, die Farben.

2. Sich auf die Zuschauer in der obersten Reihe konzentrieren. Dabei nach Grundfarben suchen: Kann man einen rot-, blau-, grün- oder gelbgekleideten Zuschauer erkennen?

3. Jetzt das Konzentrationsfeld räumlich begrenzen, auf die unmittelbare Umgebung richten. Welche Farben kann man dabei ausmachen?

4. Nun alle Aufmerksamkeit auf sich selbst bündeln, etwa auf die Atmung. Einige konzentrierte Atemzüge machen.

5. Wettkampfstress behindert die Konzentration. Stressmanagement-Techniken anwenden.

6. Schweift die Aufmerksamkeit umher: Irgendein Objekt aus der Umgebung auswählen und es aktiv ansehen, die Anzeigetafel vielleicht oder auch eine Fahne.

Ganz anders peilen Athleten im Fernen Osten, vor dem Hintergrund ihrer Philosophien, ein Ziel an. Für

Isao Okano, den berühmten japanischen Judoka, bedeutete Konzentration die Idee des letzten Kampfes. Vor einem wichtigen Duell stellte sich der Japaner vor, dies sei sein letzter Kampf. Das habe ihm stets geholfen, sein Ziel klar zu fokussieren. Überhaupt sei, sagt Okano, seine Grundeinstellung im Leben stets die eines letzten Treffens.

Training für die Multi-Konzentration

Michael Steinberg ist einer der erfolgreichsten Investment-Experten der Wall Street. Er managt 600 Millionen Dollar. An seinem Arbeitsplatz sind um ihn herum sechs Bildschirme aufgebaut. Dort erscheinen in schneller Folge die neuesten Aktienkurse. Über einen anderen Informationskanal verfolgt er die Kurse vieler Anleihen. Steinbergs Aufmerksamkeit ist auf alle Monitore gleichzeitig gerichtet. Dazwischen klingelt ständig das Telefon. Während er spricht und dabei Kauf- oder Verkaufsentscheidungen in zigfacher Millionenhöhe abwickelt, blickt er unverwandt auf die Bildschirme. Er hat mehrere Vorgänge zur selben Zeit unter Kontrolle. Bei Steinberg geht nicht alles schön der Reihe nach. Er muß sich auf mehrere Dinge gleichzeitig konzentrieren. Sprechen (telefonieren) und lesen (Kursentwicklungen) kann er parallel.

Um dies zu beherrschen, muß man indes keineswegs als Naturtalent geboren werden. Auch diese komplizierte Form der Multi-Konzentration ist trainierbar. Die Forschung hat dies inzwischen bewiesen.

Der renommierte amerikanische Psychologe Ulric Neisser ist mit einem Forscherteam der New Yorker Cornell-Universität dem Geheimnis der Multi-Konzentration nachgegangen. Sie trainierten Versuchspersonen in gleichzeitigem Lesen und Schreiben. Während die Kandidaten einen Text studierten, wurden ihnen zunächst Wörter, später ganze Sätze diktiert. Nach einigen Wochen waren sie in der Lage, beide Vorgänge parallel abzuwickeln. Sie konnten lesen und gleichzeitig, nach Diktat, schreiben – allerdings ohne den Inhalt zu erfassen.

Danach wurden die Versuchspersonen trainiert, Gelesenes und Geschriebenes auch zu verstehen. Dazu diktierten die Forscher zunächst Wörter einer Kategorie, das heißt, Wörter wie Hund, Katze, Schwein, Kuh oder Pferd mußten unter dem Oberbegriff »Tiere« eingeordnet und verstanden werden. Das gleiche wurde mit einer Vielzahl anderer Kategoriemuster geübt.

Zwar litt darunter vorübergehend die Lesegeschwindigkeit, doch nach kurzer Zeit war der Rückstand wieder aufgeholt. Überdies verbesserte sich stetig das Verständnis für das Diktierte.

Auf die Wortkategorien folgten kurze, sinnvolle Sätze, dann längere, später ganze Erzählungen. Nach dem gleichen Prinzip, also immer die Überschriften einer ganzen Passage und damit ihren Gesamtsinn zu erfassen, wurde das Leseverständnis gefördert. Am

Ende konnten die Kandidaten gleichzeitig sogar komplizierte Texte lesen und schreiben – und beider Inhalt verstehen. Eine ähnliche Leistung vollbringt der bundesweit bekannte Simultandolmetscher Jürgen Stähle, der bei seinen Auftritten im »Aktuellen Sportstudio« des ZDF bereits übersetzt, während der andere noch spricht.

Daß simultane Fertigkeiten trainierbar sind, war vor allem für die Raumfahrt eine wichtige Erkenntnis. So bestätigte uns der bundesdeutsche Astronaut Reinhard Furrer, daß man im All gezwungen sei, oftmals parallel unterschiedliche Handlungen auszuführen. Der Instrumentenflug etwa sei eine multidimensionale Belastung mit dem Zwang zu unrevidierbaren Entscheidungen; somit wäre dieser Vorgang eine der relevantesten Trainingsprozeduren überhaupt. Um nicht mit dem Training bei Null anfangen zu müssen, sind die Kandidaten-Tests für Astronauten hierzulande so angelegt, daß Personen mit Fähigkeiten zur Multi-Konzentration wie Heike Walpot rasch erkannt werden. Dazu dient ein Verfahren, bei dem vier Vorgänge gleichzeitig auf ein und demselben Monitor erledigt werden müssen: ein gedachtes Flugobjekt in einem Kreis halten; einen Lichtbalken auf einer Längsachse kontrollieren; eine Rechenaufgabe lösen; das Aufleuchten verschiedener Lampen durch entsprechenden Knopfdruck löschen.

Das Kurzzeitgedächtnis austricksen

Ein Fokus bietet die Möglichkeit zur Scharf- wie auch zur Unscharfeinstellung. Wie bei einem Fernglas kann man die Linse auf Nähe oder Weite fixieren. Wer mit einem auf die Ferne eingestellten Glas ein Objekt aus der Nähe erkennen will, dem bietet sich naturgemäß nur eine undeutliche, verschwommene Optik. Umgekehrt gilt das gleiche.

Auch unsere geistigen Wahrnehmungen lassen sich fokussieren. Und auch hier besteht die Gefahr, die verkehrte Brennweite zu wählen. Jede Situation, in der sich ein Mensch befindet, so die Behauptung des amerikanischen Psychologen Neisser, biete eine Vielzahl von Informationen, doch viele von uns werteten nur wenige davon aus: Das Objektiv für die Wahrnehmungen ist falsch eingestellt.

Neissers Kollege Peter Polson von der Universität von Colorado liefert dazu ein Beispiel aus dem Bereich der Gedächtnispsychologie. Bei einem Abendessen in einem Luxus-Restaurant war ihm der Oberkellner aufgefallen. Der Mann in Schwarz konnte, ohne sich auch nur die kleinste Notiz zu machen, an verschiedenen Tischen umfangreiche Bestellungen mit mehreren Gängen in seinem Gedächtnis speichern, bis zu zwanzig Menüs ohne den geringsten Fehler.

Polson bat den Kellner – sein Name lautete John Conrads –, sich als Versuchsperson der Universität von Colorado zur Verfügung zu stellen. Bei den nun folgenden Tests stellte der Psychologe als erstes fest, daß Conrads keineswegs über eine außergewöhnliche Begabung verfügte, die ihm die Natur mit in die Wiege gelegt hätte. Der Oberkellner besaß ein Kurzzeitgedächtnis wie die meisten anderen.

Doch er hatte seine Fähigkeiten trainiert. Um sich kurzfristig die einzelnen Menügänge merken zu können, griff Conrads zu Tricks. Das Hauptgericht beispielsweise assoziierte er stets mit dem Gesicht eines Gastes: starke Kinnbacken gleich Riesensteak. Hatte er Glück, paßte zum bestellten Truthahn ein Putengesicht. Es gab kein Detail eines Gast-Gesichtes, das der Oberkellner nicht als plastischen Vergleich zu einem wie auch immer ausgewählten Hauptgang hätte in Beziehung setzen können. Auch was aus der Reihe fiel, brachte John Conrads nicht in Verlegenheit. Rippenstück mit Reis wurde umgewandelt in »ungewöhnlich« und »anders«. Für alles suchte er einen Code.

Daß dies funktionieren konnte, hat einen einfachen Grund. Bei den Inhalten von Conrads' Verschlüsselungen handelt es sich um Details, die im Langzeitgedächtnis (LZG) aufbewahrt sind und nicht mehr verlorengehen können. Wenn an einem Tisch vier Steaks in den vier möglichen Zubereitungsmöglichkeiten »roh, halbroh, mittel und durchgebraten« bestellt wurden, sah der Kellner im Geiste sofort ein Muster, in diesem Fall eine ansteigende Linie von »roh« bis »durchgebraten«. Bei einer komplizierteren Reihenfolge wie »mittel, durchgebraten, roh, mittel«

stellte er sich eine Zickzacklinie vor, die Ähnlichkeit mit einem Gebirgszug besaß. Alles Informationen und Schemata aus dem LZG.

Das Kurzzeitgedächtnis (KZG) dagegen ist eine mehr oder weniger feststehende Größe und kaum trainierbar. Der Sättigungsgrad ist schnell erreicht. Auch für das KZG des John Conrads wären zwanzig Menübestellungen zuviel gewesen, hätte er nicht geschickt die Sperren umgangen. Der Kellner verknüpfte die neuen KZG-Daten mit Material und Mustern aus dem LZG. Waren die Assoziationen hergestellt, konnte das KZG wieder neue Informationen aufnehmen. Diese Systematik trifft für jeden Menschen zu. Man muß sie nur zu nutzen wissen.

Die Speicherkapazität des LZG ist generell rund tausendmal größer als die des KZG. Im LZG wird vor allem der Sinn von Informationen aufbewahrt und nicht nur deren »Äußeres« wie im KZG. Entdeckt man in der neu aufgenommenen Information irgendein Schema oder Muster, das im LZG verankert ist, lassen sich die Gedächtnisleistungen enorm steigern. Wem es also gelingt, in neuen Informationen ein ihm bekanntes Schema zu entdecken, kann sie direkt in sein LZG transportieren. Und kaum eine Information ist so neu, daß sie nicht an eine bereits bestehende Regelmäßigkeit oder ein vorhandenes Muster erinnern könnte.

Bis vor kurzem vertrat die Wissenschaft noch die Meinung, Menschen mit einem besonders großen Musterdepot seien Naturbegabungen; Schachspieler zum Beispiel, die Tausende von Figurenstellungen speichern, oder Musiker wie der Dirigent Arturo Toscanini, der 250 Partituren von Symphonien und Opern im Kopf archiviert hatte, jede einzelne Note für jedes einzelne Instrument.

Doch wer Partituren, Bilder, Schachpositionen, Fußballergebnisse, Theaterrollen, Gesichter oder Aktienkursentwicklungen in erstaunlichem Umfang parat hat, muß nicht unbedingt ein Gedächtniskünstler sein. Der Unterschied zu anderen Menschen liegt zum einen in der hohen Motivation für das betreffende Fachgebiet, zum anderen in der oben beschriebenen Fähigkeit, die Inhalte neuer Informationen mit bereits im LZG ruhenden Mustern zu verbinden, dadurch sie dort anzusiedeln und dem weniger potenten KZG ein Schnippchen zu schlagen.

Visualisation

Es gibt Situationen, da gebärdet sich unser Gehirn wie ein Banause. Von Kunst keinen Dunst. Beispielsweise tut es so, als sei das Originalwerk eines berühmten Malers nicht besser als ein abfotografiertes billiges Poster. Wissenschaftler wie der Amerikaner Martin S. Landauer haben nachgewiesen, daß der Anblick der weltbekannten, beruhigenden Landschaftsbilder von Caspar David Friedrich (1774–1840) in unserem Kopf physiologische Prozesse in Gang setzt: In der rechten Hirnhälfte (Hemisphäre), die ja zuständig ist für bildhafte, räumliche Vorstellungen, werden entspannende Alphawellen produziert, die dem gesamten Organismus eine wohltuende Relaxation verschaffen – ob es sich nun um Bilder wie den »Mondaufgang am Meer« handelt (Nationalgalerie in Berlin) oder »Das Kreuz im Gebirge« (Schloß Pillnitz in Dresden). Die gleichen inneren Vorgänge, und das ist das Interesssante, werden aber auch wirksam beim Anblick einer Kopie.

Wer Friedrichs Meisterwerke allein wegen ihrer beruhigenden Wirkung schätzt, muß demnach weder nach Ost-Berlin noch nach Dresden fahren. Doch nicht nur das Betrachten einer Kopie, sondern schon die genaue Vorstellung und geistige Vergegenwärtigung eines Bildes genügen, um Entspannung herbeizuführen.

Die zahlreichen Porträt-Motive des spanischen Malers Francisco Goya (1746–1828) üben im Gegensatz zu Friedrichs Landschaftsbildern eine eher erregende Wirkung aus. Das Studium der Physiognomie eines Menschen mobilisiert offenbar schnellere Hirnströme und aktiviert das rationale Denkvermögen, das in der linken Hirnhälfte entsteht. Auch bei den ganz anders wirksamen Goya-Werken macht unser Gehirn jedoch keinen Unterschied zwischen Original und Kopie.

Für unseren Geist sind Wahrnehmung und Vorstellung praktisch ein und dasselbe. Die rund zwei Milliarden Nervenzellen (Neuronen), die bei jeder geistigen Bildgestaltung aktiv werden, die biochemischen und elektrischen Signale, die ganze Neuronen-Netze bombardieren, produziert unser Gehirn so oder so – ob wir ihm nun ein reales, gegenwärtiges Bild anbieten oder nur eine Reproduktion.

Daß es natürlich eine ganz andere sinnliche Erfahrung ist, wenn man ein Originalmeisterwerk zum Anfassen nahe wohlplaziert in einem geeigneten Raum betrachtet, als wenn man es um vieles verkleinert in einem Buch anschaut, ist selbstverständlich. Hier geht es vielmehr um die direkte Wirkung visuell angeordneter Formen auf das Vegetativum, die ähnlich wie unterschiedliche Arten von Musik – ob im Radio oder im Konzertsaal – bestimmte unterschiedliche Wirkungen in unserem Innern auslösen, und zwar physiologischer wie psychologischer Natur.

Ohne die Austauschbarkeit von Realität und Schein (Original und Kopie) in der Verarbeitungsweise unseres Gehirns gäbe es keine Visualisation. Sie wird nur möglich durch die Gleichstellung von »echten« und »unechten« Bildern. Und auch nur dann, wenn es uns gelingt, beide Prozesse miteinander zu verbinden. Das erst macht Visualisation perfekt.

Die modernen Gehirnforscher haben inzwischen erkannt, daß sich antizipierte, imaginierte Ereignisse bei intensiver visueller Vorstellung ebenso stark in die Aufnahmestruktur unseres Gehirns einprägen wie wirkliche Geschehnisse. Dem zentralen Nervensystem, das nicht zwischen Erlebtem und Vorgestelltem differenziert, ist es völlig egal, ob ein von ihm registriertes Bild der Vergangenheit, Gegenwart oder Zukunft angehört. So können aus Zukunftsvisionen ebensogut Erinnerungen werden – so, als ob alles schon stattgefunden hätte und man es nur noch zu vollziehen bräuchte.

Hierzulande schiebt man Visualisationen und Imaginationen gerne ein wenig abfällig ins Umfeld von Tagträumern. In der Tat sind Tagträume, Träume, Phantasien und Halluzinationen ebenso Formen der Visualisation wie Erinnerungen, Gedanken und bildhafte Vorstellungen zwischen Vergangenheit und Zukunft. Neu ist der experimentelle Umgang, die Erforschung innerer Bilder als – womöglich höchste – Form des Supertrainings, neu ist die Erarbeitung von Visualisationstechniken für alle Lebensbereiche. Die Eigenproduktion geistiger Filme eröffnet in jedem Falle ein weites und aufregendes Betätigungsfeld.

Keine andere Technik des Supertrainings macht das bestehende Defizit bei der Ausschöpfung unserer geistigen Potenz so deutlich wie die Visualisation. Wissenschaftler wie der Amerikaner Robert Ley haben bewiesen, daß durch elektrische Stimulation der rechten Hemisphäre visuelle Vorstellungen angeregt werden. Und diese Forscher sind davon überzeugt, daß wir bei der Informationsverarbeitung nicht nur, wie zumeist, links die Vorfahrt geben sollten, sondern bewußt auch rechts.

Wie sehr wir auf innere Bilder angewiesen sind, wird deutlich, wenn unser Geist jeder bildhaften Information beraubt ist und als Folge sensorischer Deprivation, also eingeschränkter Sinneswahrnehmungen, Halluzinationen auftauchen.

Ein faszinierendes Beispiel dieser sensorischen Deprivation erleben Marathon-Schwimmer. Die Amerikanerin Diana Nyad erzählte einmal, was ihr während der bisweilen 30stündigen Isolation im Wasser immer wieder passierte: »Man ist von jeglicher Kommunikation abgeschnitten. Die Schwimmbrille verengt den Blick, die eng anliegende Gummikappe macht einen so gut wie taub. Man nimmt kaum etwas wahr. Währenddessen sehe ich viele Kindheitsbilder, habe auch sexuelle Vorstellungen; sie erscheinen wie Bilder auf einer Filmleinwand.« Die Halluzinationen entstehen, weil der Geist aus Mangel an äußeren Bildern notgedrungen eigene Filme produziert. Visualisation aus Notwehr.

Das gleiche Phänomen entsteht bei Isolationshaft. Während des Koreakrieges glaubte man, amerikanische Kriegsgefangene seien vom Gegner einer grausamen Gehirnwäsche unterzogen worden. Sie hatten die abenteuerlichsten Geschichten von sich gegeben. Wieder daheim, stellte sich jedoch nach gründlichen psychologischen Untersuchungen heraus, daß die Gefangenen wegen der Isolation und dem damit verbundenen Verlust normaler Sinneswahrnehmungen unbewußt Ersatzbilder erfunden hatten.

Etwa zur gleichen Zeit wie diese Erkenntnis wurden die halluzinatorischen Schilderungen drogenabhängiger Jugendlicher nach der Einnahme von LSD und Meskalin bekannt, hier also die bewußte Produktion phantastischer Bilder. Beides, Isolationshaft und Drogenbewegung, gab dann in den USA den Anstoß, dem Geheimnis innerer Filmvorstellungen auf die Spur zu kommen.

Bilder und Vorbilder

Visualisation ist in jedem Beruf, in jeder Situation beteiligt. Wahrscheinlich bietet sie das wichtigste psychologische Trainingsinstrumentarium überhaupt. Mit Hilfe bildhafter Vorstellungen gelingt es Kosmo- wie Astronauten, Raumflüge frei von Panik durch die Vorwegnahme dessen, was sie noch nie real gesehen haben, zu bewältigen; durch Visualisation lassen sich Zielvorstellungen und schwierige Augenblicke im Berufsleben leichter bewältigen, wurden schon Erfolge in der Krebstherapie erzielt, können auch Spitzensportler ihre Leistungen verbessern.

Die Liste der Weltklasse-Athleten, die sich nachweislich durch Visualisation steigerten, ist lang. Sie reicht vom Boxer Muhammad Ali über die Tennisspielerinnen Billie Jean King, Chris Evert und den Skifahrer Jean-Claude Killy bis hin zum Golfer Jack Nicklaus. Sie alle praktizierten diese Technik nicht nur mit Hilfe innerer Lehrfilme, die ihnen den exakten Bewegungsablauf im Geiste vorspielten, sondern auch mit alten Schnulzen, indem sie sich frühere Erfolge, bis hin zur feierlichen Siegerehrung mit der dazugehörigen Musik und dem Wetter von damals, in Erinnerung riefen. Dies mobilisiert für die kommende Aufgabe Selbstvertrauen und Motivation.

McMurphy, ein früherer Basketball-Star aus den USA, sah sich vor jedem großen Match im Geiste eines seiner besten Spiele an, und zwar in allen Einzelheiten. »Das gab mir das nötige Selbstvertrauen, weil es mich an außergewöhnliche Dinge erinnerte, die ich schon mal vollbracht habe. Die inneren Filme zeigten mir, was ich kann.« Heute, als erfolgreicher Geschäftsmann, bereitet sich McMurphy noch immer mit Visualisation auf eine Aufgabe vor: »Wenn ich vor Abschluß eines größeren Geschäftes nervös bin, habe ich einen inneren Film parat, der mir demonstriert, wie ich den bisher größten Deal meines Lebens zustande gebracht habe.«

Trotz vieler sportlicher Vorbilder gibt es in der Bundesrepublik nur wenige Spitzensportler, die sich konsequent und systematisch mit Techniken wie der Visualisation auf die Olympischen Spiele 1988 in Seoul vorbereitet haben.

Einer von ihnen war der Schwimmer Frank Hoffmeister aus Wuppertal. Die Psycho-Übungen wurden zum ebenso festen Bestandteil seines täglichen Trainings wie die physischen, da er dieses Know-how ja schon aus der früheren DDR mitgebracht hatte.

Mit Entspannungsübungen wie Progressiver Muskelrelaxation baut er zuerst Energie auf. Dann folgt die Visualisation. Hoffmeister: »Dabei stelle ich mir den Wettkampf so vor, wie er ablaufen soll. Ich produziere im Geiste plastische Bilder, in allen Details, spiele mir einen Film mit mir als Hauptdarsteller vor. Als Happy-End die gewünschte Endzeit!« Weil das zentrale Nervensystem, der Hort für Bilder und Filme aus Vergangenheit, Gegenwart und Zukunft, die Aktivitäten des gesamten Organismus und damit auch Bewegungsabläufe lenkt, ist es möglich, daß Sportler mit Hilfe visueller Vorstellungen entscheidend ihre Motorik verbessern. Dabei ist es gleichgültig, ob die Bilder einem alten oder neuen Film entstammen; Hauptsache, die Bewegungen werden fachgerecht visualisiert.

Der amerikanische Golf-Profi Jack Nicklaus beschrieb einmal die letzten Sekunden vor einem Schlag so: »Zuerst sehe ich den Ball da, wo ich ihn hinhaben will. Dann sehe ich ihn fliegen, danach wie und wo er landet. Jetzt kehre ich in die Realität zurück und führe den Schlag aus. Oft verläuft die Flugbahn tatsächlich so, wie ich es mir vorgestellt habe.«

Während der Olympischen Winterspiele 1988 im kanadischen Calgary zeigten die Kameraleute kurz vor dem Rennen in Großaufnahme die Visualisationsübung des Ex-DDR-Bobfahrers und Silbermedaillengewinners Wolfgang Hoppe: Der Sportler saß da mit geschlossenen Augen, die Hände an einem unsichtbaren Steuerknüppel und fuhr im Geiste die Strecke ab, bewegte dabei seinen Körper hin und her, als würde er wirklich durch das Kurvenlabyrinth rasen. Für viele Fernsehzuschauer zweifellos ein kurioser Anblick, für einen im Vorstellungstraining geübten Athleten wie Hoppe nur eine Routinesache. Er nahm irreal die perfekte Fahrt vorweg, um sie danach real ebenso perfekt nachvollziehen zu können.

Im Osten Deutschlands sprach man vom ideomotorischen Training, wenn durch Visualisation bestimmte Bewegungen eingeübt werden, besonders bei motorik-intensiven Sportarten wie etwa Kunstturnen. Man praktiziert die Übungen auch während langwieriger Verletzungspausen, um einen großen Trainingsrückstand schneller aufholen zu können.

Der Trainer Wolfgang Thüne schilderte uns, wie es ihm als Turner in der DDR mit Hilfe eines Tonbandes und einer Vorstellungsübung gelang, einen solchen Rückstand nach einer Gelenkoperation in der Hälfte der sonst üblichen Zeit aufzuholen: Er sprach die Übungsteile auf Band, spielte es am Krankenbett immer wieder ab und visualisierte währenddessen die Übung. Die elektrische Aufladung der Muskeln erfolgte durch das zentrale Nervensystem, wo die Übung bildhaft gespeichert war.

Imitiert der Körper den Geist?

Die Forschung hat den Nachweis erbracht, daß die elektrische Aufladung der komplexen Muskulatur in Sportarten wie Tennis, Turnen, Golf, Fußball, Hochsprung und Skilauf (wie sicher auch in anderen Disziplinen) schon immer den Bruchteil einer Sekunde vor der eigentlichen Bewegung stattfindet. Die elektrischen Potentiale des Gehirns zeigen vorher an, daß im Körper etwas geschieht. Dieses gedankliche Bereitstellungspotential kann durch Oberflächenelektroden am Kopf genau gemessen werden, ein Verfahren, das auch bei amerikanischen Gewichthebern und Bodybuildern angewandt wurde.

Die körperlichen Prozesse sind im Geiste programmiert. Wer sie dort mit einem bildhaften Bewußtsein ausfüllt, dem fällt die Motorik leichter. Der arabische Bauchtanz setzt übrigens ein solches Training voraus: Es hilft, die einzelnen Muskelgruppen unter Kontrolle zu bringen.

Was die Forscher gegenwärtig auf diesem Gebiet herauszufinden suchen, ist außerordentlich spannend. Imitiert der Körper den Geist? An der Beantwortung dieser Frage wird fieberhaft gearbeitet.

Während die zeitliche Vorgabe des Gehirns bei Bewegungsabläufen 800 Millisekunden beträgt, ist die entsprechende Differenz bei einem Vorgang wie dem Sprechen zeitlich noch knapper bemessen. Der US-Hirnforscher Floyd Bloom fand heraus, daß die Gedanken das, was man sagen will, ungefähr 45 Millisekunden vorher ordnen, bevor man es wirklich sagt. »Dies geschieht durch chemische Absonderungen zwischen den Gehirnzellen«, sagt Bloom, »alles, was unser Verstand oder unser Bewußtsein tut, ist ein Ergebnis chemischer Botschaften, die sich die Nervenzellen gegenseitig geben, um ihre Aktivitäten zu regulieren.«

Werden dem Gehirn Informationen angeboten, erregen zunächst elektrische Spannungen das Ultrakurzzeitgedächtnis. Bei Wiederholung derselben Nachrichten innerhalb von 20 Sekunden findet der Übergang in die von Bloom beschriebene Biochemie statt (Kurzzeitgedächtnis). Auf diese Weise werden auch Bilder gespeichert.

Innerhalb von 20 Minuten ist es dann möglich, Informationen so umzuwandeln, daß sie dem Langzeitgedächtnis erhalten bleiben. Wer also Bilder im Gedächtnis auf Dauer festhalten will, muß mit einer intensiven Aufnahme für ihren Verbleib sorgen. Dies gelingt durch bewußte Verknüpfung mit bereits im Langzeitgedächtnis ruhenden Mustern, doch genausogut können Interessen und Motivationen für den entsprechenden Ablauf im Bereich des Unbewußten sorgen.

Schußfahrt im Krankenbett

Wie Turner Thüne hat auch der französische Skifahrer Jean-Claude Killy einmal die Rehabilitationsphase nach einer langen Verletzungspause per Visualisation abkürzen können. Der dreimalige Goldmedaillengewinner von Grenoble (1968) stellte sich immer wieder, während er im Krankenhausbett lag, Abfahrtsläufe vor. Dabei wurde ein weiteres Phänomen entdeckt: Während des Vorstellungstrainings zeigte der Körper des Athleten vegetative Reaktionen wie beim Rennen. Herz- und Pulsfrequenz sowie Venentonus waren erhöht. Nicht nur Killys Gedanken fuhren im Schuß zu Tal, offenbar zum Teil auch sein im Bett liegender Körper.

Doch dies ist kein wundersamer Einzelfall. Dem russischen Psychologen Luria waren die Wirkungen von Visualisationen im Sinne autonomer und vegetativer Nervenprozesse schon in den dreißiger Jahren bekannt. In seinem Buch *The Mind Of A Mnemonist,* ein Klassiker der Visualisation, beschreibt der Russe einige Tests mit einer Versuchsperson: Diesem Mann gelang es, seine Pulsfrequenz im Nu von 70 auf 100 Schläge pro Minute zu steigern und ebenso rasch wieder zu drosseln. Luria zitiert seinen Test-Kandidaten mit den folgenden Worten: »Ich sehe mich hinter einem Zug herlaufen, der gerade angefahren ist und immer schneller wird. Ich muß ihn noch erreichen, wenigstens den letzten Wagen. Da ist es doch kein Wunder, wenn mein Herz und mein Puls schneller schlagen. Wenn das vorüber ist, sehe ich mich im Bett liegen. Ich versuche einzuschlafen. Ich sehe mich, wie ich langsam wegtrete. Meine Atemzüge werden ruhig. Mein Herz schlägt langsam und gleichmäßig.«

Luria schildert noch ein weiteres Experiment, bei dem es seiner Versuchsperson innerhalb kurzer Zeit gelang, die Temperatur der Hände zu erhöhen und wieder zu senken. Der Mann erklärte dazu, er habe sich erst vorgestellt, wie er seine Hände in einen Ofen hielt, und dann, wie sie ein großen Stück Eis umfaßten.

Welche Wirkungen intensives Bilderleben haben kann, zeigt sich immer wieder beim Fernsehen oder beim Träumen in der REM-Phase: Oft genug wird das Vegetativum so erregt, daß es zu Herzversagen kommt. Eine vergleichsweise harmlose Konsequenz der Bildeinwirkung ist dagegen der tränenerzeugende

Schluß eines Schnulzenfilms oder der »Torschuß« gegen den Wohnzimmertisch beim Fernseh-Fußball.

Fazit: Die vom zentralen Nervensystem aufgenommenen Bilder hinterlassen im vegetativen Bereich tiefe Spuren. Dies gelingt, weil das zentrale System in der Lage ist, mit den von ihm gesteuerten Willensentscheidungen, Verhaltensweisen, Reflexen und Reaktionen die Koordination der inneren Organe im gewünschten Sinne zu ändern. So schafft es die Visualisation, auf diesem Wege vom zentralen in den vegetativen Bereich, Herztätigkeit, Blutdruck, Atmung und Hirnbewegungen entsprechend zu beeinflussen und zu trainieren. Ein psychophysiologischer Effekt, der mehr und mehr zum Kernstück des gesamten Supertrainings wird.

Visuelles Fremdgehen

Um erfolgreich zu visualisieren, kann man auch bildhaft fremdgehen, das heißt bewußt andere Vorstellungen produzieren, um sich vom Augenblick zu entlasten. Ähnlich ist es, wenn man, um den Bildern eines Horrorfilms zu entgehen, unwillkürlich die Augen schließt und an den letzten Urlaub denkt. Der US-Sportpsychologe William P. Morgan berichtete einmal, wie ein Athlet, der regelmäßig am Boston-Marathon teilnahm, sich mit einem Visualisationstrick stets über den sogenannten Marterhügel rettete

– einen beschwerlichen Anstieg, der schon vielen zum Verhängnis wurde. Der betreffende Läufer versetzte sich in seine Kindheit und dachte daran, wie er mit seinem Vater auf dem Führerstand einer Lokomotive fahren durfte. Er stellte sich vor, wie er damals aus dem Fenster schaute und sah, wie die Kolben die Räder im Rhythmus der Dampfschübe antrieben. Bei dieser Visualisation wurde sein Körper selbst zur Maschine: die Beine als kraftvolle Kolben, der ausgestoßene Atem als Dampf. Auf diese Weise bezwang er den Marterhügel ohne größeren Substanzverlust.

Hier handelt es sich um eine Dissoziationstechnik, wie sie gerade von Marathonläufern gerne praktiziert wird. Man löst sich mit Hilfe von Visualisation aus dem Jetzt-Zustand, verläßt seinen Körper, um ihn gedanklich und damit auch physisch von Strapazen zu entlasten.

Mit der gleichen Methode hielt sich der Österreicher Viktor Frankl, der Begründer der Logotherapie (psychotherapeutische Behandlung unter Einbeziehung der personalen geistigen Existenz des Kranken) im NS-Konzentrationslager am Leben: »Meine Situation schien mir trost- und hoffnungslos. Da stellte ich mir vor, ich stünde vor einem Rednerpult in einem großen, schönen und hellen Vortragssaal und wäre im Begriff, vor einer interessierten Zuhörerschaft einen Vortrag zu halten mit dem Titel ›Psychotherapie im Konzentrationslager‹, und ich spräche gerade von dem, was ich soeben erlebte. Mit diesem Trick gelang es mir, mich irgendwie über die Situation, über die Gegenwart und über ihr Leiden zu stellen.«

Um sich zu stimulieren, spielt der bundesdeutsche Weltklasse-Leichtathlet Carlo Thränhardt beim Hochsprung-Wettbewerb im Geiste bisweilen erotische Filme ab: Die Vorbereitung als Vorspiel, den Sprung als Akt. Dazu tritt der Athlet stets im knappen Höschen an, quasi um auch die andere Seite für sich einzunehmen. Thränhardt wendet noch eine zweite Imagination an. Weil er ein für einen Leichtathleten fortgeschrittenes Alter erreicht hat (er ist Jahrgang 1957), stellt er sich schon seit einiger Zeit vor, erst 24 Jahre alt zu sein, und lebt auch privat mit dieser Vorstellung. Er möchte sich damit möglichst lang auf dem Höhepunkt seiner Leistungsfähigkeit halten. So sprang Thränhardt als 30jähriger Anfang 1988 mit 2,42 Meter noch einmal Hallenweltrekord.

Eine schrittweise Dissoziation nimmt der österreichische Skispringer Ernst Vettori vor. Nachdem er den Flug kurz vorher visualisiert hat, ersetzt er gleich anschließend diesen Lehrfilm durch einen Sexfilm. Vettori produziert während des Sprunges Bilder eines Liebesaktes. Auf diese Weise will er sich von Angst- und Druckgefühlen entlasten.

Der amerikanische Psychologe Robert Kriegel, Schöpfer des C-Zonen-Modells, berichtet in seinem Buch *The C-Zone, Peak Performance under Pressure*, wie er mit Dissoziation seine eigenen Fähigkeiten als Redner verbesserte. Sein Vorbild war John F. Kennedy. Kriegel produzierte im Geiste einen Film, in dem er sich an die Stelle des früheren US-Präsidenten setzte, allerdings mit den exzellenten Rednereigenschaften seines Vorbildes. Kriegel spielte Kennedy, sah sich als machtvolle und hervorragende Persönlichkeit mit großer Eloquenz und imponierender Gestik. »Dies half mir, ein guter Redner zu werden.«

Seine eigenen Erfahrungen gab Kriegel später weiter. Managern, die nicht gut reden konnten, spielte er Videotapes mit außergewöhnlichen Rednern vor. Der Psychologe stellte dabei fest, daß sich bei seinen Klienten zwischen den Wiederholungen eine mentale Veränderung in Richtung auf eine exzellente Norm vollzog: Am Ende hatten sich die lernwilligen Manager ohne große Einflußnahme Kriegels automatisch die besten Verhaltenstechniken der besten Redner zu eigen gemacht. Die äußeren Bilder wurden als innere im Gehirn festgenagelt.

Wie man äußere zu inneren Bildern macht

Der Bilder-Transport von außen nach innen hilft bei der späteren Produktion von reinem Kopf-Kino. Dieses Prinzip hat sich der amerikanische Markt bereits zunutze gemacht. Dort werden unter dem Titel »Neuromuskuläres Training« Videokassetten mit den Bewegungsabläufen im Golf, Tennis und Skifahren mit großem Erfolg angeboten. Es sind Bilder ohne Worte.

Die Kassette zum Thema Golf zeigt zum Beispiel die verschiedenen Bewegungsabschnitte eines Schlages; zunächst mehrere Male im Zeitlupentempo. Dann folgt der normale Ablauf, begleitet von beruhigender und entspannender Musik. Nach und nach treten die Klänge in den Hintergrund und weichen den immer lauter werdenden Geräuschen des Golfspiels. Während einzelne Schläge mehrmals wiederholt werden, hört man überdeutlich Anschlagsplopp und Zischen des Balles. Denn gerade Geräusche spielen, wie auch alle anderen zusätzlichen Sinneseindrücke, bei der Visualisation eine entscheidende Rolle.

Anschließend sind die Schläge in ihrer Physik und Mechanik zu sehen. Dies bewerkstelligen kleine Lämpchen, die sich am Körper und Schläger befinden und vor einem dunklen Hintergrund die sich bewegenden Winkelprofile zeigen.

Die Kassette umfaßt eine Trainingseinheit von 75 Minuten. Es ist eine konkrete Vorstufe der Visualisation. Gefordert ist erst einmal nichts Physisches, nur Sehen und Hören. Die rechte Gehirnhälfte wird dazu aktiviert, die Verschmelzung perfekter Bewegungsabläufe als Lehrfilm zu speichern und ihn dann während des physischen Trainings parallel mitlaufen zu lassen. So verinnerlicht sich die Motorik. Slow Motion und Musik schicken zusätzlich ein Entspannungsgefühl mit ins Gehirn. Der US-Profi Jack Nicklaus betreibt eine Firma, die solche Golf-Videos herstellt. Umsatz: sechs Millionen Dollar.

Wie perfekt der Bildertransport von außen nach innen und dann wiederum von innen nach außen funktioniert, zeigt die Motorik von Kindern. Viele ahmen den Gang und andere Bewegungen von Eltern und Geschwistern täuschend ähnlich nach. Kinderohren können Ähnliches. Oft übernehmen die Kleinen, natürlich ohne es bewußt zu wollen, den Sprachklang der Großen und besitzen später fast die gleiche Stimme wie die Eltern. Eine Fähigkeit, die für Erwachsene zur Kunst gerät: Nicht wenige, die anderer Leute Stimme imitieren können, treten auf der Bühne auf.

Der Trainingserfolg von Videotapes ist meßbar. Dies zeigen Untersuchungen amerikanischer Forscher an Profi-Basketballern. Für einige Spieler wurden persönliche Kassetten mit Szenen aus ihren besten Spielen zusammengestellt. Nachdem sich die Profis über eine ganze Saison hinweg das eigene Videoband Dutzende von Malen angesehen hatten, stieg die Punktezahl im Schnitt um 41 Prozent.

Wer seine Erfolge visualisiert, ob nun mit oder ohne Video-Hilfe, gelangt Robert Kriegel zufolge allmählich in die C-Zone. Fast jeder besitzt genügend Material für einen eigenen Film. Nicht nur Spitzensportler. In Kriegels Seminaren lernen auch Manager die Eigenproduktion solcher Bilder. Es ist die Visualisation der C-Zonen-Erfahrung. Sie wird ein fester Bestandteil des Selbstvertrauens. Denn was man einmal gekonnt hat, könnte man auch wieder können. Kriegels Erfahrung: Je besser die Leute ihren Geist üben, äußere Bilder aufzunehmen, desto leichter wird es für sie, sich innere Bilder vorzustellen. Es ist ein Training für die sonst so vernachlässigte rechte Gehirnhälfte.

Wirtschaftlicher Erfolg durch Visualisation

Der amerikanische Psychologe und Ex-NASA-Programmierer Charles Garfield, ehemals Gewichtheber, hat untersucht, was in der US-Wirtschaft eine Spitzenleistung ausmacht. Er sprach mit vielen Unternehmensmanagern aus den unterschiedlichsten Branchen und stellte dabei fest, daß bei den allermeisten dem Erfolg eine visionäre, visualisierte Zielsetzung vorausging. Garfield, mittlerweile einer der bekanntesten Experten auf diesem Gebiet, behauptet sogar, daß die Vereinigten Staaten gerade dieser Fähigkeit – der bildhaften Begeisterung vieler führenden Köpfe – ihren wirtschaftlichen Erfolg verdanken.

Diese Leute sehen mit ihrem geistigen Auge schon lange vorher das Ergebnis, das sie anstreben, und die Aktionen, die dazu notwendig werden. Sie probieren, antizipieren, visualisieren. Und sie kommen von den inneren Bildern erst dann los, wenn sie verwirklicht sind. Spitzenleistungen, so Garfield, profitierten allesamt von der Visualisationsfähigkeit derjenigen, die eine Rückmeldung (= Vorwärtsmeldung) vom zukünftigen Projekt beziehen. Je mehr man dabei in diese Imagination Erfolgserlebnisse aus der Vergangenheit fließen lassen kann, desto besser werden die Chancen auf ein wiederum gutes Ergebnis.

Am schwierigsten hatten es in dieser Hinsicht wohl die Astronauten des Apollo-Projektes. Sie mußten visualisieren, was so lange unvorstellbar war: wie Menschen den Mond betreten – und diese Menschen sollten sie selbst sein.

Es war die bildhafte Vorstellung, die den Mondfahrern half, aus einer außergewöhnlichen Situation eine normale zu machen, um dann in der Konfrontation mit dem kritischen Augenblick auch normal reagieren zu können. Die NASA-Psychologen griffen dabei zu einfachsten Mitteln. So hatten die Astronauten in allen Räumen Riesen-Poster vom Mond vor Augen.

Die Zielsetzung der ersten Mondlandung selbst hatte übrigens der damalige US-Präsident John F. Kennedy visualisiert. Er sprach seinerzeit nicht etwa davon, in der Raumfahrtentwicklung die Russen hinter sich zu lassen, Kennedy formulierte das Ziel bildhaft-plastisch: »Wir wollen bis zum Ende dieses Jahrzehnts (gemeint waren die sechziger Jahre) einen Mann auf dem Mond haben!«

Dank seines Erfahrungsschatzes aus vielen Gesprächen und Interviews mit Unternehmern ist Charles Garfield heute auch in der Lage, Manager entsprechend zu beraten und trainieren. Er lehrt sie, wie sie auf dem visionären Weg erfolgreich ein Ziel ansteuern können. »Es geht darum«, so der Psychologe, »daß die Leute im Geiste vorher etwas sehen, was ihre Begeisterung weckt. Danach müssen sie diese Begeisterung verbal umsetzen, um sie auch auf ihre Mitarbeiter zu übertragen. Erst Visualisierung, dann Verbalisierung.«

Die Produktion eines inneren Films

Vor der Herstellung einer Bilderfolge fürs Kopf-Kino steht eine klare Zielsetzung. Wichtig ist die Vermeidung von Utopien. Russische Wissenschaftler haben festgestellt, daß eine zu hoch geschraubte Erwartung keinen Verbesserungseffekt bringt. Je größer die Differenz zwischen vorgestelltem Ziel und Verwirklichung, desto geringer die Aussichten. Sich in eine Ecke zu setzen und vom wunderbarsten Erfolg überhaupt zu träumen, bringt nichts, wenn dieses Traumziel nur per Zufall erreichbar ist. Eine relativ geringe Differenz zum gesteckten Ziel erhöht dagegen die Wirkung des mentalen Trainings.

Am leichtesten wird die Produktion eines inneren Films, wenn man auf eine Erfahrung im C-Zonen-Bereich zurückgreifen kann; auf einen Erfolg also, der mit Meisterschaft, Risiko und Selbstkontrolle zustande gekommen ist. Alle Details, inklusive Gedanken und Gefühle, Geräusche und Gerüche, müssen wieder zum Vorschein gebracht werden. Alles, von dem man glaubt, es habe zum Erfolg beigetragen, ist wichtig. Garfield: »Spitzenkönner aus Wirtschaft, Sport und Kunst besitzen eine besondere Fähigkeit, sich Bilder von erfolgreichen Situationen wieder vor Augen zu führen.«

Alle Sinne und Optiken sind bei der Rückschau angesprochen. Personen werden bei der visuellen Erinnerung vitalisiert. Man muß sie lebendig machen, indem man sich ihre Bewegungen und ihre Sprache vorstellt. Auch die Umgebung sollte visuell, auditiv und kinetisch reproduziert werden. Die inneren Bilder sollen leben, vibrieren, atmen.

Hinzu kommt das Bemühen um dreidimensionale Vorstellung. Jeder visualisierte Gegenstand muß auf Material, Form, Farbe und Geruch abgetastet werden. Beim Tennis oder Golf geht es dabei um die genaue Vorstellung des Balles, mit seinen Einschnitten und kleinen Dellen – und mit seinen Fluggeräuschen.

Welche Bedeutung bei einer Visualisation gerade das Nicht-Optische spielt, also Atmosphäre, Gefühle, Geräusche oder Gerüche, zeigt der Fall des blinden Fußballfans Hans-Jürgen Szary aus Dortmund. Der Sportjournalist Heinz-Wilhelm Bertram hat einmal beschrieben, wie Szary ein Bundesligaspiel seines Lieblingsvereins Borussia Dortmund visualisiert, ohne es sehen zu können. Mit dem schwarz-gelben Borussia-Schal um den Hals steht der blinde junge Mann mitten unter den Fans auf den Stehterrassen; just dort, wo sich der Schall im überdachten Westfalenstadion mit besonderer Wucht bricht.

Hans-Jürgen Szary lauscht angestrengt in das Spiel

hinein, in scheinbarer Selbstversunkenheit den Kopf vornüber geneigt. »Ich versuche ganz konzentriert, alles so gut wie nur irgend möglich mitzuerleben«, sagt er. Er unterscheidet jeden Eckball vom Torabstoß. Er »sieht«, wie einer von hinten heraus lange den Ball am Fuß führt, und wie er die Aktion abschließt. Das Raunen verrät den klugen Paß, die Pfiffe nach dem Pfiff des Schiedsrichters zeigen ihm, daß den folgenden Freistoß der Gegner ausführen darf.

Zu jedem Spielbesuch nimmt Hans-Jürgen Szary einen Kassettenrecorder samt Mikrofon mit. Die 90 Minuten Fußball werden aufgezeichnet und archiviert. Daheim stapeln sich die Bänder, ein ganzer Schrank voller Bundesligakulisse. Hat der BVB-Fan Lust, läßt er später noch mal die entsprechende Kassette ablaufen, erlebt das Spiel erneut, genau wie jemand, der ein Videoband auflegt, um sich etwas noch einmal anzusehen. »Ich habe dank der Atmosphäre und der Geräusche eine genaue Vorstellung vom Spielverlauf, weiß auch, wo sich der Ball in etwa befindet, ob 10 oder 20 Meter vor dem Tor.«

Welche Bedeutung gerade Geräusche bei der Visualisation spielen, beweisen Aussagen von Teilnehmern des New York Marathons. Einige stellten sich beim Start als Happy-End des 42-Kilometer-Laufes vor, wie man ihnen im Jahr zuvor im Ziel knisternde Alufolien gegen die schnelle Abkühlung des Körpers umhängte: eine Einzelheit, die den Mitläufern am Anfang glückliche Ankunft symbolsiert.

Geschäftsleuten kann als motivierende Visualisation eines Happy-Ends der detailgenaue Ablauf eines früheren Entscheidungsprozesses für ein erfolgreiches Projekt dienen, bis hin zum Handschlag mit dem Geschäftspartner nach Unterzeichnung des Vertrages.

Schauspielschüler bekommen beigebracht, wie man während eines Spiels am besten besonders tragische oder aber begeisternde Momente künstlich erzeugt: indem man entsprechend traurige oder erfreuliche Situationen aus der Vergangenheit visualisiert, nach der Methode des russischen Schauspielers und Spielleiters Stanislawski.

Mit Entspannungstechniken und bildhaftem Vorstellungstraining arbeitet auch die Hamburger Schauspielschule »Theater Monsun«. Dort praktiziert die Leiterin Christine Jänichen noch eine zweite Richtung der Visualisation, die sogenannte Protowski-Methode. Hierbei wird der Körper nicht über den Geist angesprochen, sondern der Geist über den Körper. Ist zum Beispiel ein dramatischer Gesichtsausdruck gefragt, muß der Schüler zuerst die entsprechende Physiognomie zeigen und sich erst dann den inneren Zustand vorstellen und ihn nachempfinden. Die Visualisation ist eingeschränkt. »Diese Methode«, so Christine Jänichen, »hat den Vorteil, daß die Schauspieler bei der Darstellung nicht übertreiben.«

Es kommt bei der Visualisation darauf an, sich die inneren Filme immer wieder vorzuspielen. Wer keine gravierenden C-Zonen-Erfahrungen als Stimulans in seinem Bild-Archiv zur Verfügung hat, kann sich durchaus mit kleinen Erfolgerlebnissen begnügen. Auch sie bewegen sich, psychologisch gesehen, also vom inneren Gefühl her, in der C-Zone.

Bei Sportlern ist das Nachempfinden einer positiven Situation, der Beifall der Zuschauer etwa, besonders wichtig. Dies schafft neues Selbstvertrauen, und Selbstvertrauen ist meist der Schlüssel zum Sieg. Der US-Psychologe Richard Suinn machte die Visualisation im Sport als erster zu einer anwendbaren Trainingstechnik in Verbindung mit Entspannungsübungen.

Visualisation ist ein mächtiges Werkzeug, das den Vorzug hat, ständig mitgeführt werden zu können. Man kann es überall praktizieren: im Fahrstuhl, in der U-Bahn, beim Jogging, in der Warteschlange ... und im Krankenbett.

Die Visualisation und ihre Heilkräfte

Bob Gilley, leitender Angestellter einer Versicherungsfirma in Charlotte, North Carolina, hatte nach Auskunft seiner Ärzte nur noch ein paar Monate zu leben. Der große, bösartige Tumor im Darm, so wurde ihm gesagt, sei inoperabel. Durch die Chemotherapie fielen Bob die Haare aus. Er hatte keinen Appetit mehr, vorwiegend Durchfall und nahm rapide ab. Ihn plagte ständig Übelkeit. Er hatte Blasen im Mund, und die Adern brannten.

Da hörte der Krebspatient von Dr. Carl Simonton,

einem Radiologen vom Krebsforschungszentrum in Fort Worth/Texas. Er praktizierte ungewöhnliche Methoden: Visualisationsübungen kontra Krebs. Gilley fuhr zu Simonton. Dort lernte er Autogenes Training und aus diesem Entspannungszustand heraus die Visualisation. Dreimal am Tag, jeweils 15 Minuten lang, stellte sich der Versicherungsexperte intensiv vor, wie eine Unzahl von Eskimohunden (weiße Blutkörperchen) eine Giftschlange (Tumor) in Fetzen rissen und ihm das Leben retteten. »Es war«, sagte Bob Gilley später, »als würde ich täglich dreimal ein und denselben Film sehen.«

Nach sechs Wochen war der Tumor um 75 Prozent zurückgegangen. Und als zwei weitere Wochen später die Ärzte daheim in Charlotte den Krebskranken untersuchten, stellten sie fest, daß die Geschwulst spurlos verschwunden war. Bob Gilley richtete in seiner Heimatstadt eine Krebsberatungsstelle ein, die unter dem Namen »Dayspring« bekannt wurde: »Ich fühle mich verantwortlich, jedem Menschen mitzuteilen, daß wir Kräfte in uns haben, die sogar Krebs besiegen können,« begründete er seine Initiative.

Carl Simonton erlebte mit seiner Visualisationstherapie natürlich nicht nur Erfolge. Dennoch ist er davon überzeugt, daß die bildhafte Vorstellung, verbunden mit positivem Denken, ein wirksames Anti-Krebstraining sein kann. Zwar sollte man bei der Beurteilung der Heilungschancen in solch schwerwiegenden Krankheitsfällen nie einseitige Hoffnungen wecken, aber daß gerade auch in Form von psychischem Training aktivierte Hoffnung entscheidend für eine Heilung sein kann, dies verbürgen inzwischen mehr und mehr ganzheitlich eingestellte Mediziner wie der US-Chirurg und Erfolgsautor Bernie S. Siegel.

Simonton empfiehlt auf jeden Fall Visualisation als Teil des Therapiekonzepts, wobei sich jeder sein eigenes Szenarium ausdenken kann: etwa die weißen Blutkörperchen als Millionenheer, das schwer bewaffnet, stark und kampfeslustig gegen die Krebszellen aufmarschiert, sie vernichtend schlägt und nach der Schlacht die getöteten Zellen über Leber und Niere auf natürlichem Wege aus dem Körper schafft.

Um die Visualisation anzuregen, zeigte Simonton seinen Patienten immer wieder Röntgenbilder von ihrem Krebsherd und daneben Aufnahmen eines vergleichbaren gesunden Körperbereichs. Er forderte sie auf, die Bilder vom Jetzt- und Soll-Zustand zu imaginieren. Und er erlebte, daß Krebskranke, die mit durchweg positiver Einstellung an die Therapie herangingen, die größeren Überlebenschancen besaßen. Der Radiologe glaubt gar, daß jeder von uns mehrere Male in seinem Leben an Krebs zu erkranken beginnt, ohne es zu bemerken, da die betreffenden Zellen durch das Immunsystem rechtzeitig zerstört werden. Und Immunreaktionen können wir mit dem Geist beeinflussen.

Schon 1959 vertrat der Präsident der US-Krebsgesellschaft Eugene Pendergrass die Meinung, die Ärzte sollten Krebspatienten ganzheitlich behandeln: »Ich habe es selbst erlebt, daß Krebspatienten erfolgreich therapiert wurden und noch jahrelang gesund lebten. Dann aber brauchte nur eine einzige große emotionale Belastung einzutreten, etwa der Verlust des Ehepartners, um die Krankheitsfaktoren zu reaktivieren, was zumeist zum Tod führte.«

Im Gegensatz zu den USA praktiziert man in der Bundesrepublik Entspannungs- und Visualisationsübungen bei Krebspatienten nur vereinzelt, beispielsweise bei der »Psychosozialen Nachsorge« der Universität Heidelberg, in der Schussenried-Klinik in Aulendorf oder im Berliner Krankenhaus Moabit. Mit welcher Distanz manche Krebsspezialisten hierzulande noch immer ganzheitlicher Behandlung begegnen, untermauert die Aussage von Professor Horst Sack von der Deutschen Krebsgesellschaft in Essen: »Bildhafte Vorstellungen als Krebstherapie? Visualisation? Nie davon gehört!«

Visualisation spielt bei allen Krankheiten eine große Rolle. Sie kann das Blutbild verändern, den Kreislauf, die Herzrate, die Immunreaktion – die ganze Physiologie. Auch beim Biofeedback kommen bildhafte Vorstellungen zum Tragen. Neal Miller von der New Yorker Rockefeller-Universität und das Ehepaar Elmer und Alyce Green von der Menninger-Klinik in Kansas, die Pioniere auf dem Gebiet der Biofeedback-Forschung, brachten Personen bei, mit Visualisationstechniken ihren Bluthochdruck zu senken. Sie machten den gefahrvollen Wert sichtbar und forderten die Betreffenden auf, sich im Geiste bildhaft einen besseren Wert vorzustellen. Der Erfolg ist nach Auskunft der Wissenschaftler nur eine Frage des Trainings. Überhaupt haben Biofeedback-Forscher die Einheit von Geist und Körper längst anerkannt. Schließlich können sie die Zusammenhänge ablesen.

»Wir wissen«, sagt Neal Miller, »daß wir sogar unsere Darmtätigkeit beeinflussen können, weil die inneren Organe ebenso in unserem Gehirn repräsentiert sind wie der Bewegungsapparat.« Ein entsprechendes Training jedoch wurde in unserer Kultur nie systematisch gelernt. Wir bringen unseren Kindern zwar bei, wie sie ihre Muskeln bewegen sollen, doch das Steuern der inneren Organe überlassen wir dem Unbewußten. Dazu ein Beispiel: Ein Kind hat wegen einer bevorstehenden Klassenarbeit keine Lust, zur Schule zu gehen. Es produziert eine Reihe von körperlichen Symptomen, von Magenbeschwerden bis zu Übelkeit und erhöhter Temperatur, so daß die Mutter zu dem Schluß kommt, ihr Kind sei krank und müsse zu Hause bleiben. Sie befreit es damit von seiner Angst vor der Klassenarbeit. Aber diese Befreiung empfindet das Kind als Belohnung, die beim nächsten Male die Beschwerden noch verstärkt. Das Kind hat gelernt, seine inneren Organe zu beeinflussen. Unbewußt. Autonom.

Supertraining 2000

In den Vereinigten Staaten von Amerika hat man längst erkannt, daß die westliche Welt die innere Welt bislang vernachlässigte. Die Imagery-Forschung, die Untersuchung menschlicher Einbildungskraft, wurde unter Führung der Psychologie vor allem an der Westküste der USA zu einer neuen Disziplin, an der sich mittlerweile viele Wissenschaftszweige beteiligen: Neurologie, Ästhetik, Medizin, Computertechnologie, Sportwissenschaft, Ökonomie und Physik.

Die Erfolge ließen nicht auf sich warten. 1989, ein Jahr nach Drucklegung der 1. Auflage von »Supertraining«, entdeckte der US-Neurologe Marcus Raichle, Professor an der Washington University von St. Louis, im menschlichen Gehirn ein Areal, das mentale Bewegungsprozesse durch erhöhten Glukoseverbrauch registriert.

Raichle, einer der besten seines Fachs weltweit, fand damit jenes Zentrum, von dem aus Spitzenathleten wie beispielsweise Turner Thüne und Skifahrer Killy mit bloßer Vorstellungskraft (Visualisation) ihre verletzten Gliedmaßen wieder fittrainiert haben. Solche Hirn-Aktivitäten werden heute vom sogenannten PET (Positronen-Emissionstomographie)-Scanner auf farbigen Computerbildern festgehalten. Die Gedanken sind sichtbar.

Die revolutionäre Entwicklung in der Hirnforschung werden in Zukunft die in diesem Buch beschriebenen mentalen Techniken mehr und mehr veranschaulichen und ablesbar machen. Und es dürfte nicht sehr lange dauern, bis Supertraining weit mehr ist als nur ein Buchtitel: nämlich ein Markenzeichen für ein Training, bei dem jedermann das Optimale aus seinen Fähigkeiten machen kann.

Voraussetzung dafür ist allerdings der richtige Ansatz: Es kommt nicht darauf an, etwaige Defizite auszugleichen, es geht vielmehr darum, die eigenen Stärken zu finden, um sie dann zu optimieren. Supertraining setzt also Selbsterkenntnis voraus; die Selbsterkenntnis, vorhandene Anlagen zu erkennen, um danach das persönliche Ziel zu definieren.

Wer dabei ein wenig Nachhilfe benötigt, mag sich bei kleinen Kindern schlau machen. Sie sind die geborenen Supertrainer. Zum Beispiel: Ein Kind, das gerade laufen lernt, läßt sich auch durch Niederlagen – sprich: Stürze – nicht von seinem Ziel abbringen. Es kennt seine Fähigkeit, laufen zu können, strebt daher dieses Ziel immer wieder aufs neue an – so lange, bis es erreicht ist. (Die Selbstverwirklichungskräfte von Kindern erlahmen erst durch die zunehmenden Steuerungsversuche der Erwachsenen.)

Der psychologische Wert eines herausragenden Erfolges ist unvergänglich. Spitzenleister (englisch: performer) – ein Wort, das im Deutschen interessanterweise (noch) nicht existiert – berichten, daß sie auch Jahre später immer noch das Glücksgefühl zum Zeitpunkt ihres Triumphes nachempfinden konnten. Die Emotionen sind gespeichert wie auf einer Festplatte eines Computers.

Vor allem bei Sportübertragungen im Fernsehen wird deutlich, von welch starken Gefühlsregungen Athleten nach bedeutenden Siegen überwältigt werden, etwa die deutschen Fußballprofis nach dem Gewinn der Weltmeisterschaft in Italien 1990. Um dieses Glücksgefühl zu erleben, muß man jedoch nicht unbedingt auf Emotionsausbrüche und Freudentränen via Fernsehen warten. Schon der Gesichtsausdruck eines Kindes nach den ersten geglückten Schritten seines Lebens signalisiert, wie jemand sich fühlt, der gerade eine herausragende Leistung vollbracht hat.

Spitzenleister aus den unterschiedlichsten Disziplinen beschreiben jenes Erfolgsgefühl im übrigen durchweg mit ein und denselben Formulierungen: Ob ein Nobelpreisträger wie Gerd Binnig aus München, der als erster Mensch unter dem von ihm entwickelten Tunnelraster-Mikroskop ein einzelnes Atom sehen konnte; ob ein Fußball-Weltmeister wie Jürgen Klinsmann; oder ob ein Surfer vor Hawaii, wenn er seine bislang größte Welle geritten hat – die Vokabeln lauten »traumhaft schön«, »unglaublich glücklich« oder einfach »unbeschreiblich«. Und fast alle stellen den Wert des Erfolges und nicht die Belohnung in den Vordergrund.

Ganz offensichtlich gibt es keinen qualitativen Unterschied zwischen der wegweisenden Entdeckung eines Wissenschaftlers, dem kreativen Prozeß eines Künstlers, dem entscheidenden Torerfolg eines Fußballspielers oder dem Erreichen eines so relativ bescheidenen Ziels wie dem Laufenlernen. Ein Ansporn für diejenigen, die sich eine Spitzenleistung zunächst nicht zutrauen.

Die Autoren dieses Buches sind davon überzeugt, daß sich mit Supertraining künftig Spitzenleistungen auf breiter Front planen lassen. Bewußt eingeübte und angewandte Visualisationen bei schöpferischen und produktiven Prozessen, die zu herausragenden Leistungen auf unterschiedlichsten Gebieten führen, werden eine große Rolle spielen, ungleich größer als heute. Das gleiche gilt für die anderen hier vorgestellten psychologischen Techniken.

Mit Supertraining zur Superleistung.

ANHANG

Quellenangaben

Die mentalen Sperren:

Bannister, Roger: The Four-Minute Mile, London 1956

Barz, Monika: Uttendorfer-Marek, Ingrid; Maier-Störmer, Susanne; Wagner, Angelika C.; Weidle, Renate: Denkknoten, *Psychologie heute* 5/81

Ceram, C. W.: Götter, Gräber und Gelehrte, Reinbek 1949

Gallup, George: Die Mobilisierung der Intelligenz (Von der Kunst, die menschlichen Kapazitäten besser zu nutzen), Düsseldorf 1965

Stemme, Fritz: Pädagogische Psychologie, Bad Heilbrunn Obb. 1970

Vester, Frederic: Denken Lernen Vergessen, Stuttgart 1975

Wertheimer, Max: Produktives Denken, Frankfurt a. M. 1957

Die explosive Gehirnforschung:

Birbaumer, Niels: Biofeedback, *Psychologie heute* 10/74

Birbaumer, Niels; Rockstroh, Brigitte: Kann sich das Gehirn selbst kontrollieren?, *Psychologie heute* 1/85

Bloom, Floyd: Bewußtsein – ein Produkt chemischer Botschaften?, *Psychologie heute* 10/84

Bristol-Myers: Special Report on Central Nervous System Research, New York 1985

Green, Elmer: Beyond Biofeedback (Dial Press), N. Y. 1977

Janal, Malvin; Colt, Edward; Clark, Crawford; Glusman, Murray: Pain Sensitivity, Mood and Plasma Endocrine Levels in Man Following Long-Distance Running: Effects of Naloxone, *Pain* 19/1984 (USA)

Kasparow, Garri: Genieblitze und Blackouts, *DER SPIEGEL* 52/1987

Katz, Richard: Heilung durch Ekstase, *Psychologie heute* 8/77

Kennon, Francis T.: The Role of Endorphins in Exercise: A Review of Current Knowledge, *The Journal of Orthopaedic and Sports Physical Therapy* 1983

Kretschmer, Ernst: Medizinische Psychologie, Stuttgart 1956

Luik, Arno: Der Sieg reift im Kopf. *SPORTS* 11/87

Lynch, Garry: Gedächtnis-Spuren, *Psychologie heute* 12/84

Milkman, Harvey; Sunderwirth, Stanley: Warum werden wir süchtig?, *Psychologie heute* 2/84

Miller, Laurence: Das Gehirn: rechts heiter, links betrübt? *Psychologie heute* 5/88

Mumenthaler, M.: Neurologie, Stuttgart 1986, 8. Auflage

Olds, James: Was geschieht im Gehirn, wenn gelernt wird, *Psychologie heute* 10/75

Ornstein, Robert E.: Rechtes & Linkes Denken, *Psychologie heute* 2/75

Ostrander, Sheila und Nancy; Schroeder, Lynn: Leichter lernen ohne Stress, Superlearning, Bern/München 1986, 9. Auflage

Peters, Thomas J.; Waterman, Robert H.: Auf der Suche nach Spitzenleistungen, Landsberg am Lech 1984

Pribram, Karl H.: Hologramme im Gehirn, *Psychologie heute* 10/79

Ribeiro da Silva, Athayde: As aptidões do futebolista, *Arquivos Brasileiros de Psicologia* 25/1972 (Rio de Janeiro)

Sandweiss, J. H.; Wolf, St. L.: Biofeedback and Sports Science, (Plenum Press) New York und London 1985

Stemme, Fritz: A psicologia social do futebol, *Arqivos Brasileiros de Psicologia* 33/1981 (Rio de Janeiro)

Stemme, Fritz: Pädagogische Psychologie, Bad Heilbrunn 1970

Stratton, Steven A.: Role of Endorphins in Pain Modulation, *The Journal of Orthopaedic and Sports Physical Therapy* 1982

Valenstein, Elliot: Gehirn-Manipulation Dichtung und Wahrheit, *Psychologie heute* 1/79

Die Psychologie in Weltraum und Stadion:

Fensterheim, Herbert: A Behavioral Method for Improving Sport Performance, *Psychiatric Annals* 3/1980 (USA)

Garfield, Charles A.: Peak Performance (Mental Training Techniques of the World's Greatest Athletes), (Warner Books) New York 1985

Goeters, Klaus-Martin u. a.: Psychologische Auswahl von SPACELAB-Nutzlastexperten: Die Eignungsuntersuchung deutscher Bewerber, Forschungsbericht *DFVLR* Köln 1978

Kirschenbaum, Daniel S.: Self-regulation of Sport Performance, *Medicine and Science in Sports and Exercise* 19/1987 (USA)

Melnik, S. G.; Shakula, A. V.: Upravlenie rabotosposobnost'in letchika metodom psikhosomaticheskoi samoreguliatsii (Controlling of Pilot Work Capacity by Psychosomatic Self-regulation Techniques), *Voenno-Meditsinskii Zhurnal* 2/1986 (Moskau)

Nagano, H.: Mental Fitness for Duty and Control of Arousal State, *4. Aerospace Bahavioral Engineering Technology Conference*, Long Beach, Calif. 1985

National Aeronautics and Space Administration (NASA), Lyndon B. Johnson Space Center, Houston, Texas: NASA-Publikationen u. a. *Aerospace Medicine and Biology, A Continouing Bibliography with Indexes*

Ogilvie, Bruce; Tutko, Thomas A.: Problem Athletes and How to Handle Them, (Pelham Books Ltd.) London 1967 2. Auflage

Pawlow, Iwan P.: Ausgewählte Werke, Berlin 1955 (DDR)

Sharma, R.: Training of Cosmonauts and Experience during Space Flight, *Aviation Medicine* 29/1985 (Bangalore)

Stemme, Fritz: Harder, Heinz: Fußball intern, München 1974

Suinn, Richard: Body-Thinking, Psychology for Olympic Champions, *Psychology today* 7/1976 (New York)

Wadhawan, J. M., u. a.: Some Aspects of Yogic Exercises during Space Flight, *Aviation Medicine* 29/1985 (Bangalore)

Waitley, Dennis: The Winner's Edge, (Berkley Books) New York 1983

Wolfe, Tom: Die Helden der Nation, Hamburg 1983

Das angewandte Supertraining:

Bateson, Gregory: Ökologie des Geistes, Frankfurt am Main 1985

Bateson, Gregory: Von den Strukturen hinter den Strukturen, *Psychologie heute* 11/78

Garfield, Charles A.: Peak Performance (Mental Training Techniques of the World's Greatest Athletes), (Warner Books) New York 1985

Goleman, Daniel: Kreativität: Balance-Akt zwischen Herz und Hirn, *Psychologie heute* 4/79

Green, Elmer and Alyce: Beyond Biofeedback, (Dial Press) 1977 New York

Hampden-Turner, Charles: Modelle der Menschen, Weinheim und Basel 1982

Iacocca, Lee: Iacocca, Eine amerikanische Karriere, Düsseldorf/ Wien 1985

Leontjew, Alexej: Tätigkeit, Bewußtsein, Persönlichkeit, Stuttgart 1977

Maslow, Abraham H.: Motivation und Persönlichkeit, Olten 1977

Norman, Donald A.: Fehlleistungen: Schaltfehler im Kopf, *Psychologie heute* 8/80

Pelé: My Life and the Beautiful Game, (Doubleday) New York 1977

Stemme, Fritz: Den Verstand intelligent ausschalten, *DER SPIEGEL* 36/87

Turkle, Sherry: Die Wunschmaschine (Vom Entstehen der Computerkultur), Reinbek 1984

Watts, Alan: Psychotherapie und östliche Lebensformen: Das Leben ist ein seltsames Spiel, *Psychologie heute* 3/81

Wolfe, Tom: Die Helden der Nation, Hamburg 1983

Stressmanagement:

Adler, Jerry; Gosnell, Marina: Stress: How It Can Hurt, *Newsweek* 21. 4. 1980

Brown, Barbara: Stress and the Art of Biofeedback, (Harper and Row) New York 1977

Charlesworth, Edward A.; Nathan, Ronald G.: Stress Management, (Atheneum) New York 1984

Eiff, August Wilhelm von (Hrsg): Stress, Stuttgart/New York 1980

Eliot, Robert S.; Breo, Dennis L.: Is It Worth Dying For? (Bantam Books) Toronto/New York 1984

Florin, Irmela: Entspannung – Desensibilisierung, Stuttgart/Berlin/Köln/Mainz 1978

Friedman, Meyer; Ulmer, Diane: Treating Type A Behavior And Your Heart, (Alfred A. Knopf) New York 1984

Holland, James G.; Skinner, Frederic B.: Analyse des Verhaltens München/Berlin/Wien 1971

Kriegel, Robert; Kriegel, Marilyn Harris: The C-Zone, (Anchor Press/Doubleday) New York 1984

Lazarus, Richard S.; Folkman, Susan: Stress, Appraisal and Coping, (Springer Publishing) New York 1984

McCormack, Mark H.: What They Don't Teach You At Harvard Business School, (Bantam Books) Toronto/New York/London/Sydney/Auckland 1984

Orioli, Esther M.; Jaffe, Dennis T.; Scott, Cynthia D.: Stress Map, (Newmarket Press) New York 1984

Rohrlich, Jay B.: Arbeit und Liebe, Frankfurt am Main 1984

Rundle, Rhonda L: Threat of Heart Disease Shifts to Workers, *The Wall Street Journal* 18. 3. 1987

Saum, Thomas; Furrer, Reinhard; Messerschmidt, Ernst: Raumfahrt – Abenteuer für »Nutzlastexperten«, *Psychologie heute* 10/83

Selye, Hans: The Stress of Life, (rev. ed. McGraw-Hill) New York 1976

Turkle, Sherry: Die Wunschmaschine (Vom Entstehen der Computerkultur), Reinbek 1984

Witkin-Lanoil, Georgia: The Female Stress Syndrome, (Newmarket Press) New York 1984

Wolfe, Tom: Die Helden der Nation, Hamburg 1983

Wurtmann, R. J.; Waldhauser, F.: Melatonie in Humans, Wien 1986

Relaxation:

Benson, Herbert: The relaxation response, (Avon) New York 1976

Bernstein, Douglas A.; Borkovec, Thomas D.: Entspannungs-Training, (Handbuch der progressiven Muskelentspannung), München 1975

Goleman, Daniel: Kopfschmerz aus medizinischer Sicht, *Psychologie heute* 2/77

Green, Elmer; Green, Alyce: Beyond Biofeedback, (Dial Press) New York 1977

Hoddes, Eric: Lernen im Schlaf, *Psychologie heute* 10/77

Jacobson, Edmund: You must relax, (McGraw-Hill) New York 1978

Langen, Dietrich: Die gestufte Aktivhypnose, Stuttgart 1972

Nuber, Ursula: Lernen wie ein Kind, *Psychologie heute* 3/86

Ostrander, Sheila und Nancy; Schroeder, Lynn: Leichter lernen ohne Stress, Superlearning, Bern/München 1986, 9. Auflage

Packard, Vance: Die große Versuchung, Eingriff in Körper und Seele, Düsseldorf/Wien 1978

Pawlow, Iwan P.: Ausgewählte Werke, Berlin 1955 (DDR)

Peter, Burkhard: Hypnose – Vom Schaubudenzauber zur seriösen Therapie, *Psychologie heute* 4/86

Peters, Uwe Henrik: Kopfschmerz aus psychologischer Sicht, *Psychologie heute* 2/77

Schubert, Franz-Christian: Traum – Wach im Schlaf, *Psychologie heute* 9/86

Schultz, J. H.: Das autogene Training (Konzentrative Selbstentspannung), Stuttgart 1966, 9. Auflage

Schulz, Hartmut, Lund, Reimer: Unser 25-Stundentag, *Psychologie heute* 5/77

Sieveking, Nicholas; Anchor, Kenneth: Körper-Kontrolle durch »passives Wollen«, *Psychologie heute* 1/83

Stokvis, Berthold; Wiesenhütter, Eckart: Der Mensch in der Entspannung (Autosuggestive und übende Verfahren der Psychotherapie und Psychosomatik), Stuttgart 1961

Suinn, Richard: Body Thinking, Psychology for Olympic Champions, *Psychology today* July 1976

Vaitl, Dieter: Entspannung – Lockerung für Leib und Seele, *Psychologie heute* 8/79

Winter, Bud: Relax and Win, (A. S. Barnes and Co.) La Jolla, Calif. 1981

Winter, Ruth: Triumph over Tension, (Grosset & Dunlap/Doubleday) New York 1976

Selbstprogrammierung:

Andresky, Jill: The psychology of »the right stuff«, *Forbes* 25. 8. 86 (New York)

Coué, Emil: My method, including American impressions, London 1923

Figge, Horst H.: Geisterkult, Besessenheit und Magie in der Umbanda-Religion Brasiliens, Freiburg/München 1973

Goleman, Daniel: Hypnosis Comes of Age, *Psychology today* 7/77

Lambert, William W.; Lambert, Wallace E.: Social Psychology, (Prentice-Hall Inc.) New Jersey 1964

Lindemann, Hannes: Überleben im Stress, München 1975

Meichenbaum, D.: Cognitive Behavior Modification, (Plenum) New York 1977

Menninger, Karl: Das Leben der Balance, München 1968

Peter, Burkhard: Hypnose – Vom Schaubudenzauber zur seriösen Therapie, *Psychologie heute* 4/86

Rogers, Carl R.: Die klientbezogene Gesprächstherapie, München 1973

Salewski, Wolfgang/Belz, Mary u. a./Fenyvesi, Charles/Baastians, Jan: Terror – Psychologie der Täter und der Opfer [mehrere Artikel], *Psychologie heute* 1/78

Helfende Geister: *DER SPIEGEL* 46/1980

Stemme, Fritz: Heilung durch Kulte und Sekten, *VIF Journal* 2/1982

Stokvis, Berthold; Wiesenhütter, Eckart: Lehrbuch der Entspannung, (Autosuggestive und übende Verfahren der Psychotherapie und Psychosomatik), Stuttgart 1979, 4. Auflage

Thomas, Klaus: Praxis der Selbsthypnose des Autogenen Trainings, (Formelhafte Vorsatzbildung der Oberstufe), Stuttgart 1972

Positive Gedankenkontrolle:

Bastine, Reiner: Auf dem Wege zu einer integrierten Psychotherapie, *Psychologie heute* 7/75

Cramer, Gerda: Traumzeit im Dschungel, *Psychologie heute* 1/82

Eliot, Robert S.; Breo, Dennis L.: Is It Worth Dying For? (Bantam Books) Toronto/New York 1984

Ellis, Albert: Die rational-emotive Therapie, München 1977

Ellis, Albert; Grieger, Russell: Praxis der rational-emotiven Therapie, München 1979

Epiktet: Das Handbüchlein der Moral, Stuttgart 1946

Freud, Sigmund: Die Traumdeutung, London 1961, 9. Auflage

Friedman, Meyer; Ulmer, Diane: Treating Type A Behavior and Your Heart, (Alfred A. Knopf) New York 1984

Gardner, Howard: »Ich versuche, Sprache und Logik vom Podest zu stürzen«, *Psychologie heute* 2/85

Heubrock, Dietmar: Der Tagtraum als konkrete Utopie, *Psychologie heute* 7/81

McCormack, Mark: What They Don't Teach You at Harvard Business School, (Bantam Books) Toronto/New York/London/Sydney/Auckland 1984

298

Ouspensky, P. D.: Vom inneren Wachstum des Menschen, Weilheim/Obb. 1965

Pálfai, Janos: Moderne Methoden im Fußball-Training, Berlin/Frankfurt/München 1970, 2. Auflage

Schubert, Franz-Christian: Traum – Wach im Schlaf, *Psychologie heute* 9/86

Schwartz, Dieter: Auf der Suche nach heißen Kognitionen, *Psychologie heute* 2/86

Schwartz, Dieter: Gefühle erkennen und positiv beeinflussen, Landsberg am Inn 1987, 3. Auflage

Suinn, Richard M.: Seven Steps to Peak Performance (The Mental Training Manual for Athletes), (Huber) Toronto/Lewiston/N. Y./Bern/Stuttgart 1986

Tholey, Paul: Bewußtseinsänderung im Schlaf, Wach' ich oder träum' ich?, *Psychologie heute* 12/82

Wolpe, Joseph: Praxis der Verhaltenstherapie, Bern/Stuttgart/Wien 1972

Selbstregulation:

Ali, Muhammad: The Greatest, (Random House) New York 1975

Garfield, Charles A.: Peak Performance (Mental Training Techniques of the World's Greatest Athletes), (Warner Books) New York 1985

Janal, Malvin; Colt, Edward; Clark, Crawford; Glusman, Murray: Pain Sensitivity, Mood and Plasma Endocrine Levels in Man Following Long-Distance Running: Effects of Naloxone, *Pain* 19/84 (USA)

Johnsgard, Keith: The Motivation of the Long-Distance Runner, *J. Sports Med.* 25/85 (USA)

Kagan, Dona M.; Squires, Rose L.: Addictive aspects of physical exercise, *J. Sports Med.* 25/85 (USA)

Kray, Werner: Die Lust am Laufen, *Psychologie heute* 8/81

Morgan, William P.: Die Zweisamkeit des Langstreckenläufers, *Psychologie heute* 7/78

Ogilvie, Bruce C.: Some Professional Considerations in the Use of Behavior Manipulations and Sport, *Art and Science of Coaching* 1980 (Israel)

Shyne, K.: The Scientist as Coach, *Kiwanis Magazine* August 1982 (Indianapolis)

Stemme, Fritz: 42 195 Meter Sucht, *Sport-Illustrierte* 11/1986

Stemme, Fritz; Harder, Heinz: Fußball intern, München 1974

Stemme, Fritz: Fußball und Gesellschaft, in: UEFA (Hrsg.), 25 Jahre UEFA, Bern 1979

Suinn, Richard M.: Seven Steps to Peak Performance (The Mental Training Manual for Athletes), (Huber) Toronto, Lewiston/N. Y./Bern/Stuttgart 1986

Suinn, Richard M.: Psychology in Sports, (Burgess Publishing Company), Minneapolis 1980

Tutko, Thomas: Sports Psyching: Playing Your Best Game All of the Time, (J. P. Tarcher) Los Angeles 1976

Weber, Alexander: »Ich fühle mich unglaublich wohl«, *Psychologie heute* 8/81

Fokussierung:

Anders, George: Investor's Investor, *The Wall Street Journal* 6. 3. 1986

Baddeley, Alan; Hitch, Graham: In Memoriam: Unser Gedächtnis, *Psychologie heute* 10/77

Doil, Walter, u. a.: Beiträge zur Sportpsychologie 1, Berlin 1972 (DDR)

Gabler, Hartmut; Schrode, Manfred: Aufmerksamkeitsveränderungen beim Tennisspiel – eine elektroenzephalographische Studie mit telemetrischer Meßwerterfassung, *Leistungssport* 6/87

Gallwey, W. Timothy: The Inner Game of Tennis, (Random House) New York 1974

Garfield, Charles A.: Peak Performers (The New Heroes of American Business), (William Morrow and Co.), New York 1986

Hirst, William; Neisser, Ulric; Spelke, Elizabeth: Kann man zwei Dinge gleichzeitig tun?, *Psychologie heute* 3/80

Iacocca, Lee: Iacocca, Eine amerikanische Karriere, Düsseldorf/ Wien 1985

Knoth, Eckart u. a.: Queen Elizabeth 2, Lloyd Werft 1987

Martin, Paul C.: Wo die Welt gehandelt wird, *GEO* 4/81

Morgan, William P.: Die Zweisamkeit des Langstreckenläufers, *Psychologie heute* 7/78

Murphy, Michael: Golf und Psyche, (Der Weg zum intuitiven Golf), München 1977

Okano, Isao: Die Bedeutung eines echten Judosieges, *Judo* 3/78

Porter, Kay; Foster, Judy: The Mental Athlete, (Brown Publishers) Iowa 1986

Schönpflug, Wolfgang: Gedächtnis-Hilfen, *Psychologie heute* 7/87

Singular, Stephen: Über Eselsbrücken zur Perfektion, *Psychologie heute* 10/83

Stemme, Fritz: Gewinnen Sie das große Spiel, *VIF Journal* 4/82

Stemme, Fritz: Den Verstand intelligent ausschalten, *DER SPIEGEL* 36/87

Suinn, Richard M.: Seven Steps to Peak Performance, (The Mental Training Manual for Athletes), (Huber), Toronto/Lewiston/N. Y./Bern/Stuttgart 1986

Thüne, Wolfgang; Gienger, Eberhard: Training, Planung und Psychologie, *Psychologie heute* 8/76

Visualisation:

Baddeley, Alan; Hitch, Graham: In Memoriam: Unser Gedächtnis, *Psychologie heute* 10/77

Bloom, Floyd: Bewußtsein – ein Produkt chemischer Botschaften?, *Psychologie heute* 10/84

Böckmann, Walter: Was Sinn macht, *Psychologie heute* 4/87

Changeux, Jean-Pierre: Die Seele – ein Hirn-Gespinst?, *Psychologie heute* 9/84

Ernst, Heiko: Intuition: Die plötzliche Erkenntnis, *Psychologie heute* 11/87

Garfield, Charles A.: Peak Performers (The New Heroes of American Business), (William Morrow and Company) New York 1986

Madelung, Eva: Botschaften des Unbewußten (Wie man mit Imaginationen arbeiten kann), *Psychologie heute* 1/88

Maltz, Maxwell: Psycho-Cybernetics, (Prentice-Hall) Englewood Cliffs, N. J. 1960

Naisbitt, John: Megatrends (10 Perspektiven, die unser Leben verändern werden) Bayreuth 1984

Nicklaus, Jack: Golf my Way, (Simon & Schuster) New York 1974

Samuels, Mike and Nancy: Seeing with the Mind's Eye (The History, Techniques and Uses of Visualization), (Random House) New York 1975

Sheikh, Anees A. (Edt): Imagery (Current Theory, Research, and Application), (John Wiley & Sons) New York 1983

Simonton, Carl O.: Wieder gesund werden, Reinbek 1982

Smith, Adam: Nichts hören, nichts sehen, nichts fühlen, *Psychologie heute* 8/76

Strauss, Richard H. (Edt): Drugs & Performance in Sports, (W. B. Saunders Company) Philadelphia 1987

Tholey, Paul: Wach' ich oder träum' ich?, *Psychologie heute* 12/82

Vester, Frederic: Denken Lernen Vergessen, Stuttgart 1975

Personenregister

John Sculley
Meine Karriere
bei PepsiCo und Apple

432 Seiten, broschiert

Alle Höhen und Tiefen in der Welt des alten und neuen
Unternehmertums enthüllt John Sculley, einer der Top-
manager Amerikas, in diesem mitreißenden Buch.
Sculley selbst war es, der sich in den unterschiedlichsten
Sparten bewährte. Sein Marketingkonzept stärkte die
Position von PepsiCo und ermöglichste Apple nach einer
schweren Krise ein Comeback am Computermarkt. Eine
spannende Geschichte, die sich wie ein klassisches
Drama liest.
John Sculley war Topmanager bei PepsiCo und ist heute
Vorstandsvorsitzender von Apple Computers. Sein Co-
Autor, John A. Byrne, arbeitet für den Managementbe-
reich der *Business Week* und ist Autor des erfolgreichen
Buches *Headhunters*.

ECON Taschenbuch Verlag
Postfach 30 03 21 · 4000 Düsseldorf 30

Manfred Lucas
Arbeitszeugnisse richtig deuten
146 Seiten, broschiert

Mitarbeiter werden im Berufsleben vom Zeitpunkt der
Bewerbung um einen Arbeitsplatz bis zum Ausscheiden
aus einem bestehenden Arbeitsverhältnis ständig beobachtet, eingeschätzt und beurteilt; und nicht, wie in der
einschlägigen Literatur immer wieder verkürzt darge-
stellt, nur mit einem einfachen oder qualifizierten
Zeugnis beim Verlassen einer Position.

Manfred Lucas
Bewerbungsgespräche erfolgreich führen
116 Seiten, broschiert

Im Bewerbungsgespräch (Vorstellungsgespräch) wird
entschieden, ob Sie der richtige Bewerber für oder um
eine Position sind.
Bewerbungsgespräche sind Rituale mit fester Rollenver-
teilung. Sie lassen sich daher trainieren und erlernen.
Die rhetorischen Techniken für das richtige Bewerbungsgespräch werden in diesem Buch ebenso
vorgestellt wie Hinweise für eine optimale Vorbereitung
auf dieses Gespräch und die immer wieder gestellten
Fragen an den Bewerber.

ECON Taschenbuch Verlag
Postfach 30 03 21 · 4000 Düsseldorf 30

Jean-Louis Servan-Schreiber
Mut im Alltag
184 Seiten, broschiert

»Wünsche, Willensäußerungen und Entscheidungen sind bloße Absichtserklärungen. An ihnen mangelt es uns nicht. Erst der Mut sorgt dafür, daß sie Wirklichkeit werden.«
Der erfolgreiche Sachbuchautor Jean-Louis Servan-Schreiber zeigt, daß wir heute mehr denn je Alltagsmut brauchen, den inneren Ansporn, der uns zum Handeln bringt. Mut ist die Schwelle, die unsere Vorstellung von uns und unseren Absichten von der Wirklichkeit trennt. Es werden Wege aufgezeigt, wie wir lernen können, im Einklang mit uns selbst zu leben.

Jean-Louis Servan-Schreiber
Die 90-Minuten-Stunde
– Mehr Zeit zum Leben –
176 Seiten, broschiert

Zeitmangel ist in der modernen Gesellschaft zu einem großen Problem geworden. Servan-Schreiber zeigt einen Weg zum besseren Umgang mit der Zeit auf. Das Buch vermittelt nicht allein praktische Ratschläge, sondern ist zugleich ein geistreicher und zutiefst menschlicher Bericht über unsere Schwierigkeiten, sinnvoll mit dem Leben umzugehen.

ECON Taschenbuch Verlag
Postfach 30 03 21 · 4000 Düsseldorf 30

Ehrhardt Heinold
Erfolgreich durch methodisches Arbeiten
− Tips und Hilfen für den Berufsalltag −

168 Seiten, broschiert

Auf der Grundlage der EKS®-Strategie von Wolfgang Mewes geht dieses Buch von den Problemen aus, denen jeder geistig Tätige in seinem individuellen oder betrieblichen Umfeld ausgesetzt ist. Es beschreibt, mit welchen arbeitsmethodischen Möglichkeiten diese Probleme gelöst werden können. Von der Problembeschreibung führt es über die Problemanalyse zur Problemlösung. Jedes Kapitel erhält eine Tabelle mit detaillierten Angaben zur jeweiligen Problemlösung sowie eine Checkliste zur Bearbeitung der eigenen Probleme.

Heiner Kurt Wülfrath
Sich erfolgreich bewerben und vorstellen

96 Seiten, broschiert

Auf einem immer schwieriger werdenden Arbeitsmarkt wird auch die Konkurrenz unter den Stellensuchenden größer. Die Chancen des einzelnen nehmen mit der effizienten schriftlichen und mündlichen Bewerbung zu. In systematischer Abfolge steht in diesem Ratgeber wie man Anzeigen analysiert, welche Bewerbungsformen es gibt, welche am wirksamsten sind, wie man eine schriftliche Bewerbung aufbaut und formuliert, wie man sich auf ein Vorstellungsgespräch vorbereitet, wie man Gehaltsverhandlungen führt und was man beim Vertragsabschluß berücksichtigen muß.

ECON Taschenbuch Verlag
Postfach 30 03 21 · 4000 Düsseldorf 30

Heinz Commer

Manager-Knigge

– Moderne Umgangsformen im beruflichen Alltag –

256 Seiten, broschiert

Commers Benimm-ABC – nach Stichworten aufgebaut, wie ein Lexikon – erspart in der Alltagsarbeit viel Nervenkraft und unnützen Zeitaufwand. Es gehört auf jeden Schreibtisch, und es kommt genau zum richtigen Zeitpunkt; denn in einer Welt harten Konkurrenzkampfes wird das persönliche Verhalten zu einem der wichtigsten Erfolgskriterien.

Heinz Commer

Knigge International

– Richtige Umgangsformen, erfolgreiche Verhandlungsmethoden und optimale Geschäftsbeziehungen in allen Ländern der Welt –

316 Seiten, broschiert

Nicht nur Geschäftsreisende stehen im Ausland ständig vor folgenden wichtigen Fragen: Wie soll ich mich verhalten, kleiden, sprechen, um optimal »anzukommen«? Wie erhalte ich die zweckmäßigsten und oft entscheidenden Informationen und Kontakte für optimalen beruflichen und privaten Erfolg im Ausland? Dr. Heinz Commer beantwortet diese Fragen für alle Länder. Sein Auslands-ABC ist ein unentbehrlicher Ratgeber für jeden Auslandsreisenden.

ECON Taschenbuch Verlag
Postfach 30 03 21 · 4000 Düsseldorf 30

Wolfgang Schömbs
Entspannt konzentriert
Zen im Alltag
192 Seiten, broschiert

Positiver und negativer Streß ist unser ständiger Begleiter – in
allen Lebensbereichen. Immer wieder muß er neu bewältigt
und individuell angegangen werden. Darum gibt es keine
schnellwirkenden Universalrezepte. Dieses Buch hilft dem Leser, innere Balance zu finden, um angemessen auf Streßauslö-
ser reagieren zu können.

Michael W. Despeghel/Dr. med. Jochen Doebel
Superfit
Das alternative Gesundheitskonzept
208 Seiten, broschiert

Sport im Jahr 2000 ist nicht mehr einfaches, zweckfreies Tun,
sondern eine biologische Notwendigkeit. Mit den Methoden
der Biochemie, Trainingsphysiologie und Sportmedizin können individuelle Trainingsmaßnahmen erstellt werden, mit denen jeder seine Risikofaktoren positiv beeinflussen kann.

ECON Taschenbuch Verlag
Postfach 30 03 21 · 4000 Düsseldorf 30